BARBÁRIE

CRISTIANISMO CONSERVADOR E A CONSTRUÇÃO DO BOLSONARISMO

MAURICIO SPÍNOLA

BARBÁRIE

RISTIANISMO CONSERVADOR E A CONSTRUÇÃO DO BOLSONARISMO

KOTTER
EDITORIAL

Coordenador Editorial
Sálvio Nienkötter

Editor Executivo
João Lucas Dusi

Editores Adjuntos
Daniel Osiecki e Claudecir Rocha

Capa
Jussara Salazar

Arte da capa e ilustração do Frankenstein (página 47):
Zau Spínola

Projeto Gráfico
Andre Luiz C. Mendes

Produção
Cristiane Nienkötter

Dados Internacionais de Catalogação na Publicação (CIP)
Angélica Ilacqua – CRB-8/7057

Spínola, Maurício
Barbárie : cristianismo conservador e a construção do bolsonarismo / Maurício Spínola. – Curitiba : Kotter Editorial, 2023.
352p.

ISBN 978-65-5361-172-6

1. Brasil – Política e governo – História 2. Ciência política 3. Política e religião 4. Bolsonaro, Jair Messias, 1955 – Governo 5. Filosofia política I. Título

23-1646 CDD 320.981

KOTTER EDITORIAL

Kotter Editorial
Rua das Cerejeiras, 194
82700-510 | Curitiba/PR
+55 41 3585-5161 | www.kotter.com.br | contato@kotter.com.br

1ª Edição | 2023

Para Nina, Lari e Teteu, meus amores, que me fazem forte e vulnerável,
sábio e tolo, na aventura de tornar-se humano

Rasguem o manto da indiferença com que vocês cobriram seus corações
(Panfleto V da Rosa Branca)

BARBÁRIE

SUMÁRIO

PREFÁCIO

Duas virtudes essenciais se evidenciam no livro de Maurício Spínola. Primeiro, ele o escreve para responder a uma pergunta. Segundo, sua resposta não é nada superficial. Considero-as virtudes, pois estimulam o bom exercício do que nos torna humanos/as. Se o que motiva um livro é uma pergunta, ele estimula a pensar. Como adverte Hans-Georg Gadamer, filósofo alemão, quem não pergunta também não pensa. Afirmações determinam: "As coisas são assim". Perguntas abrem a possibilidade de pensá-las, as coisas, de outra maneira. Se, ademais, a pergunta é profunda, o/a leitor/a, claro, precisa mergulhar junto. Pois não basta pensar. É forçoso pensar *profundamente*. Hoje, respostas rasas estão facilmente à disposição em qualquer lugar. Acrescento, finalmente, uma terceira virtude: clareza. E assim defino um bom livro.

Mas qual é a pergunta, o problema motivador do livro de Maurício Spínola? É uma questão política relacionada, em particular, ao cristianismo evangélico. Nas eleições presidenciais de 2022, os institutos de pesquisa de opinião unanimemente apontavam uma tendência. – Eleitores/as de confissão evangélica, em sua maioria, votaram no candidato à reeleição Jair Messias Bolsonaro. Pois bem. Não é necessária muita curiosidade para que se imponha uma pergunta. Por que, afinal, Bolsonaro se tornou o candidato predileto entre eleitores/as com tal perfil? Haveria aí alguma relação que pudesse explicá-la, tal predileção? Uma resposta fácil, bem fácil, logo se precipita. "Cristãos evangélicos estão sendo vítimas de manipulação". E uma evidência parece reforçá-la: constantes denúncias de circulação massiva de *fake news* entre eles/as.

Ora, Maurício Spínola resolve perguntar, a fim de nos estimular a pensar melhor. – Trata-se mesmo de manipulação de opinião? Afinal, as atitudes de Bolsonaro contrariam tão flagrantemente os princípios fundamentais do cristianismo! Então, como é possível sua popularidade entre aqueles que se confessam fiéis a Jesus Cristo? Como explicar contradição tão categórica? Eis por que é necessário pensar profundamente. Respostas realmente transformadoras nunca pairam na superfície. Elas exigem mais de nós, daquilo que, repito, nos torna humanos/as. Para Maurício Spínola, eis o cerne do seu livro, não se trata de manipulação de opinião. Há entre Bolsonaro e os cristãos mais conservadores da Igreja Evangélica uma relação de *identificação*. Daí a necessidade de mergulhar nas estruturas do que define a religião aqui em apreço.

A barbárie é a consequência política mais nefasta de tal identificação. Mas o que ela significa? Mais uma vez, é necessário desafiar o que dita o senso comum. Não se trata de acusar a comunidade de cristãos evangélicos de cometer algum crime considerado bárbaro. Antes, barbárie, segundo Maurício Spínola, consiste na tendência para ser complacente, omisso em relação ao que deveria horrorizar. É o que explica a contradição entre a afronta de Bolsonaro a princípios cristãos e sua popularidade paradoxal entre fiéis evangélicos. Obviamente, não basta acusar sua barbárie. É imprescindível investigar suas origens históricas. Pois a identificação entre Bolsonaro e cristãos evangélicos fincou suas raízes em uma longa tradição. A barbárie, em suma, resulta de um processo lento e gradual de formação de uma visão de mundo.

Segundo Frédéric Gros, depois de Nuremberg, é preciso realizar uma "inversão das monstruosidades". Monstro não é quem age com selvageria, mas quem consente com o que deveria horrorizar. Eis a razão da analogia de Maurício Spínola entre a barbárie do cristianismo evangélico e a criatura de Frankenstein. É necessária, enfim, uma crítica atenta de Martinho Lutero e Abraham Kuyper, que colaboraram para a invenção de abominável criatura; é necessário dissecar sua cabeça, seu tronco, seus braços e, sem nenhum pudor, sua genitália; denunciar a compartimentagem da vida em esferas autônomas; descobrir em tal separação a origem fundamental da barbárie; escancarar a hierarquização do cristianismo a partir da instituição do poder pastoral; revelar, enfim, a sexualidade presente nas estruturas de poder da Igreja.

Maurício Spínola, porém, não se resume a uma crítica meramente teórica, o que já teria sido louvável. Em contrapartida, ele também não deseja ser um Messias – mais um! – que nos guiaria até a Terra Prometida. Sua intenção é coerentemente mais modesta. Uma vez denunciadas as razões do problema, ele almeja indicar *possibilidades* de reaver o legado autêntico do cristianismo. Eis a importância da segunda parte do livro. Portanto, cabe reencontrar uma relação historicamente perdida, mais sensível, com Deus. Na verdade, sua tese é mais ampla, creio. A Igreja é só uma expressão, dentre outras, de uma vida baseada em uma *arché*, um princípio único e hierárquico. Então, convém profaná-lo, cultivar uma vida mais solidária; em uma palavra, é necessário "desbarbarizar". Eis o propósito último do livro de Maurício Spínola.

Rainri Back
Professor de Filosofia da Educação
Universidade de Brasília

Do esconderijo vem
Um rato, a vadiar;
As bolsas quer roubar
E encontra melhor bem:
Encontra sordidez
Por nada, e só besteira,
e rasgada a bandeira,
E um povo em estupidez.

Encontra nas suas andanças
Um tempo acre, vazio,
E sem pudor, sombrio,
Ele, profeta, avança.
Num lixo se alça o rato
E apoia o pé canalha,
E saudações espalha
Ao mundo estupefato.

Envolto em vilania,
Em nuvem de fumaça,
O enganador da massa
Começa a tirania,
Com muitas mãos que ajudam,
De todas as linhagens,
Procuram só vantagens
E em suas ordens grudam.

Sua ideia multiplicam,
Tal como outrora o pão
Dado de mão em mão,

Que hoje todos duplicam!
Antes só o cão mentia,
Hoje há milhões mentindo;
E qual o mar rugindo
Abrindo vão sua via.

Veloz avulta a messe,
O campo, desvalido,
O povo, corrompido,
Gargalha – e a infâmia cresce!
E agora, enfim, se atesta
O que fora invenção:
Os bons já lá se vão
Os ratos fazem festa!

Mas quando se quebrar
Qual geleira este horror,
Esta peste, o terror,
Disso enfim vão falar.
E no campo as crianças
Vão montar um espantalho,
Queimar a dor no orvalho,
Recriar luz e danças.[1]

1 Poema de Gottfried Keller (1878), citado no livro *A Rosa Branca: a história dos estudantes alemães que desafiaram o nazismo*, de Inge Scholl. São Paulo: Editora 34, 2013.

PARA INÍCIO DE CONVERSA

O oposto do amor não é nenhum ódio, é a indiferença. O oposto de arte não é a feiura, é a indiferença. O oposto de fé não é nenhuma heresia, é a indiferença. E o oposto da vida não é a morte, é a indiferença.

Elie Wiesel

Déjà vu

Se havia um grupo com o qual Jesus constantemente batia de frente, era o grupo dos religiosos. Entre os muitos encontros pouco prazerosos com membros desse grupo, destaco um que se tornou uma das mais contundentes denúncias do quão estéril, contraditória e desumana uma expressão religiosa pode se revelar em determinados momentos.

A história pode ser contada da seguinte maneira: Jesus estava lá… de boa… pregando e fazendo o bem, como era de seu feitio fazer, quando é abordado por um religioso que trazia o pomposo título de *intérprete da Lei* (da lei mosaica). Se fosse hoje, seria alguém com doutorado em Ciências da Religião ou talvez um teólogo renomado. Religioso que era, tinha como um de seus maiores prazeres pegar alguém com a boca na botija ou gastar horas e horas à espreita, ávido por passos em falso. Mas o que o deixava com todos os pelos arrepiados eram aquelas situações em que sua presumida superioridade moral e espiritual pudesse ficar ainda mais destacada aos olhos de todos.

O religioso se aproxima de Jesus com o bote armado, lançando a casca de banana no chão: "Mestre, o que preciso fazer para herdar a vida eterna?" Pergunta retórica, é claro. A resposta já estava ensaiada e na ponta da língua.

Jesus, então, com aquela paciência de um Filho de Deus, se deixa entrar no joguinho do perito da Lei e dá a resposta de manual que ele queria:

– O que está escrito na Lei? Como você a lê?

O especialista em divindades, então, percebendo ali sua grande chance de dar uma resposta lacradora, dispara, impostando a voz:

– Ame o Senhor, o seu Deus de todo o seu coração, de toda a sua alma, de todas as suas forças e de todo o seu entendimento e ame o seu próximo como a si mesmo.

Ao que Jesus, continuando a dar corda, mas também querendo encerrar logo aquela conversa chata, como são as conversas com "bons cristãos", logo emendou:

– Você respondeu corretamente. Faça isso, e viverá.

Se eu pudesse traduzir o sentido daquela curta resposta de Jesus, seria assim: beleza, cara. Você ganhou. Tá satisfeito? Reproduziu direitinho o que está no manual. Parabéns! Agora deixa eu ir, que tenho coisas mais interessantes e importantes para fazer do que ficar aqui massageando seu ego e perdendo meu precioso tempo com gente que sabe de cor a lição, mas não a põe em prática.

Bem, era pra ter terminado ali a conversa. Mas não. O perito da Lei não tinha muito *semancol* e não se deu por satisfeito. Deve ter achado muito *chinfrim* aquela resposta econômica do Mestre. Queria algo muito mais portentoso, à altura de sua qualificação de perito da Lei.

O registro bíblico diz que "*querendo justificar-se*, perguntou a Jesus", isto é, o que o motivava a esticar a conversa era o desejo de conseguir algum tipo de respaldo, de legitimação da parte de Jesus para sua luminosa espiritualidade. Certamente já obtivera a legitimidade de seus pares, de outros intérpretes da Lei, mas desejava obtê-la também do Filho de Deus, mesmo que indiretamente. Faltava-lhe o respaldo "das ruas", de um líder popular como Jesus de Nazaré. Afinal, o povão, "as multidões", sempre estavam com Jesus e o tinha em alta conta.

Faz nova investida:

– E quem é o meu próximo?

Tava na cara que continuar com esse tipo de joguete com quem sabe ler pensamentos e motivações não ia acabar bem para o religioso. Jesus, então, resolve contar uma historinha.

> Um homem descia de Jerusalém para Jericó, quando caiu nas mãos de assaltantes. Estes lhe tiraram as roupas, espancaram-no e se foram, deixando-o quase morto.
> Aconteceu estar descendo pela mesma estrada um sacerdote. Quando viu o homem, passou pelo outro lado.
> E assim também um levita [2]; quando chegou ao lugar e o viu, passou pelo outro lado.
> Mas um samaritano [3], estando de viagem, chegou aonde se encontrava o homem e, quando o viu, teve piedade dele.
> Aproximou-se, enfaixou-lhe as feridas, derramando nelas vinho e óleo. Depois colocou-o sobre o seu próprio animal, levou-o para uma hospedaria e cuidou dele.
> No dia seguinte, deu dois denários[4] ao hospedeiro e disse-lhe: 'Cuide dele. Quando voltar lhe pagarei todas as despesas que você tiver'.[5]

2 Os *levitas* exerciam uma atividade ligada ao culto de adoração a Deus.

3 Os *samaritanos* eram um grupo étnico-religioso originário da Samaria, região montanhosa do Oriente Médio. Os judeus consideravam impuros os samaritanos por habitarem numa região altamente miscigenada.

4 Um *denário* era uma moeda que correspondia ao salário diário de um trabalhador naquela época.

5 Evangelho de Lucas, capítulo 10, versos 30 a 35.

Neste momento Jesus vira-se para o religioso e pergunta:

– Qual destes três você acha que foi o próximo do homem que caiu nas mãos dos assaltantes?

Ao que ele, possivelmente já meio desconcertado e sem graça, percebendo seu objetivo de justificar-se indo para o ralo, responde:

– Aquele que teve misericórdia dele, Jesus.

O Nazareno dá a última cartada: então vá e faça o mesmo!

Concluiu-se, assim, mais um encontro indigesto entre um religioso, que sai frustrado, e Jesus de Nazaré.

Avançando no tempo e chegando aos nossos dias, a história contada por Jesus é reencenada com novos personagens, em novo local, mas com mesmo significado.

Estamos no dia 7 de setembro de 2021 na Esplanada dos Ministérios, em Brasília. A jornalista Sarah Teófilo registra a cena de um morador em situação de rua caído no chão, enquanto apoiadores do governo Bolsonaro passam ao lado (passando reto, diríamos), sem esboçar nenhum constrangimento ou desconforto com a situação, como se o ser humano estendido no chão fosse parte da paisagem. A foto logo viralizou nas redes sociais.

A cena captada pelas lentes da câmera da jornalista é uma reedição da parábola bíblica do Bom Samaritano, uma representação imagética da vida política brasileira na atualidade: milhões de pessoas, em sua maioria tradicionalistas, conservadores e religiosos, mostravam toda sua indiferença às tragédias humanas e sociais instauradas na sociedade, naturalizando a pobreza, a miséria e as desigualdades, enquanto manifestavam publicamente seu apoio ao governo responsável por todas essas tragédias.

BARBÁRIE

O senso comum em relação à palavra *barbárie* remete, quase que automaticamente, a algum tipo de violência. O bárbaro é representado na literatura e no cinema como corpulento, de feições e linguagem grosseiras e, claro, violento. Mas, embora a violência, física e simbólica, não possa ser de nenhuma forma minimizada nem desconsiderada como um dos elementos constitutivos da barbárie, creio que o filósofo e sociólogo alemão Theodor Adorno (1903-1969) foi quem captou aquilo que pode ser mais característico dela e talvez seu aspecto mais chocante: a passividade, a indiferença, a omissão; a *prontidão* para aceitar aquilo que é inaceitável, tolerar o intolerável.

Assim nos diz Adorno sobre a barbárie como indiferença: "essa *passividade* inofensiva constitui ela própria, provavelmente, apenas uma forma de barbárie, na medida em que *está pronta para contemplar o horror e se omitir no momento decisivo*"[6].

A barbárie teria a ver com um "algo" no ser humano que o torna *pronto* para "contemplar o horror e se omitir no momento decisivo", que o leva a não percebe o horror como tal ou quando o percebe, opta pela omissão. A barbárie, portanto, teria menos a ver com violência explícita e mais com indiferença e insensibilidade, com o lavar de mãos.

Referindo-se a outro texto de Adorno, *Minima Moralia*, o sociólogo Gabriel Cohn nos informa que a noção de civilidade manifesta-se basicamente como "respeito ao outro"[7]. A civilidade, enquanto expressão da experiência social, "exprime um modo de agir, de sentir, de avaliar" e sua importância está atrelada à possibilidade da "orientação

6 Theodor W. Adorno, *Educação e Emancipação*. São Paulo: Paz e Terra, 2011, p. 164.

7 Gabriel Cohn, *Indiferença, nova forma de barbárie*. Em Adauto Novaes, *Civilização e Barbárie*. São Paulo: Companhia das Letras, 2004, p. 83.

da experiência social pelo prisma da consideração pelo outro, naquilo que ele tem de universalmente válido". Para Adorno, então, civilidade seria sinônimo de humanidade. Por isso mesmo, apresenta-se como o oposto da indiferença, isto é, da barbárie. A indiferença "é a forma contemporânea da barbárie"[8], diz Cohn.

O registro histórico nos mostra que a barbárie também assumiu, em vários momentos, o sentido do "estranho que tem que ser mantido longe, ou submetido", da "invasão da nossa casa pelo estranho". E a civilização se transforma em "algo a ser preservado contra a ameaça externa", a ser "cercado, blindado". Nessa perspectiva, o medo é o sentimento fundamental a ser mobilizado e direcionado para "os de fora". Não bastaria, contudo, nos adverte Cohn, uma mudança de perspectiva derivada da consideração do outro como legitimamente diferente e merecedor de respeito, pois "como a nova direita europeia descobriu há bom tempo, (...) o tão decantado respeito pelo outro não rompe o círculo perverso do confronto do particular com o particular, em que cada qual fica do seu lado na sua irredutível diferença"[9].

É verdade que somos diferentes uns dos outros: momento de verdade da barbárie, dirá Cohn. O problema, porém, está "em tornar absoluto esse seu momento de verdade", dando ensejo ao "jogo das peculiaridades soltas" que ainda seria da ordem da barbárie, pois nos mantém atomizados, distantes uns dos outros. Nesse sentido, "a aceitação generalizada da diferença é a expressão exata da indiferença" e a barbárie seria "antes de mais nada, uma forma perversa de universalização: tudo o que não se identifica com a peculiaridade dada é resto indiferenciado, irrelevante, portanto". Em contraste, "a universalização civilizada necessaria-

8 Ibidem, p. 84.
9 Ibidem, p. 85.

mente encerra o particular como objeto de consideração, não é indiscriminadamente abstrata"[10].

Mas essa indiferença se manifesta também como um traço estrutural imanente à "forma de organização das sociedades que corresponde ao modo contemporâneo de operação do capitalismo", complementa Cohn. Uma *indiferença estrutural* sob o modo de vida ocidental e capitalista. Esse aspecto foi exaustivamente destacado por Adorno e outros, como Max Horkheimer e Walter Benjamin. A barbárie é "um ingrediente das grandes civilizações" e "não existe marca ou ato de civilização que não seja ao mesmo tempo um ato de barbárie". Daí o caráter desesperador da barbárie, pois, "se por um lado, podemos e devemos resistir à barbárie, e até mesmo tentar recusá-la, não seria ela um ingrediente de civilização que jamais poderá ser suprimido?"[11], perguntava-se Edgar Morin.

Retornando ao pensamento adorniano, é importante destacar a ideia de "prontidão". Duas das principais conclusões de um exaustivo estudo sobre a personalidade autoritária, desenvolvido por Adorno e outros pesquisadores e publicado nos Estados Unidos em 1950, foram que "indivíduos que apresentam extrema *susceptibilidade* à propaganda fascista tem muito em comum" e que "os indivíduos variam em sua susceptibilidade à propaganda antidemocrática, em sua *prontidão* em exibir tendências antidemocráticas"[12]. Como enfatizam os pesquisadores, é uma questão de potencialidade. A ação explícita depende em grande medida da situação de momento.

Foi o que aconteceu na Alemanha de 1930. O potencial fascista e antidemocrático latente na sociedade alemã encontrou, com

10 Idem, ibidem.

11 Edgar Morin, *Cultura e barbárie europeias*. São Paulo: Editora Unesp, 2019, p. 17.

12 Theodor W. Adorno, *Estudos sobre a personalidade autoritária*. Rio de Janeiro: Bertrand Brasil, 2009, p. 17.

a ascensão do Partido Nazista ao *Reichstag* e a eleição de Hitler para Chanceler, a oportunidade para sua realização, para a passagem da susceptibilidade à ação.

De forma semelhante, e guardadas as proporções e as especificidades dos momentos históricos, no Brasil alguns eventos criaram oportunidades para a realização do potencial antidemocrático latente em certos setores da sociedade brasileira. A eleição em 2018 de Jair Bolsonaro para Presidente da República talvez seja o principal deles. Desde então a cena política e social no Brasil vem sendo marcada por demonstrações públicas de cunho antidemocrático e anticivilização, protagonizadas por apoiadores do governo de extrema direita, em sua maioria, pessoas brancas, cristãs e das classes média e alta, os tais "cidadãos de bem". Vimos esse grupo vir a público para pedir o fechamento do Supremo Tribunal Federal, intervenção militar, armamento da população, se opor à vacinação contra o covid-19 durante a pandemia e hostilizar imigrantes, especialmente de países como a Venezuela e a Bolívia.

OS EVANGÉLICOS E O "CAPITÃO"

Em recente entrevista concedida à BBC Brasil, a ex-ministra do Meio Ambiente no governo Lula e ex-candidata à Presidência da República, a evangélica Marina Silva, disse não poder "ficar com a ideia de que qualquer pessoa que tenha fé, que tenha um credo religioso, seja um atentado à ciência, à democracia, à arte, ou a qualquer coisa". Lembrando que "somos um país em que mais de 80% das pessoas se declaram com fé", afirmou que "não se pode fazer um discurso como se todas essas pessoas fossem um risco à civilização"[13].

13 Ver https://www.bbc.com/portuguese/brasil-60690643

De fato, toda generalização é burra. Muitas vezes, porém, recorre-se à denúncia das generalizações como estratégia para se esquivar de enfrentar a desconcertante evidência de que a maioria das pessoas do grupo ao qual pertencemos demonstra atitudes reprováveis e, em alguns casos, inaceitáveis para qualquer sociedade que se pretenda democrática e civilizada.

Se existe uma barbárie secular e ocidental, há também uma barbárie especificamente religiosa. Para Edgar Morin, por exemplo, "o monoteísmo judeu, e em seguida o cristão, trouxe, juntamente com o seu universalismo potencial, a sua intolerância específica – *que eu até chamaria de barbárie específica* –, fundada sobre o monopólio da verdade da sua revelação"[14].

Ideias produzem realidades, assim como realidades podem favorecer a sustentação e disseminação de certas ideias. Em outras palavras, a *noosfera*, "o mundo das ideias, dos espíritos, dos deuses produzidos pelos seres humanos dentro de sua cultura", não raramente adquire "uma vida própria e o poder de dominar os espíritos", podendo nos levar a acreditar que "estamos na racionalidade quando na verdade estamos na racionalização", um sistema "lógico mas que não possui base empírica que permita justificá-lo"[15], diz Morin.

E existe um sem-número de justificações especificamente religiosas que podem nos fazer perder contato com a base empírica dos fatos e dos fenômenos sociais, econômicos e políticos. Isso porque "nós modelamos deuses que nos modelam"[16].

O presente livro pode ser visto como um breve passeio pela *noosfera* cristã para tentar explorar um pouco desse mundo das ideias, dos espíritos e dos deuses que povoam o universo do evangelicalismo ocidental.

14 Edgar Morin, *Cultura e barbárie europeias*. São Paulo: Editora Unesp, 2019, p. 20.
15 Ibidem, p. 12.
16 Ibidem, p. 13.

Um dos segmentos que se destacou no apoiamento à candidatura de Jair Bolsonaro, na construção de sua campanha eleitoral e depois na composição do seu governo, foram os evangélicos. Segundo pesquisa Datafolha, 69% dos evangélicos intencionavam votar no candidato da extrema direita no segundo turno das eleições presidenciais de 2018. [17]

Não passou despercebida a enorme contradição de cristãos que se vinculam, quer pelo voto quer pelo apoiamento público, a um político sabidamente antidemocrático, racista, xenofóbico, homofóbico, misógino e que defendia abertamente a tortura; um político que vem aumentando a cada ano seu acervo de declarações e práticas absurdas segundo qualquer critério mínimo de civilização, que não reproduzo aqui para não cansar o leitor, sendo amplamente divulgadas pela imprensa.

Mesmo do ponto de vista de uma moralidade dos bons costumes, Bolsonaro não corresponde, nem de longe, aos valores tradicionais do cristianismo. Questionado sobre o fato de receber auxílio-moradia mesmo tendo imóvel próprio em Brasília, afirmou que usava esse dinheiro "pra comer gente"[18]. Em outra ocasião, naturaliza a prática da zoofilia: "Atrás de galinha no galinheiro, todo mundo ia na minha cidade. Alguns mais malandros, iam na bezerrinha, da jumentinha. Era comum"[19].

Esse era o então deputado e presidenciável, e capitão da reserva, Jair Messias Bolsonaro. Para mim e para outros cristãos a conta simplesmente não fechava: como explicar esse maciço

17 Ver https://www.ihu.unisinos.br/78-noticias/584304-o-voto-evangelico-garantiu-a-eleicao-de-jair-bolsonaro.

18 Ver https://www.em.com.br/app/noticia/politica/2018/01/12/interna_politica,930477/bolsonaro-diz-que-usou-auxilio-moradia-para-comer-gente.shtml

19 Ver https://catracalivre.com.br/dimenstein/damares-alves-jair-bolsonaro-e-o-sexo-com-animais/

apoiamento de evangélicos (e de outros grupos religiosos, como católicos e espíritas) a um político com esse currículo? Além disso, durante a campanha de 2018 Paulo Guedes, anunciado Ministro da Economia de um possível governo Bolsonaro, deixava claro que a política econômica do futuro governo seria pautada por uma agenda neoliberal de congelamento de salários e perda de direitos para a classe trabalhadora de baixa renda, maior fatia entre os evangélicos.

Um observador atento, contudo, poderia notar indícios de que razões não propriamente racionais estariam ligadas àquele alinhamento da maioria dos evangélicos com o candidato da extrema direita e sua agenda política. Sobre isso, Adorno oferece uma pista para compreender o estranho fato de pessoas que apoiam políticos e agendas que vão na contramão de seus próprios interesses materiais:

> O fascismo, a fim de ser bem-sucedido como um movimento político, precisa ter uma massa como base. Ele precisa assegurar não apenas a submissão temerosa, mas a cooperação ativa da grande maioria das pessoas. Uma vez que, por sua natureza mesma, ele favorece poucos à custa de muitos, não tem como demonstrar que irá melhorar a situação da maioria das pessoas a ponto de seus interesses serem atendidos. Ele precisa, portanto, fazer apelo, acima de tudo, não ao autointeresse racional, mas às necessidades emocionais – frequentemente aos medos e desejos mais primitivos e irracionais.

Esse seria, portanto, o mecanismo básico do fascismo: apelar constantemente para necessidades emocionais, para "medos e desejos mais primitivos e irracionais" presentes em modo latente na estrutura da personalidade.

Se esse é o mecanismo, como explicar a observada efetividade da propaganda fascista, no Brasil e em outras partes do planeta, hoje e em tempos pretéritos? Adorno coloca nos seguintes termos a questão: "Caso se argumente que a propaganda fascista engana as pessoas fazendo-as acreditar que sua situação irá melhorar, então surge a questão: por que elas são tão facilmente enganadas?". Ele mesmo responde:

> Por causa, pode-se supor, de suas estruturas de personalidade; por causa de padrões de expectativas e aspirações, medos e angústias há muito estabelecidos que as dispõem a certas crenças e as tornam resistentes a outras. A tarefa da propaganda fascista, em outras palavras, torna-se mais fácil dependendo do grau em que potenciais antidemocráticos já existem na grande massa de pessoas.[20]

Afirmar, portanto, que os evangélicos conversadores no Brasil embarcaram na aventura bolsonarista porque foram enganados, não me parece um diagnóstico muito preciso. Como em outros momentos da história onde houve ascensão de governos autoritários e fascistas, existem "padrões de expectativas e aspirações, medos e angústias há muito estabelecidos" que criam as condições subjetivas e psicológicas responsáveis por levar algumas pessoas a recepcionar ideias e visões de mundo antidemocráticas, enquanto se mostram extremamente resistentes a ideias liberais ou progressistas. São os potenciais antidemocráticos, instalados há muito na estrutura de personalidade, que produzem a identificação com agendas e personalidades fascistas e antidemocráticas.

O escritor, filósofo e educador Rubem Alves, que conheceu de perto os porões do universo evangélico, tendo sido pastor de uma igreja presbiteriana, indica que processos inquisitoriais já existiam

20 Theodor W. Adorno, *Estudos sobre a personalidade autoritária*. São Paulo: Editora Unesp, 2019, p. 88.

nos espaços eclesiásticos antes que o golpe de 1964 inaugurasse o regime de exceção no país: "(...) antes mesmo que as armas e o dinheiro tivessem inaugurado o novo Estado, em 1964, já um processo semelhante acontecia dentro dos espaços pastorais da religião. Neste sentido não se pode negar que as Igrejas protestantes tenham sido precursoras do futuro".[21]

Na esteira do que propõe o filósofo e sociólogo alemão, seria fundamental identificar e compreender essas "estruturas de personalidade", esses "padrões de expectativas e aspirações, medos e angústias há muito estabelecidos" que predispõem algumas pessoas a discursos antidemocráticos. Para Adorno, a personalidade, sendo uma organização de necessidades, é um dos determinantes de preferências ideológicas.

A personalidade, contudo, não deve ser pensada como algo dado e que permanece inalterado, agindo sempre da mesma maneira sobre o mundo circundante, mas como algo que se desenvolve "sob o impacto do ambiente social" e "nunca pode ser isolada da totalidade social dentro da qual ela existe". O que significa dizer que mudanças significativas nas condições sociais e institucionais terão uma influência direta sobre as categorias de personalidade que se desenvolvem dentro de uma sociedade[22].

Este livro é um esforço, não exaustivo e precário, por identificar, à luz de elementos e momentos do desenvolvimento histórico do cristianismo e do Ocidente, condições sociais, políticas, institucionais, culturais e teológicas que possam ter sido decisivas para a formação da prontidão que certos segmentos da sociedade brasileira, em particular o segmento evangélico, têm para abraçar ideias e agendas antidemocráticas. No desenvolvimento histórico do cristianismo e do

21 Rubem Alves, Dogmatismo & tolerância. São Paulo: Edições Loyola, 2004, p. 103.
22 Idem, p. 80.

Ocidente, que mudanças abrangentes nas condições sociais e institucionais poderiam ter contribuído para a construção de estruturas de personalidade no interior desses grupos, tornando-os "presas fáceis" de propostas autoritárias? Essa é uma das perguntas que motivou a busca por respostas sobre a atual conjuntura social e política brasileira, e o protagonismo evangélico dentro dela.

Para o filósofo Rodrigo Nunes, uma visão abrangente do bolsonarismo precisa necessariamente tomar em consideração, no mínimo, os níveis de análise das "diferentes *matrizes discursivas* que convergiram em sua formação", as "*gramáticas comuns* que garantiram a comunicação e compatibilidade mútua dessas matrizes", "*condições afetivas* que davam a essas matrizes algo com que se conectar" e a "*infraestrutura organizacional* – abarcando igrejas, programas de rádio e televisão, influenciadores do YouTube, grupos de WhatsApp, robôs do Twitter etc. – da qual elas dependem". Uma das matrizes discursivas citadas por Nunes tem relação com o público cristão: o anti-intelectualismo evangélico.[23]

Nunes alerta, contudo, que as matrizes discursivas não devem ser entendidas como algo que concede prioridade da linguagem sobre a afetividade ou a corporeidade, mas como "geradoras não apenas de enunciados, mas de estruturas afetivas (...), identificação e pertencimento, formas de autonarração e autoentendimento". O bolsonarismo seria um projeto interclasses "sustentado pela política, no topo" e, ao mesmo tempo, "por fortes afinidades eletivas, na base".[24]

Considerando a perspectiva e as categorias teóricas sugeridas por Nunes, podemos dizer que a presente obra tem seu foco nas afinidades eletivas e matrizes discursivas, associadas ao segmento

23 Rodrigo Nunes, *Do transe à vertigem: ensaios sobre bolsonarismo e um mundo em transição*. São Paulo: Ubu Editora, 2022, pp. 25-26.

24 Idem, pp. 26 e 28.

do cristianismo conservador, sendo, ao mesmo tempo, a razão da identificação desse grupo social com o bolsonarismo e sua contribuição particular para a formação desse projeto político da extrema direita brasileira.

Se em seu aspecto mais aparente a barbárie encarnada por evangélicos, espíritas, católicos e tradicionalistas de um modo geral tem a insensibilidade à vida como traço comum, existem variações e especificidades nas origens histórico-sociais. Falar de "barbárie evangélica" não implica, portanto, nenhum sentido de exclusividade dos evangélicos como "os" portadores da barbárie como indiferença. Muito menos significa que todos os evangélicos compartilham de ideias antidemocráticas.

VERGONHA

Depois da perplexidade e da indignação, vem a vergonha. Vergonha alheia. Vergonha de ver parentes, amigos e colegas de trabalho encampando e sustentando publicamente, alguns até com certo orgulho, a visão de mundo extremamente regressiva do bolsonarismo, marcada por uma infernal e repugnante mistura de quase tudo que a humanidade tem produzido de pior ao longo de sua presença no planeta: racismo, xenofobia, misoginia, homofobia, autoritarismo, negacionismo, elitismo, aporofobia (ódio aos pobres), ataques a povos originários, degradação do meio ambiente. Tudo isso significa um ataque sistemático e sem tréguas à vida. Tudo isso são elementos daquilo que Achille Mbembe, filósofo sul-africano, chamou de *necropolítica*, formas contemporâneas de gestão social que subjugam a vida ao poder da morte; várias maneiras pelas quais o poder coercitivo do Estado é mobilizado com o objetivo de "provocar a destruição máxima de pessoas e criar formas únicas e novas de existência social, nas quais vastas populações são submetidas a condições de vida que lhes conferem o estatuto de 'mortos-vivos'".[25]

Particularmente, vergonha, muita vergonha de ter participado outrora de comunidades locais de fé cujos membros e lideranças hoje, em sua grossa maioria, ou apoiam abertamente a necropolítica bolsonarista ou optaram pela omissão, ignorando o que se passa no Brasil. Vergonha também da minha herança protestante. Reconheço que existem tesouros escondidos nessa tradição, mas os tesouros foram deliberadamente ofuscados por uma institucionalidade sufocante, doentia e estéril. Enfim, vergonha de ser brasileiro.

Se o filósofo francês Frédéric Gros [26] estiver correto em afirmar que a vergonha é o principal afeto do nosso tempo, "o significante das novas lutas", então deve ser o caso de começar a lidar com ela de outra forma, de forma mais positiva, como um dos motores para as lutas por transformação social e não mais como via preferencial para a melancolia que leva ao imobilismo.

Como indica Gros, será necessário libertar a vergonha da redução moralista, que a circunscreveu em uma culpabilidade e sentimentos mesquinhos de preocupação exacerbada com a opinião pública. Seria fundamental recuperar seu poder de contágio e sentido coletivo.

Escrevi essas linhas imbuído desse desejo. Passei alguns anos mergulhado em total desesperança e imobilismo, cansado de ter que defender o óbvio a cada dia, a cada encontro de família; de ter que defender marcos civilizatórios básicos que eu julgava cristalizados e bem sedimentados na sociedade brasileira. Ledo engano!

25 Achille Mbembe, *Necropolítica*. São Paulo: N-1, 2018, p. 71.
26 Frédéric Gros, *La honte est un sentiment révolutionnaire*. Paris: Albin Michel, 2021, p. 12.

Gramsci dizia que odiava os indiferentes. Compartilho com ele desse sentimento. No texto *Indiferentes* [27], ele lembra da frase dita por Federico Hebbel: "viver quer dizer tomar partido". Gramsci chega a duvidar da existência daqueles que "são apenas *homens*, estranhos à cidade", pois "quem vive verdadeiramente não pode não ser cidadão, assumir um lado". Por isso detestava os indiferentes.

Nesse particular, Gramsci estava em companhia de ilustres. Como pretendemos tratar de alguma forma do cristianismo e sua relação com a Política, vamos a mais uma referência bíblica, mais um encontro de Jesus com religiosos. A história é mais ou menos assim: Jesus estava um dia numa sinagoga, onde havia ali um homem com uma das mãos atrofiada. Como a turma já sabia que Jesus gostava de ajudar as pessoas, fazendo curas etc. e tal, logo ficaram de olho nele para ver se teria a audácia de consertar a mão atrofiada daquele homem bem no dia de sábado, dia sagrado para os judeus, no qual não se deveria realizar nenhum trabalho, nem mesmo curas.

Jesus, percebendo o climão, mas com a disposição de sempre para confrontar expressões de fé estéreis e perniciosas, e movido por compaixão, compra a briga com os religiosos: "Levante-se e venha para o meio", disse ao homem da mão atrofiada.

Então se volta para a plateia e faz uma pergunta que deveria ter uma resposta absolutamente óbvia, que em situações normais qualquer criança seria capaz de responder sem pestanejar: "O que é permitido fazer no sábado: o bem ou o mal, salvar a vida ou matar?".

Jesus, então, fica *irado* (essa é a palavra) e entristecido quando eles permanecem em silêncio. Realiza, portanto, o milagre, restaurando a mão do homem.

27 Antonio Gramsci, *Odeio os indiferentes*. São Paulo: Boitempo, 2020, p. 31.

Mas se você achou que depois desse "tapa com luva de pelica" a turma dos religiosos ficou constrangida e arrependida de sua insensibilidade, da dureza de seus corações, você se enganou. Nada disso. Ao contrário, a partir daquele momento "começaram a conspirar com os herodianos contra Jesus, sobre como poderiam matá-lo"[28].

O fato de Jesus ter sido tomado pelo sentimento de ira – única referência em todo Novo Testamento onde se diz que Jesus ficou *irado* – dá uma ideia do tanto que aquela demonstração de frieza e indiferença incomodou o Filho de Deus. O que costumamos chamar de insensibilidade, a linguagem bíblica vai chamar de "dureza de coração". A expressão remete a uma condição – psíquica, emocional e espiritual – de alguém que se tornou impermeável ao imperativo ético da defesa e promoção da vida.

Dante Alighieri teria dito que "no inferno os lugares mais quentes são reservados àqueles que escolheram a neutralidade em tempo de crise", assertiva que se afina com o registro bíblico no livro do Apocalipse, onde é dito acerca dos omissos, daqueles que escolhem a "neutralidade": "Assim, porque você é morno, nem frio nem quente, estou a ponto de vomitá-lo da minha boca" [29]. Deus diz que os indiferentes, os mornos, os que ficam em cima do muro, provocam nele ânsias de vômito.

O governo Bolsonaro, particularmente durante o período da pandemia do covid-19, funcionou como um grande e decisivo teste para as comunidades cristãs. E elas fracassaram miseravelmente! Os três primeiros anos do mandato de Jair Bolsonaro produziram um sem-número de necessitados, os novos "homens com mãos atrofiadas", vítimas da necropolítica do governo de extrema direita, com milhões que perderam seus postos de trabalho, famílias inteiras que

28 Evangelho de Marcos, capítulo 3, versos 1 a 6.
29 Livro do Apocalipse, capítulo 3 verso 16.

foram jogadas nas ruas e milhares que perderam suas vidas em razão da omissão e irresponsabilidade de um governo que deliberadamente atrasou a compra de imunizantes e realizou várias ações de sabotagem às medidas de combate à pandemia, como produzir e difundir dúvidas acerca da eficácia das vacinas e fazer propaganda oficial sobre medicamentos sem comprovação científica quanto à eficácia na prevenção e tratamento da covid-19, caso dos fármacos Hidroxicloroquina e Ivermectina. Diante do imperativo ético de defesa da vida, a esmagadora maioria dos cristãos optou pelo silêncio, quando não apoiavam o governo.

Para escrever este livro, escutei e analisei algumas dezenas de mensagens (sermões) produzidas por lideranças eclesiásticas nos anos de 2020 e 2021 e publicadas nos canais institucionais de suas respectivas igrejas na plataforma *Youtube*. Quase unanimidade, a acusação de que a polarização política *per se* era o grande mal a ser denunciado e combatido, porque gerava dissenções e quebra da harmonia e da comunhão entre irmãos e irmãs de fé. Um conhecido pastor batista da cidade de São Paulo, por exemplo, chegou a dizer durante um culto, que pairava sobre o Brasil uma *potestade de morte*, para logo em seguida atacar a polarização política: "uma tragédia". Depois ele cita os nomes de Bolsonaro e Lula, os polos dessa polarização. É claro que imediatamente após citar os dois nomes, adiciona: "mas eu não vou falar de política. Eu gostaria que você acreditasse em mim, que eu não estou falando de política".

Essa realidade de omissão de parte expressiva dos cristãos, tanto católicos quanto evangélicos, me remeteu uma vez mais a Theodor Adorno, quando disse que "um dos grandes impulsos do cristianismo, a não ser confundido com o dogma, foi apagar a frieza que tudo penetra. *Mas esta tentativa fracassou; possivelmente porque não mexeu com a ordem social que produz e reproduz a frieza*"[30]. Antigo problema de uma fé religiosa que não toca o chão da realidade; uma fé universal e descontextualizada, por isso mesmo, artificial e estéril, fadada a ser *ópio do povo* e sal que perdeu seu poder de salgar e temperar a vida. Aliás, perdeu a vida de vista, se transfigurando numa espiritualidade sem substância, incapaz de afetar e deixar-se ser afetada. Uma fortaleza impenetrável. Uma aberração, uma *monstruosidade*.

Outro tipo de racionalização, mais velada que explícita, para a omissão é abordar os acontecimentos da forma mais natural e tranquila possível, de tal sorte que a comunicação feita para os membros da igreja não reforce a percepção de que estamos vivendo tempos de exceção e uma situação atípica para regimes democráticos. A narrativa vai no sentido de afirmar que vivemos na mais plena normalidade democrática, apenas com um acirramento na polarização política, mas nada além disso. Os cristãos que adotam esse tipo de discurso deliberadamente ignoram a gravidade dos fatos políticos e dos atos do governo. Muitos líderes eclesiásticos se omitem por receio de serem acusados de fazer política partidária.

Adorno, que precisou fugir da Alemanha para não ser preso e morto pelos nazistas, disse numa palestra em 1965 acerca da situação alemã nos anos 1930-1940 que "quem ainda insiste em afirmar que o acontecido não foi tão grave assim já está defendendo o que ocorreu, e *sem dúvida seria capaz de assistir ou colaborar se tudo acontecesse de novo*"[31]. Existe essa conexão inevitável entre não reconhecer a gravidade dos fatos e as atitudes de assistir e colaborar. Aliás, um bom resumo das principais posturas de evangélicos conservadores em relação à imensa regressão civilizacional promovida no Brasil desde o governo Michel Temer, e

30 Theodor W. Adorno, *Educação e Emancipação*. São Paulo: Paz e Terra, 2011, p. 135.
31 Idem, p. 136.

elevada a níveis inimagináveis sob o governo Bolsonaro, seria: uns assistem, outros colaboram.

Depois que Bolsonaro havia completado três anos na cadeira de Presidente da República, à frente de um governo catastrófico e flagrantemente nefasto, certos segmentos do cristianismo brasileiro esboçaram uma reação, embora tímida, de desagrado em relação à atuação do governo. Foi o caso de parte dos católicos. Com relação aos evangélicos, porém, a tendência de apoiamento do governo se mantivera. Foi o que revelou uma pesquisa da Genial/Quaest realizada em janeiro de 2022 sobre avaliação do governo Bolsonaro, por religião. Os gráficos a seguir, extraídos da pesquisa, sintetizam os resultados obtidos.

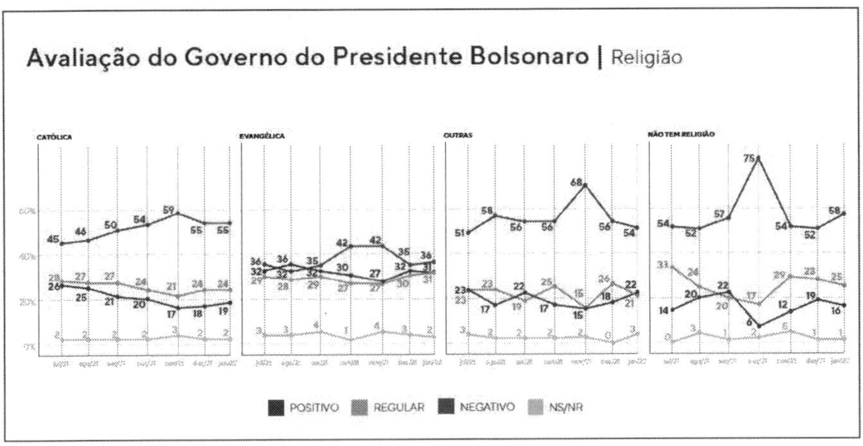

Avaliação do presidente Bolsonaro, por religião (Fonte: pesquisa Genial/Quaest).[32]

É possível perceber alguma reação entre os católicos, ainda que tímida, com um aumento da avaliação negativa e declínio do "positivo" e "regular". Dentro do segmento evangélico, contudo, praticamente

32 Disponível em https://media-blog.genialinvestimentos.com.br/wp-content/uploads/2022/01/11201457/genial-nas-eleicoes_pesquisa-para-presidente-2022_resultado-janeiro.pdf

não houve reação, não houve mudanças significativas na avaliação do governo Bolsonaro em relação a julho de 2021.

A insensibilidade evangélica capturada pela pesquisa apareceu também nos sermões analisados, sendo também compatível com as observações diretas do comportamento de cristãos evangélicos com os quais convivi durante anos. A expressão de fé que emergiu das análises é uma que, embora apregoe o amor, a misericórdia e a compaixão, na prática se mostra, com honrosas exceções, pronta para recepcionar ideias, atitudes e valores antidemocráticos e desumanos. Esse é o monstro. Essa é a barbárie.

No período de campanha para o segundo turno das eleições de 2022 para Presidente da República, fico sabendo através de um grupo de Whatsapp que um pastor presbiteriano bolsonarista teria enviado ao colega, também pastor, um vídeo de Bolsonaro pedindo aos pastores do Nordeste que conseguissem votos a seu favor. O amigo bolsonarista pedia ao colega que aderisse à campanha. O colega expressou sua decepção e respondeu que não iria ser condutor de votos para Bolsonaro. O pastor bolsonarista estava irreconhecível, demonstrando certo desespero, relatou o colega no grupo, que tentou ainda acalmá-lo, dizendo que não precisava ficar assim e que o mundo não acabaria se Bolsonaro perdesse as eleições. Resultado: um tempo depois fico sabendo que o pastor bolsonarista havia infartado, vindo a óbito naquela madrugada!

O ocorrido diz muito sobre o estado de delírio coletivo que tomou conta de parte expressiva dos evangélicos no Brasil. Diz muito também sobre o grau de adesão desses cristãos ao bolsonarismo.

Faltando poucos dias para as eleições presidenciais em segundo turno, o candidato da extrema direita contava com 60% das intenções de voto entre evangélicos, segundo pesquisa Globo/Ipec.[33]

---

33 Ver https://g1.globo.com/politica/eleicoes/2022/pesquisa-eleitoral/noticia/2022/10/17/ipec-lula-tem-50percent-no-2o-turno-e-bolsonaro-43percent.ghtml

A BBC News Brasil recebeu mais de 100 relatos de cristãos que discordam do presidente Bolsonaro, principalmente evangélicos, que narraram episódios de pressão ou intimidação dentro dos templos na reta final das eleições.[34] Um dos entrevistados disse que o apoio de pastores a Bolsonaro e seus aliados sempre existiu, mas se intensificou no segundo semestre de 2022, quando um dos pastores se candidatou a deputado estadual: "A partir daí, em todas as reuniões a gente tinha que orar por esse pré-candidato e fazia reuniões para falar sobre isso (...) Diziam que Bolsonaro é o único candidato que defende a liberdade religiosa, o único que vai manter igrejas abertas. E que, se Lula for eleito, ele vai fechar as igrejas, queimar as igrejas". Relatou ainda que "Ele (o pastor), antes do culto, procurou pessoas para perguntar em quem elas votariam. Algumas pessoas disseram que votariam num candidato diferente do dele. Na hora do culto ele usou essas pessoas como exemplo do que não fazer". O mesmo pastor teria dito, numa reunião da liderança da igreja: "Se vocês que não querem seguir o posicionamento da igreja, procurem outro lugar". Desde então, o entrevistado e sua esposa não frequentam mais a igreja.

Outra entrevistada pela BBC News, residente numa capital do Nordeste, relatou que se viu obrigada a deixar a igreja que frequentava há décadas por discordar da pressão de pastores por apoio ao presidente: "Você passa a ser perseguido dentro do próprio templo pelos irmãos, na fé e pelos próprios pastores. Porque, se você não obedece, se você não segue aquele político que eles escolheram para votar, você não é cristão. A sua fé, ela está sendo colocada à prova", disse.

Outra mulher ouvida pela BBC News, moradora da cidade de Osasco que frequentava uma igreja Assembleia de Deus há 12 anos, disse não reconhecer mais a Igreja hoje como a conhecia há

34 Ver https://www.bbc.com/portuguese/brasil-63285936

dez anos: "Por mais que a Igreja sempre tenha tido um posicionamento conservador, tenha a questão da doutrina, eu vejo as coisas hoje de forma muito violenta. Se penso de forma diferente, vem uma palavra de condenação. É como se eu pudesse ser punida por um pensamento que seja contrário", desabafou. O conflito com a igreja começou quando seu marido, que frequentava a igreja desde criança, procurou um presbítero após um culto depois de se sentir ofendido por algumas de suas falas. Essa liderança da igreja "começou a passar alguns slides, colocando como se fosse o antes e depois dos jovens que entram nas universidades públicas. Era uma espécie de alerta para os pais que estavam ali", ela conta. As imagens dos slides, segundo a entrevistada, mostravam um "antes e depois" de jovens que entram em universidades públicas: "O jovem todo arrumado em um primeiro momento, e depois ele fazendo uso de droga ou se 'tornando homossexual' dentro da universidade e coisas desse tipo. Querendo deixar bem claro que a universidade pública era um ambiente perigoso para os jovens". O casal não conseguiria mais ir à igreja depois do episódio.

Os relatos colhidos pela BBC News Brasil retratam bem a situação e o clima nas igrejas cristãs, onde a perseguição a críticos do bolsonarismo passou a ser cada vez mais explícita e intensa durante os dias que antecederam o segundo turno das eleições de 2022.

A CRIATURA DE FRANKENSTEIN

Bolsonaro se foi do Planalto e do Alvorada, e com ele a *necropolítica* de seu governo. Perdeu as eleições de 2022 para o presidente Luiz Inácio Lula da Silva. O bolsonarismo como fenômeno social e força política, contudo, segue firme e forte, a exemplo do trumpismo nos Estados Unidos. Em disputa apertada, o candidato derrotado de extrema direita recebeu mais de 58 milhões de votos (49,10% dos votos válidos), uma marca expressiva. A diferença entre Lula e Bolsonaro foi de apenas 1,8 pontos percentuais. Além disso, a extrema direita conseguiu eleger em 2022 um número expressivo de parlamentares para o Parlamento brasileiro.

Esses números indicam que o monstro fascista, e a barbárie que lhe é própria, continua solto e bem alimentado, pairando como ameaça sobre as instituições da jovem e frágil democracia brasileira.

Os evangélicos estão longe de ser um grupo uniforme e coeso. Ao contrário, esse grande guarda-chuva abriga uma infinidade de denominações religiosas bastante díspares em termos de teologia e expressão de fé. Presbiterianos e luteranos de um lado, pentecostais e neopentecostais de outro. Não é razoável, portanto, tratar esse verdadeiro emaranhado de tendências e tradições religiosas, cada uma com suas especificidades, como se fosse um segmento com um pensamento monolítico. Isso quer dizer, entre outras coisas, que é impossível abarcar num único livro toda a diversidade de tradições dentro do evangelicalismo.

Embora no Brasil os pentecostais e neopentecostais tenham historicamente maior visibilidade midiática, maior representatividade no Congresso Nacional, principalmente via Bancada Evangélica, tendo participado mais efetivamente da campanha eleitoral de Jair Bolsonaro, em 2018 e 2022, os batistas e presbiterianos se mostraram mais bem articulados politicamente nos bastidores, o que fica evidente pela quantidade de cargos do primeiro escalão ocupados por lideranças filiadas a esses dois últimos segmentos do evangelicalismo.

Gostaria de sugerir que a observada susceptibilidade de parte expressiva dos evangélicos conservadores no Brasil a ideias, atitudes e valores antidemocráticos pode ser fruto de várias contribuições, no campo das ideias e das práticas, ao longo dos anos de desenvolvimento do cristianismo ocidental; tradições doutrinárias e litúrgicas que foram sendo, sob certas circunstâncias e em determinados momentos, combinadas e emendadas – como no romance de terror de Mary Shelley, *Frankenstein ou o Prometeu Moderno*, onde o monstro é feito de pedaços de corpos humanos –, até se formar um padrão de expressão religiosa.

Parto do pressuposto de que nossos conceitos trazem todos eles "as marcas de múltiplas incrustações históricas", para tentar avançar até o ponto de "discernir suas muitas camadas indutoras de interpretações tácitas"[35]. Algumas dessas incrustações históricas alimentaram interpretações tácitas que, por seu turno, conformaram predisposições para aceitar certas ideias e rejeitar outras. Terminaram por constituir certa abertura e *susceptibilidade* a ideias, atitudes e valores antidemocráticos.

A escrita vai se desenvolvendo em meio a idas ao passado com questões do presente, para retornar ao presente "com o lastro do que se compreende do passado, num vaivém entre o antigo e o novo"[36].

Na primeira parte do livro, esboça-se um movimento, limitado e provisório, de recolher algumas dessas incrustações históricas que foram sendo superpostas e combinadas até culminar na expressão contemporânea do evangelicalismo reacionário e fundamentalista, a "criatura de Frankenstein" do cristianismo. Sugerimos algumas incrustações como partes da criatura – cabeça (o neocalvinismo), braços (o dualismo e escapismo de Lutero), tronco (poder pastoral) e genitálias (o homem robusto).

Enquanto frequenta dominicalmente os templos, a criatura vai induzindo pensamentos, infundindo medos e culpa, determinando perspectivas e modelando afetos, até sedimentar a *barbárie-como-indiferença* em corações piedosos.

35 Gabriel Cohn, *Indiferença, nova forma de barbárie*. Em Adauto Novaes, *Civilização e Barbárie*. São Paulo: Companhia das Letras, 2004, p. 85.

36 Nicole Loraux, *Elogio ao anacronismo*. Em Adauto Novaes (org.), Tempo e História. São Paulo: Companhia das Letras, 1992, p. 64.

A segunda parte do livro é uma espécie de bricolagem feita de imagens, *flashes* de ideias, sacadas e algumas provocações bem-intencionadas, articuladas com o propósito de nos auxiliar no longo, penoso e incerto caminho do autoconhecimento, como indivíduos e corpo social. Alguns modos de existência – o profano, o antipastoral, o dos telemitas, o arreligioso, o dos Povos da Floresta, todos de alguma maneira ecoados no modo de existir de Cristo – são explorados como alternativas à vida bárbara. É possível que o leitor perceba, aqui e acolá, baforadas de esperança, alguma gravidade na voz e pedidos de socorro; tudo envelopado por um desejo, débil, embora visceral, de escaparmos dessa espiral da barbárie.

PARTE I
O MONSTRO GANHA FORMA

CAPÍTULO I

A CABEÇA

Esses acordos silenciosos funcionam como os nossos olhos: vemos através deles, mas não os vemos. Constroem a nossa realidade, mas não nos damos conta de que eles mesmos foram construídos[37]

Numa manhã de janeiro de 2021 recebo mensagens de texto de um amigo, pastor presbiteriano que não via há um bom tempo. Havia sido convidado para participar de um grupo de discussão com outros pastores sobre o papel do Estado ou a relação Estado-igreja, algo assim, e queria indicação de literatura contemporânea sobre a temática. Como de costume, a conversa se mostrou muito agradável e interessante. Falamos um pouco sobre laicidade do Estado, sobre Hobbes, Maquiavel e Montesquieu. Sobre universais, pressupostos e noções de verdade.

Lá pelas tantas, quando sugeri a questão sobre como a ideia que temos de Deus e seus universais poderiam atuar na organização e atuação do Estado, ele replicou: "Esse é o ponto que quero investigar!" E completou: "Tenho algumas hipóteses com base em pensamentos postulados pelo *neocalvinismo* holandês... pensamentos de Abraham Kuyper, Herman Dooyeweerd".

E foi assim, a partir dessa conversa com meu amigo teólogo, que voltei a ouvir, pela segunda vez, sobre neocalvinismo. Como já havia

37 Rubem Alves, *O Enigma da Religião*. Campinas: Papirus, 2008, p. 22.

esquecido tudo sobre o assunto, pedi para ele dar uma palhinha e ele resumiu assim: "O primeiro foi [Kuyper] ministro da Holanda no começo do século XX. O segundo [Dooyeweerd] é um filósofo que aprofunda os pensamentos do primeiro. Desenvolveram conceitos como: cosmovisão bíblica, soberania das esferas".

Sobre a ideia de *soberania das esferas*, explicou meu amigo:

> Dooyeweerd afirma que cada instituição criada por Deus (a família, a escola, o estado), possui uma área específica de autoridade e regência, ou seja, são esferas bem delimitadas e específicas. Tais esferas não são autônomas entre si, devem interagir, mas não podem uma usurpar a natureza e o papel (autoridade) da outra, isto traz instabilidade, por isso são esferas soberanas. Ainda que independentes, cada uma deve responder a Deus, o doador desta autoridade.

Enquanto ouvia meu amigo, minha primeira impressão sobre a noção de *soberania das esferas* foi de artificialidade. A meu juízo, as evidências produzidas até então pelas ciências humanas e sociais indicavam que a vida não se apresenta em compartimentos, mesmo que comunicantes. Os clássicos da sociologia, da filosofia política e da ciência política já tinham me ensinado que a vida social é um todo orgânico em constante imbricamento entre o individual e o coletivo, entre agente e estrutura, superestrutura e infraestrutura. Então me pareceu artificial pensar o mundo como "esferas bem delimitadas e específicas". Também não me pareceu correto, à luz da história e do registro bíblico, assumir que Deus seja o criador da instituição Estado, ainda mais quando estamos a falar do Estado moderno. Ao contrário.

ESTADO, CRIAÇÃO DE DEUS?

Como a conversa era com um cristão, comecei a pensar sobre o que o registro bíblico teria a dizer, e lembrei de um trecho do livro de 1 Samuel no Antigo Testamento que deixa claro que a ideia de criação de um Estado monárquico entre os israelitas partiu do povo, e não de Deus.

> Quando envelheceu, Samuel nomeou seus filhos como líderes de Israel. Seu filho mais velho chamava-se Joel, o segundo, Abias. Eles eram líderes em Berseba.
> Mas os filhos dele não andaram em seus caminhos. Eles se tornaram gananciosos, aceitaram suborno e perverteram a justiça.
> Por isso, todas as autoridades de Israel reuniram-se e foram falar com Samuel, em Ramá.
> E disseram-lhe: "Tu já estás idoso, e teus filhos não andam em teus caminhos; escolhe agora um rei para que nos lidere, à semelhança das outras nações".
> Quando, porém, disseram: "Dá-nos um rei para que nos lidere", isto desagradou a Samuel; então ele orou ao Senhor. E o Senhor lhe respondeu: "Atenda a tudo o que o povo está lhe pedindo; não foi a você que rejeitaram; foi a mim que rejeitaram como rei". [38]

A maioria dos biblistas situa o evento narrado acima no século XI a.C. À época, o sistema de governo em Israel poderia ser caracterizado como uma federação de tribos, com um conjunto de juízes fazendo a mediação dos conflitos sociais. O profeta e juiz Samuel exercia um papel de autoridade espiritual e patriarcal sobre as tribos de Israel. Mas os juízes praticavam a corrupção e deixaram de realizar

38 Livro de 1 Samuel, capítulo 8, versos 1 a 7.

a justiça, o que motivou os chefes das tribos ("as autoridades de Israel") a reunirem-se com Samuel para pedir uma mudança de regime: do sistema de juízes para a monarquia.

O pedido do povo para ter um "rei para que nos lidere" foi interpretado por Deus como um ato de rejeição a Ele mesmo e seu reinado. O pedido também desagradou ao profeta e juiz Samuel. Mas Deus diz a Samuel que atenda ao pedido, como se Deus tivesse perdido a paciência e decidido deixar o povo quebrar a cara com suas próprias escolhas.

Deus concede ou cede ao desejo do povo, mas não sem antes deixar claro o que viria pela frente com aquela mudança de regime:

> Agora atenda-os; mas advirta-os solenemente e diga-lhes que direitos reivindicará o rei que os governará.
> Samuel transmitiu todas as palavras do Senhor ao povo, que estava lhe pedindo um rei, dizendo: "Isto é o que o rei que reinará sobre vocês reivindicará como seu direito: ele tomará os filhos de vocês para servi-lo em seus carros de guerra e em sua cavalaria, e para correr à frente dos seus carros de guerra.
> Colocará alguns como comandantes de mil e outros como comandantes de cinquenta. Ele os fará arar as terras dele, fazer a colheita, e fabricar armas de guerra e equipamentos para os seus carros de guerra.
> Tomará as filhas de vocês para serem perfumistas, cozinheiras e padeiras.
> Tomará de vocês o melhor das plantações, das vinhas e dos olivais, e o dará aos criados dele.
> Tomará um décimo dos cereais e da colheita das uvas e o dará a seus oficiais e a seus criados.
> Também tomará de vocês para seu uso particular os servos e as servas, o melhor do gado e dos jumentos.
> E tomará de vocês um décimo dos rebanhos, e vocês mesmos se tornarão escravos dele.

> Naquele dia, vocês clamarão por causa do rei que vocês mesmos escolheram, e o Senhor não os ouvirá".[39]

Pode-se ver nesse relato bíblico uma espécie de antecedente histórico-teológico do Leviatã de Thomas Hobbes (1651), na medida em que descreve, em linhas gerais, a organização e o funcionamento de um poder soberano e concentrado, e as inevitáveis e pesadas consequências negativas para a população. É claro que situar no século XI a.C. as origens do Estado moderno e da classe trabalhadora seria um anacronismo grosseiro. Mas não seria esdrúxulo falar em termos de antecedentes, de formas embrionárias daquilo que viria em plenitude séculos e séculos depois.

A passagem de um sistema tribal e federado para uma monarquia significava a formação de uma organização social baseada em hierarquia, concentração de poder e na construção de um regime de exploração e dominação. Restrição da liberdade e da autonomia para os indivíduos, agora transformados em súditos.

O livro de Jó, no Antigo Testamento, emprega, em algumas traduções, o nome "Leviatã" (em outras traduções, o nome significa "crocodilo") para descrever um animal indomável, de aspecto amedrontador, de grandes proporções e de força descomunal. Sendo Thomas Hobbes filho de pastor anglicano, é bem possível que tenha se inspirado nessa figura mítica do livro de Jó para criar uma metáfora para sua ideia de Estado moderno.

É curioso também perceber no trecho do Antigo Testamento citado acima a semelhança com o que conhecemos hoje como "burocracia estatal" (palaciana, no caso da monarquia em vias de nascer) e divisão social do trabalho: "ele tomará os filhos de vocês para servi-lo

39 Idem, versos 9 a 18.

em seus carros de guerra e em sua cavalaria, e para correr à frente dos seus carros de guerra" e "tomará as filhas de vocês para serem perfumistas, cozinheiras e padeiras".

Nota-se também a organização de um exército, a criação de uma "indústria" bélica e a formação de uma hierarquia militar: "...para servi-lo em seus carros de guerra e em sua cavalaria, e para correr à frente dos seus carros de guerra"; e "colocará alguns como comandantes de mil e outros como comandantes de cinquenta". E o caráter compulsório da convocação para servir ao monarca: "ele tomará...", "Colocará alguns...", "Ele os fará...". A bem conhecida violência legítima do Estado, tão documentada nos manuais de ciência política.

Dentre os desdobramentos daquela escolha por um rei, estava também a formação de uma espécie de processo de "acumulação primitiva" (lembram de Marx?) baseado no confisco de terras cultiváveis e de estoques de animais, os meios de produção da época: "Tomará de vocês o melhor das plantações, das vinhas e dos olivais, e o dará aos criados dele"; e "também tomará de vocês para seu uso particular os servos e as servas, o melhor do gado e dos jumentos". E não poderia faltar a instituição de impostos para financiar a "*máquina estatal*": "Tomará um décimo dos cereais e da colheita das uvas e o dará a seus oficiais e a seus criados"; e "tomará de vocês um décimo dos rebanhos". Impostos pagos com o fruto da terra e animais.

Tudo isso posto, o efeito de conjunto seria a inevitável pauperização e a criação de uma condição de dependência crônica e sistêmica para a maioria da população: "... e vocês mesmos se tornarão escravos dele".

Enfim, depois dessa digressão ao Antigo Testamento, o pressuposto dos neocalvinistas de que Deus criou a instituição do Estado não parece corresponder ao que encontramos no registro bíblico.

Depois da conversa com meu amigo, comecei a escutar sermões elaborados com base no texto do livro de 1 Samuel e nenhum fazia referência ao fato saliente de que Deus tenha reprovado a ideia da instituição de uma monarquia e advertido o povo sobre as consequências nefastas que viriam, necessariamente – e este ponto é muito importante –, de um poder soberano e concentrado. Consequências que poderiam ser resumidas da seguinte maneira: deterioração das condições de vida para campesinos, violência legitimada de um Estado controlado por uma oligarquia, confisco dos meios de produção e dos meios de subsistência, dependência e escravização.

Entre os sermões analisados, estava um do conhecido e já falecido teólogo anglicano, John Stott, tido como progressista pela ala conservadora do cristianismo ocidental. Stott não faz paralelo algum entre o texto bíblico e noções contemporâneas de justiça social, exploração de trabalhadores/as, dominação de classe, elitismo etc... nada! Essas possíveis vinculações com a contemporaneidade estão completamente ausentes dos sermões analisados. Ausência que muito provavelmente é resultado de uma leitura do texto sagrado a partir de uma grade de inteligibilidade de natureza reacionária e conservadora, sobreposta ao texto, que restringe e modula o campo de significações possíveis, desembocando em leituras carregadas de "pontos cegos", que servirão para legitimar, reproduzir e naturalizar um mundo social marcado por dominação, estratificações e hierarquias sociais.

NEOCALVINISMO NA PRÁTICA

A terceira vez que ouvi sobre neocalvinismo foi num sermão pronunciado[40] na véspera do 7 de setembro de 2021, por um pastor de uma importante igreja presbiteriana em Brasília.

40 Disponível em https://youtu.be/GwEpQm-XXFo

Um pouco de contexto e do clima político daqueles dias. O culto foi realizado no dia 5 de setembro de 2021, num domingo, dois dias antes do Dia da Independência. Havia grande preocupação naquele momento sobre o que poderia acontecer naquele 7 de setembro, em razão das reiteradas falas do Presidente da República prometendo algum tipo de ruptura institucional, com constantes ameaças a ministros do Supremo Tribunal Federal (STF) e convocações para que seus apoiadores fossem às ruas no Dia da Pátria para fechar a Suprema Corte. O culto no dia 5, portanto, transcorreu sob forte tensão e apreensão social. Os jornais noticiavam sobre uma grande mobilização de apoiadores de Bolsonaro nas redes sociais, inclusive com articulação de caravanas, de várias cidades do Brasil, em direção a Brasília, para ocupar o espaço da Esplanada dos Ministérios. Esse era o clima na véspera daquele 7 de setembro.

O culto. Naquela noite, a liturgia incluiu a apresentação de uma canção chamada "Nação da Cruz", por um conjunto musical da igreja. Sendo a apresentação realizada de forma virtual em razão da pandemia do novo coronavírus, foi projetada uma imagem tipo mosaico formada por um conjunto de várias telas com a imagem de cada membro do coral. Em duas dessas telas, ao fundo, a bandeira do Brasil. Ao final da canção, a imagem seria aberta em *zoom out* mostrando o coral por inteiro, com uma grande bandeira do Brasil ao fundo.

Depois, uma palavra seguida de uma "oração pelo país", sob a condução de um dos pastores. Durante o momento do recolhimento dos dízimos e das ofertas foi entoado um hino cujo título era "Intercessão pela pátria" (de S. P. Kalley), com a seguinte letra:

> Ao presidente, ó Deus, inspira desde os céus o teu temor!
> Que possa bem cumprir o seu mandato e ouvir, de todo povo aqui, real louvor.

E o refrão:

A nossa Pátria tem sustento e todo bem de Ti, Senhor!

A escolha de um hino que fala sobre o presidente e a pátria para o culto de véspera daquele 7 de setembro sugeria uma demonstração de apoio ao então presidente Bolsonaro. Toda a estética do culto naquela noite foi marcada pelas cores verde e amarelo.

A estética do culto e a seleção dos cânticos não deixavam dúvidas quanto ao apoio da liderança da igreja ao Presidente da República e seu governo. No culto da véspera do 7 de setembro do ano anterior (2020), quando não houve convocação do chefe do Executivo para atos antidemocráticos durante as celebrações, não se via o verde e amarelo, as bandeiras do Brasil, nem cânticos com letras que falassem sobre o presidente e a pátria, o que descarta a possibilidade de que fosse uma tradição da igreja preparar o culto da semana da Pátria com aquela estética e liturgia.

Como é praxe em "igrejas mais sérias" de tradição reformada, nenhum apoiamento político é feito de forma aberta, mas com certa sutileza e cuidado, para que não se possa acusar a liderança de estar utilizando-se do momento de culto para fazer política partidária, para manter a aparência de neutralidade. Afinal, poderiam sempre alegar que, com todo aquele verde e amarelo e aquela liturgia, não estavam tomando partido, mas apenas sendo patriotas e atendendo à recomendação bíblica de orar pelos governantes da nação. Porque, como se sabe, pátria, presidente e a bandeira do Brasil não são propriedades de nenhum partido político, mas símbolos da nação. Esse é o *modus operandi*, a sagacidade boba e a banal molecagem das igrejas "sérias".

Pois bem, é nesse clima festivo que um dos pastores se dirige aos ouvintes: "Eu preciso dar uma palavra pra igreja, que eu creio que representa o pensamento do Conselho da igreja, da equipe de pastores, dos presbíteros, da liderança da sua igreja". Instados por membros da igreja a se pronunciar sobre o contexto político e percebendo que a "temperatura estava aumentando" nos grupos de *Whatsapp*, a liderança decide "orientar" a comunidade.

Começa pela estratégia predileta entre as lideranças das igrejas evangélicas neste período: um ataque preventivo à polarização política para acalmar os ânimos e evitar conflitos (e prejuízos) mais sérios no meio da comunidade. Uma ação para se evitar "baixas" no rebanho. Para tanto, lança mão de um argumento capcioso. No corpo apostólico de Jesus haviam representantes dos zelotes [Simão Pedro] e dos publicanos [Mateus], dois grupos politicamente rivais da época. Pedro era o zelote anti-imperialista que pegava em armas, supostamente um cara de esquerda que queria revolucionar. E Mateus, ao contrário, era pró-império Romano, um cara de direita. Logo, e essa era a conclusão do argumento, Jesus não toma partido.

Dois coelhos acertados com uma cajadada só: a *polarização política* é "o" problema e deriva de ignorância sobre Jesus e seu ministério apostólico, e tomar partido, assumir um lado neste momento, seria fazer política partidária. As duas atitudes são reprováveis aos olhos de Deus, segue o argumento. Voilà! Precisamos reconhecer a perspicácia da argumentação e a "sacada" do pastor ao lançar mão desse exemplo retirado da Bíblia. Vê-se que não são amadores na milenar arte de usar a Bíblia para fundamentar escolhas ideológicas sobre o que é Política e qual deve ser a relação do cristão com ela.

De forma planejada e habilmente executada, a esmagadora maioria das lideranças de igrejas cristãs procura convencer, com toda sorte de contorcionismo interpretativo e leituras "criativas" da Bíblia, os membros de suas comunidades que tecer críticas ao governo e posicionar-se publicamente contra as atrocidades produzidas por ele seria, necessariamente, fazer política partidária.

Se levantar em defesa da vida que está sob duro ataque seria fazer política partidária. De forma deliberada, evita-se a todo custo entrar na discussão dos méritos, sob a ótica cristã inclusive, das posições defendidas e em disputa pelos grupos em oposição. Quem está defendendo direitos humanos e quem está atacando esses direitos? Quem está apoiando agendas que ampliam as desigualdades e quem está defendendo políticas públicas que visam reduzi-las? Quais posições fortalecem as instituições da democracia e quais as fragilizam? Todas as posições defendidas são orientadas para redução da pobreza? Evita-se entrar nesses tipos de perguntas, simplesmente condenando de antemão qualquer divergência política entre os membros da comunidade. A polarização política é "o" mal a ser combatido. Ponto.

Não é preciso ser nenhum gênio para concluir que essas lideranças estão tentando evitar, a todo custo, o que mais temem: que alguns abandonem a igreja local. E a quebra da harmonia interna na comunidade poderia levar a essas baixas. Fica claro que, no jogo dos compromissos, tais lideranças estão mais comprometidas com a preservação da institucionalidade, em "manter a máquina girando", do que com valores como justiça social, verdade, dignidade humana, amor e compaixão. A ação desses líderes eclesiásticos pertence à numerosa família das atitudes mesquinhas e acanhadas que os homens costumam adotar quando o espírito se apequena e os interesses ficam circunscritos às pequenas coisas, e, então, dedicam-se com zelo à tarefa exaustiva de conservação de qualquer estado de coisas que os beneficiem de alguma forma.

O pastor continua:

> Nosso compromisso é com o evangelho, com o Reino de Deus. Jair Messias Bolsonaro e Luiz Inácio Lula da Silva não vão resolver o problema desse país, e nenhum que se apresente como uma terceira via. Pode ficar um pouco melhor, um pouco pior por um tempo, maior ou menor, mas é o Reino, vindo ao mundo, pelo qual nós oramos: venha o Teu Reino! É que vai resolver o problema do nosso país. Nós precisamos é pregar esse evangelho.

Aqui aparece algo bastante recorrente: o argumento da falsa equivalência entre figuras públicas que ocupam polos opostos no espectro político. Segundo essa estratégia argumentativa, todos os políticos são iguais, não faz diferença ou faz muito pouco, pois ao final "pode ficar um pouco melhor, um pouco pior por um tempo". O que o cristão precisa fazer é "pregar esse evangelho". Em outras palavras, tanto faz se o que está sendo proposto é tributar os mais ricos ou aumentar, ainda mais, a carga tributária para os pobres, retirar ou ampliar direitos trabalhistas, demarcar ou confiscar terras indígenas, promover ou sabotar a vacinação contra o covid-19, ampliar ou reduzir programas sociais. Nada disso teria lá muita importância do ponto de vista da fé cristã, de acordo com essa visão de mundo.

E para reforçar o discurso da falsa equivalência, é necessário se falar o tempo todo sobre o personalismo na política. Lula e Bolsonaro (caberiam outros) seriam populistas demagogos endeusados por seus respectivos seguidores radicais. A ênfase na crítica do personalismo na política cumpre o papel de induzir a audiência a concluir que apoiar um candidato, não importando as bandeiras que defende e as ideias que sustenta, seria o mesmo que se deixar levar pelas paixões do personalismo e do messianismo políticos.

De maneira geral, onde se pretende chegar? Nas seguintes equivalências:

- Tomar partido (pela vida, pela justiça, pela democracia, não importa) = fazer política partidária.
- Apoiar publicamente um político ou um partido com base no valor ético e social de suas ideias e no mérito das propostas e perspectivas políticas que sustenta = vincular-se de forma passional (e carnal) à figura de um político (pecado de idolatria).

Pela operosidade dessas duas equivalências, líderes eclesiásticos conseguem criar e manter a convicção, para grande parte dos membros da comunidade, de que a vida pública é uma esfera a ser evitada, seja por sua inerente impotência para melhorar significativamente a vida das pessoas (um jogo de soma zero), seja pelo seu risco potencial de causar sérios prejuízos à estabilidade e harmonia da vida em comunidade nas igrejas. A Política é aquilo que nos divide, que nos afasta de uma vida pia e santificada.

Negar as enormes diferenças de resultados em termos de incremento em bem-estar social para camadas historicamente excluídas da população brasileira e de promoção da democracia para a sociedade como um todo, entre, de um lado, agendas políticas de cunho neoliberal que objetivam um Estado mínimo para a massa de trabalhadores/as e máximo para um punhado de oligarcas e, de outro, programas de governo que têm como horizonte a construção de um Estado provedor e de bem-estar social e o aprofundamento da democracia, ao se resumir tudo, de forma simplista e leviana, a um "pode ficar um pouco melhor, um pouco pior por um tempo, maior ou menor", é, no mínimo, faltar com a verdade da história. Dizer que toda diversidade do esforço político no Brasil não passa de um jogo de soma zero, só pode ser dito do alto de uma posição social extremamente confortável e privilegiada em relação à massa de desesperados, que depende visceralmente para sua existência de políticas públicas redistributivas, de programas sociais, de serviços públicos com qualidade e coberturas adequadas.

Tomemos, a título de exemplo, um dos mais relevantes indicadores sociais, o Índice de Gini, que mede a desigualdade de renda. O gráfico a seguir mostra a variação desse índice ao longo de vários governos no Brasil, de 2012 a 2021. Fica evidente a influência dos governos ao longo desse anos e o impacto dos programas sociais sobre a desigualdade de renda.[41]

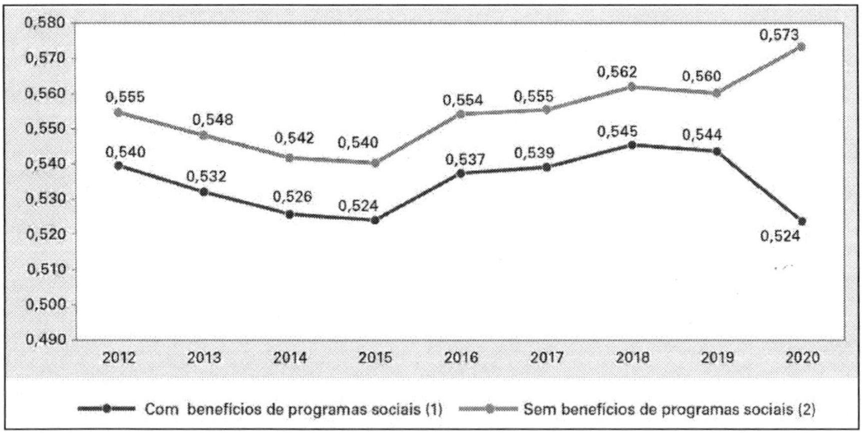

Índice de Gini da distribuição do rendimento domiciliar per capita, por condição de recebimento de benefícios de programas sociais – Brasil – 2012-2020.

Fonte: IBGE, Pesquisa Nacional por Amostra de Domicílios Contínua 2012-2020.

Essa série histórica para a desigualdade de renda no Brasil é uma demonstração de que é completamente falso sustentar que, no final das contas, não importa muito o governo, porque tudo se resumiria a jogos de soma zero em que "pode ficar um pouco

41 Disponível em https://biblioteca.ibge.gov.br/visualizacao/livros/liv101892.pdf

melhor, um pouco pior por um tempo, maior ou menor". Barbárie é também, e sobretudo, a indisposição de se colocar na pele do outro, uma bofetada de "tanto faz" na cara das *canas quebradas* e dos *pavios fumegantes* que perambulam pelas ruas das metrópoles brasileiras.[42]

Retornemos ao culto, na véspera do 7 de setembro. Já mais para o final da celebração, o pastor recomenda àqueles que – depois de todos alertas e todas contraindicações –, ainda assim insistem em falar de política na igreja, que leiam, então, livros sobre o assunto, numa perspectiva reformada (da Reforma protestante). Cita Abraham Kuyper, um dos principais nomes da corrente teológica que ficou conhecida como neocalvinismo: "Vamos ler, então, sobre política? Nós vamos colocar no boletim, nos próximos domingos, livros sobre política numa perspectiva reformada. Abraham Kuyper, tá, Franklin Ferreira e outros... leia os livros, então". E complementa:

> Nós precisamos conhecer a doutrina, a teologia reformada sobre a política, sobre o Estado, antes da gente querer falar. Falar por falar, todo mundo fala, né?

Embora tenha dito com todas as letras que sua igreja é apartidária – "a nossa igreja já disse isso no passado e está dizendo de novo: nós somos apartidários!" –, a denominação da qual faz parte aquela igreja local soube ir a público em junho de 2013, momento de grandes protestos populares contra o então governo petista de Dilma Rousseff, para publicar sua Pastoral da Marcha do Vinagre ,[43] que destacava alguns princípios a serem observados pelos cristãos, dentre os quais o "Princípio da desobediência civil necessária", resumido assim:

42 Evangelho de Mateus, capítulo 12 verso 20.
43 Disponível em https://www.facebook.com/igreja.ipn/posts/4418156634897646

> Segundo os Apóstolos exemplificaram no livro de Atos, há situações em que se torna imperativo obedecer a Deus e desobedecer às autoridades por Ele mesmo constituídas. Então, Pedro e os demais apóstolos afirmaram: Antes, importa obedecer a Deus do que aos homens (Atos 5. 29).

É curioso que a denominação religiosa não tenha igualmente sentido a necessidade de manifestar-se publicamente durante os vários e grandes protestos contrários ao governo Bolsonaro, para lembrar novamente aos cristãos sobre o *Princípio da desobediência civil necessária*, num momento em que o governo protagonizava uma regressão avassaladora em quase todas as áreas da vida em sociedade. Regressão jamais vista na história do Brasil republicano e que, por isso mesmo, está sendo chamada não apenas de crise econômica, mas de *crise civilizacional.*

Bom, mas, afinal, o que é neocalvinismo?

NEOCALVINISMO IN A NUTSHELL

De forma resumida, o neocalvinismo é uma visão de mundo (*worldview*) que entende que Deus é soberano e que sua soberania se estende sobre todas as coisas – educação, política, arte, ciência, negócios, economia, mídia, direito, literatura... e, ainda, sobre família, ética, igreja e teologia. O termo neocalvinismo foi cunhado em 1897 por Anne Anema (1872-1966), uma das primeiras professoras da Universidade Livre de Amsterdã. O movimento teve suas origens na Holanda do século XIX e Abraham Kuyper (1837-1920) e Herman Bavinck (1854-1921) figuram entre seus *Founding Fathers*[44].

44 Steve Bishop, *You Should Know Neo-Calvinism*. Disponível em https://thelaymenslounge.com/you-should-know-neo-calvinism/

Dentre os pontos de vista defendidos pelos neocalvinistas, pode-se citar a ideia de que toda a vida precisa de uma redenção, a importância das cosmovisões, a rejeição de dualismos e a caracterização do mundo como um conjunto de esferas soberanas, cada uma com sua própria fonte de autoridade, mas todas constituídas por Deus.

O neocalvinismo se desenvolveu a partir das contribuições iniciais de João Calvino. Kuyper entendia o calvinismo como algo mais amplo, um *sistema de mundo e de vida*, em vez de algo limitado aos domínios da igreja.

Certamente, uma contribuição positiva do movimento neocalvinista foi a rejeição dos dualismos, ao considerar impróprias e artificiais as divisões sagrado/secular e natureza/graça. A noção de que todas as áreas da vida devem ser redimidas não deveria significar, no entanto e a princípio, a cristianização da sociedade.

Essas esferas – o estado, a igreja, a família, a arte, os negócios, e assim por diante – deveriam permanecer independentes. Nenhuma esfera deveria invadir o domínio da outra. O Estado, por exemplo, não deveria estipular como a família deve ser gerida. Da mesma forma, a Igreja não deveria especificar como uma escola deveria ser administrada, por exemplo. Cada uma das esferas teria, de acordo com Kuyper, suas próprias normas e ordenanças dadas por Deus, bem como seus próprios papéis e tarefas.

PROBLEMAS COM O PENSAMENTO KUYPERIANO

Fazendo referência ao livro *Calvinismo*[45] de Abraham Kuyper, talvez a principal obra do movimento neocalvinista, vamos nos deter por um momento na análise de seu conteúdo. O livro, na verdade, é

45 Abraham Kuyper, *Calvinismo*. São Paulo: Editora Cultura Cristã, 2002.

uma coletânea de palestras proferidas na Universidade e Seminário Princeton, nos Estados Unidos, em 1898.

Para Kuyper, o cristianismo encontrava-se em inafastável oposição ao que ele chamou de Modernismo, entendido como a soma das contribuições das filosofias francesa e alemã, pensamentos que nasceram da Revolução Francesa, no final do século XVIII, e na Alemanha, durante o século XIX.

Suas palestras tinham o objetivo geral de demonstrar que o Calvinismo reunia as condições necessárias para se qualificar como um *sistema geral de vida*, à semelhança do Paganismo, Islamismo, Romanismo e Modernismo, os outros sistemas de vida por ele analisados, que estariam em franca oposição ao Calvinismo. Para Kuyper, cada um desses sistemas de vida teria um discernimento peculiar acerca de três relações fundamentais: (1) a relação com Deus, (2) a relação com o homem, e (3) a relação com o mundo.

A teoria das *esferas soberanas* concebe um mundo departamentalizado. É o que fica evidente nos seguintes trechos de suas palestras:

> O Luteranismo restringiu-se a um caráter exclusivamente eclesiástico e teológico, enquanto que o Calvinismo coloca sua marca na Igreja e fora dela, sobre cada departamento da vida humana. [46]
> O coração humano tinha obtido paz eterna com seu Deus: fortaleceu-se por esta comunhão divina, descobriu sua alta e santa chamada para consagrar cada departamento da vida e toda energia à sua disposição para a glória de Deus. [47]

Embora defenda que toda a vida humana constitua o escopo da fé cristã e rejeite formalmente os dualismos, a ideia de um

46 Idem, p. 31.
47 Idem, p. 33.

mundo formado por departamentos acaba por induzir, na prática, uma visão de mundo que estabelece estratificações e hierarquias entre as assim chamadas esferas, e graus de relevância variados para cada uma delas, tão bem exemplificado na afirmação do pastor presbiteriano de Brasília: "Política é secundário. O evangelho é prioridade". Existiria então, para esse pastor calvinista, a Política como uma esfera independente, mas de menor importância em relação ao que ele chamava de "evangelho". Esse tipo de colocação tem o potencial de desestimular cristãos a envolverem-se politicamente com as questões do seu tempo, com a vida da *Polis*. Afinal, por que alguém gastaria tempo e investiria recursos naquilo que é secundário, menos relevante?

Como alguém que recomenda a leitura de Abraham Kuyper, o pastor deveria saber que a ortodoxia neocalvinista considera todas as esferas da vida igualmente importantes (pelo menos em teoria) e um espaço para o exercício da fé cristã. Então seria incoerente para um neocalvinista convicto afirmar que "Política é secundário". Talvez tenha dito isso somente para acalmar os ânimos exaltados de alguns membros de sua igreja, fisgados pela "maldita" polarização política, a fim de manter a paz doméstica. É possível. Além disso, um pastor presbiteriano afirmar que "Política é secundário" soa, no mínimo, estranho diante da forte e efetiva articulação política de sua denominação na recente cena política brasileira, que resultou na colocação de dois dos seus pastores à frente de ministérios importantes como os da Educação e da Justiça.

JUSTIFICAÇÃO DAS CLIVAGENS SOCIAIS

Em vários momentos, durante suas palestras, Kuyper inclui as clivagens e desigualdades sociais entre os aspectos da realidade social que encontram sua justificação na vontade de Deus. Mais do que naturalizar esses aspectos, dá um jeito de os sacralizar.

Discorrendo sobre a "interpretação peculiar do calvinismo" acerca da relação do homem com o homem, afirma:

> Se o calvinismo coloca toda nossa vida humana imediatamente diante de Deus, então segue-se que todos, homem ou mulher, rico ou pobre, fraco ou forte, obtuso ou talentoso, como criatura de Deus e como pecador perdido, não tem de reivindicar qualquer domínio sobre o outro, e que permanecemos como iguais diante de Deus, e consequentemente iguais como seres humanos. Por isso, não podemos reconhecer qualquer distinção entre os homens, exceto a que foi imposta pelo próprio Deus, visto que ele deu a um autoridade sobre o outro, ou enriquece um com mais talentos do que o outro, para que o homem de mais talentos sirva o homem de menos, e nele sirva a seu Deus. [48]

Embora comece fazendo uma defesa da igualdade entre os homens com base no *status* compartilhado de criatura de Deus, Kuyper não está interessado em problematizar nem questionar as díades rico e pobre, fraco e forte, talentoso e sem talento. O que imagina é um tipo natural de harmonia e fraternidade espontânea entre rico e pobre, entre o mais talentoso e o menos, com este último, na prática, servindo ao primeiro. Isso faria parte de uma suposta ordem natural das coisas. Uma visão extremamente otimista, quase idílica, que não coaduna, por exemplo, com a doutrina da *Depravação Total do Homem*, que todo calvinista que se preze deve endossar.

Kuyper insere uma exceção à regra geral da igualdade entre os homens, exceção que ele acredita "imposta pelo próprio Deus" e que justificaria eventuais distinções sociais:

48 Idem, p. 36.

> Por isso, o Calvinismo condena não simplesmente toda escravidão aberta ou sistema de castas, mas também toda escravidão dissimulada da mulher e do pobre. Ele opõe-se a toda hierarquia entre os homens; não tolera a aristocracia, exceto a que é capaz, quer na pessoa ou na família, pela graça de Deus, de exibir superioridade de caráter ou talento, de mostrar que não reivindica esta superioridade para auto-engrandecimento ou orgulho ambicioso, mas para gastá-lo no serviço de Deus. [49]

Fórmula assaz comum no pensamento liberal: começa-se por uma declaração contumaz da igualdade entre os seres humanos e pela rejeição de todo tipo de escravidão, para logo em seguida introduzir alguns "exceto" que abrem portas para relativizar o que se afirmava de início. O calvinismo não tolera a aristocracia! Exceto... Somos contra qualquer reivindicação de domínio de um homem sobre outro! Exceto... Tenta-se encontrar justificações naturais ou sacras para a realidade de que existem aristocratas, os homens exercem domínio sobre outros homens, existem clivagens e hierarquias sociais. Seriam exceções que Deus mesmo concede. Está-se diante de conhecida fórmula, tão habilmente executada pelos legisladores, de se introduzir uma "pequena" exceção no meio da legislação, que, na prática, serve para tornar letra morta sua regra geral.

Numa de suas palestras, Kuyper chega a falar de "inveja das classes". Para ele, o Calvinismo havia operado transformações sociais que não resultaram da inveja "do homem de estado inferior que reduziu seu superior a seu nível, a fim de usurpar o lugar do superior", mas de uma espécie de fraternidade com "todos os homens ajoelhando-se em aliança aos pés do Santo de Israel". Ele faz uma transposição ilegítima de distinções no plano da individualidade para o plano social.

49 Idem, ibidem.

Alguém que fala do "homem de estado inferior" que tenta usurpar "o lugar do superior" certamente considera as lutas de grupos historicamente marginalizados e oprimidos – camponeses, trabalhadores, mulheres, negros – por melhores condições de vida como sendo motivadas pela inveja desses grupos em relação àqueles aos quais Deus concedeu riquezas, os superiores. Portanto, não é difícil inferir que no mundo de Kuyper todo esforço por mobilidade social é um ato de usurpação e, em última instância, rebeldia contra Deus, aquele que estabeleceu a ordem "natural" das coisas como elas são.

Por isso mesmo, continua Kuyper, o Calvinismo, à semelhança do cristianismo primitivo, não teria feito "uma súbita ruptura com o passado", mas permitiu a "continuação provisória das condições de hierarquia e aristocracia como tradições pertencentes à Idade Média". Não por acaso Kuyper fundou, em 1879, um partido político conservador chamado *Partido Anti-Revolucionário.*

Seria o caso de perguntar ao Sr. Kuyper: que distinções sociais e qual aristocracia fariam parte das exceções concedidas por Deus e quais não? Quem arbitraria sobre isso?

Sobre a "inveja das classes":

> Mas, internamente, o Calvinismo tem modificado a estrutura da sociedade, não pela inveja das classes, nem por um apreço indevido pela possessão do rico, mas por uma interpretação mais séria da vida. [50]

Houve uma época na história do povo hebreu em que as modificações na estrutura da sociedade, quando o rico era obrigado, por prescrição do próprio Deus, a devolver terras e animais aos mais pobres, resultaram numa ampla reforma estrutural. Esse

50 Idem, ibidem.

evento de grande envergadura era chamado de Ano do Jubileu.[51] Deus determinou que de cinquenta em cinquenta anos houvesse um choque, um freio de arrumação na sociedade israelita, que incluía uma grande mobilidade social via redistribuição de riquezas, das mãos dos bem afortunados, que tiveram mais sorte na vida, para as mãos daqueles que viviam em condições precárias. Imagino que Sr. Kuyper tenha tido sérias dificuldades para acomodar a instituição do Jubileu em sua teologia da "inveja das classes" e do "apreço indevido pela possessão do rico". Na verdade, a maioria das igrejas cristãs, em especial aquelas que abraçaram o conservadorismo e o fundamentalismo religioso, quer distância do texto bíblico que apresenta a instituição do Ano do Jubileu. Uma das estratégias prediletas de conservadores para lidar com essas partes "radicais" da Bíblia é circunscrever sua validade e aplicação ao contexto histórico específico de quando o texto foi produzido, ou ao momento histórico ao qual faz referência. Portanto, tratar-se-ia de textos datados. Toda tentativa de aplicar o conteúdo desses textos aos nossos dias seria uma temeridade e uma tentativa de usar a Bíblia para justificar ideias "esquerdistas".

O que disse Kuyper sobre uma "interpretação mais séria da vida" me faz lembrar do episódio em que a então diretora-geral do Fundo Monetário Internacional (FMI), a sra. Christine Lagarde, durante uma reunião do Eurogrupo, em 2015, destinada a discutir alternativas para a situação de endividamento da Grécia, teria dito aos presentes: o mais importante é "retomar o diálogo com adultos na sala", depois de ter apelado à Grécia para que apresente "propostas palpáveis e críveis". As tais propostas "palpáveis e críveis" não incluiriam, por óbvio, nenhuma sugestão que pudesse ameaçar a posição dos ricos

51 Livro de Levíticos, capítulo 25.

e poderosos, como, por exemplo, políticas redistributivas, tributação progressiva e taxação de grandes fortunas. Não seriam levadas a sério, como, de fato, não foram.

De modo parecido, para o liberal Kuyper, propostas de modificações na estrutura da sociedade que possam pôr em risco a posição dos ricos relativamente aos mais pobres não merecem ser levadas a sério. Seriam fruto de idealizações incompatíveis com qualquer "interpretação mais séria da vida".

Ao longo de suas palestras, Kuyper ataca diversas vezes a Revolução Francesa e seu legado, especialmente a noção de *soberania popular*. Depois de apresentar uma das teses calvinistas sobre governos, a de que "somente Deus – e nunca qualquer criatura – possui direitos soberanos sobre o destino das nações", cita, como uma das teorias diretamente oposta a essa tese, a ideia de "*Soberania Popular*, como foi antiteisticamente proclamada em Paris em 1789"[52].

Não é nenhuma surpresa que a ideia de soberania popular – governo do povo, pelo povo e para o povo –, que está atrelada à noção de controle social, tenha escandalizado o pastor holandês e soado ofensiva para alguém que se referia às tentativas de mobilidade social dos menos favorecidos como "apreço indevido pela possessão do rico".

Pelo que vimos até aqui do pensamento kuyperiano, os neocalvinistas são simpáticos à máxima "cada macaco no seu galho". O rico e o pobre devem saber seu lugar na sociedade, nunca desejando ultrapassar seus limites, sob risco de incorrer nos pecados da usura, da ingratidão e da rebeldia contra Deus.

Kuyper ainda teria outras "pérolas" para compartilhar com seu público:

52 Idem, p. 92.

> Ter colocado o homem em uma posição de igualdade com o homem é a glória imortal que pertence incontestavelmente ao Calvinismo. A diferença entre ele e o sonho selvagem de igualdade da Revolução Francesa é que, enquanto em Paris ocorreu uma ação de comum acordo contra Deus, aqui, todos, rico e pobre, estavam sobre seus joelhos diante de Deus, consumidos com um zelo comum pela glória de seu nome. [53]

Cabe a pergunta: como assim a noção de igualdade entre os homens "é a glória imortal que pertence incontestavelmente ao Calvinismo"? Oi! Estamos falando de um sistema de pensamento, de uma corrente teológica na qual seu fundador, João Calvino, diante de um tribunal, recomendara o assassinato de Miguel Serveto, médico, teólogo, filósofo, geógrafo e astrônomo, condenado à fogueira por heresia, ou seja, pelo "crime" de ter ideias divergentes do pequeno círculo de protestantes genebrinos, do qual Calvino fazia parte. Os calvinistas tentam suavizar o ato de intolerância de Calvino, dizendo que ele não teria agido com crueldade por não ter recomendado a morte na fogueira para Serveto, mas "apenas" que fosse morto: "Espero que Serveto seja condenado à morte, mas desejo que seja poupado dos horrores da fogueira"[54], teria dito Calvino perante o Pequeno Conselho, tribunal que julgava o caso.

Esse é um assunto constrangedor para os calvinistas. Ao abordá-lo, Kuyper não nega sua reprovação sobre a perseguição perpetrada pelos Reformadores calvinistas, mas dá um jeito de aliviar a barra para Calvino. Primeiro, ao falar sobre a condenação de Serveto, cita o teólogo Melanchton, que "aprovou a morte de Serveto pelo fogo", mas se cala em relação à participação de Calvino naquele assassinato.

53 Idem, p. 37.
54 Eduardo Galasso Faria, *João Calvino: textos escolhidos*. São Paulo: Pendão Real, 2008. p. 224-225.

Depois, tenta botar panos quentes sobre o assunto ao recorrer a um critério numérico: mais calvinistas foram mortos durante o período da Reforma do que executaram pessoas por questões de fé. E se ressente da recorrente acusação que tem sido feita aos calvinistas ao longo da história por "esta única execução de Serveto no fogo, como um *crimen nefandum*". [55]

Pode-se ver no caso Serveto o germe de uma tradição inquisitorial presente até hoje em boa parte das igrejas reformadas, que ficou evidente, de forma particularmente atroz, durante o período da ditadura militar no Brasil, quando cristãos que criticavam e se opunham ao regime foram ferozmente perseguidos e entregues aos torturadores pelas lideranças de suas próprias igrejas.

Voltemos às palestras de Kuyper. Ele insiste na visão quase idílica na qual rico e pobre, permanecendo em seus "devidos lugares" na sociedade, vivem em harmonia e numa comunhão fraterna em torno do desejo comum de glorificar o nome de Deus. Nunca se vê Sr. Kuyper a questionar porque existem pessoas ricas e pessoas pobres. Nunca o veremos fazer referência a textos bíblicos que denunciam os ricos e a opressão que exercem sobre os pobres. Textos como:

> Mas vocês têm desprezado o pobre. Não são os ricos que oprimem vocês? Não são eles os que os arrastam para os tribunais? [56]
> Assim diz o SENHOR: "Por três transgressões de Israel, e ainda mais por quatro, não anularei o castigo. Vendem por prata o justo, e por um par de sandálias o pobre. Pisam sobre a cabeça dos necessitados como pisam no pó da terra, e negam justiça ao oprimido. [57]

55 Abraham Kuyper, Calvinismo. São Paulo: Editora Cultura Cristã, 2002, p. 107.
56 Carta de Tiago, capítulo 2, verso 6.
57 Livro de Amós, capítulo 2, versos 6 e 7.

> Ouçam esta palavra, vocês, vacas de Basã que estão no monte de Samaria, vocês, que oprimem os pobres e esmagam os necessitados e dizem aos senhores deles: "Tragam bebidas e vamos beber!". [58]

Kuyper tem uma noção de selvageria muito peculiar. Selvagens para ele são os franceses revolucionários, que ergueram barricadas e pegaram em armas para lutar por transformações na estrutura da sociedade, que desejavam acabar com a pobreza, as hierarquias, os privilégios do Antigo Regime e toda sorte de distinções sociais. Mas não lhe ocorreu chamar de selvageria a recomendação de Calvino para assassinar Serveto, seu opositor no nível das ideias. Não parece muito incomodado com poucos vivendo regaladamente, como reis e rainhas, e muitos tendo que se contentar com péssimas condições de vida. Desde que todos compartilhem da mesma fé em Deus, tudo certo. Sem dúvida, o pensamento neocalvinista é um desses afluentes que percorrem a história até se juntar a outros para formar esse rio caudaloso e fétido da *barbárie-como-indifença,* que corre a céu aberto na vida pública brasileira.

Em sua primeira palestra, *O Calvinismo como Sistema de Vida*, Kuyper inova mais uma vez ao propor um novo conceito de reconciliação entre as classes. Se o rico e o pobre têm o mesmo fim, padecem do mesmo tipo de morte, isso seria o sinal inequívoco da reconciliação entre as classes. Unidos e reconciliados pela mesma *causa mortis.*

> E deste santo temor de Deus e desta posição unida diante de sua face, uma ideia democrática mais santa tem se desenvolvido e tem continuamente ganho terreno. Esta conclusão tem sido produzida, acima de tudo, pelo companheirismo no sofrimento. Quando, embora leais à fé roma-

58 Livro de Amós, capítulo 4, verso 1.

> nista, os duques de Egmont e de Hoorn subiram ao mesmo cadafalso sobre o qual, por causa de uma fé mais nobre, o trabalhador e o tecelão tinham sido executados, a reconciliação entre as classes recebeu sua sanção naquela morte amarga. [59]

Bom, já que a reconciliação entre as classes não poderia, nem deveria, se dar pelo companheirismo na alegria e na partilha dos bens materiais, que ela aconteça pelo "companheirismo no sofrimento"! Temos que reconhecer o talento de Kuyper para imaginar soluções "simples" e "inovadoras" para questões sobre as quais a humanidade se debate há milênios.

Seria algo assim: um bilionário morre de infarto agudo do miocárdio enquanto esquia nos Alpes suíços com a família. Por outro lado, levando uma vida precária, comendo o pão que o diabo amassou, assombrado pela possibilidade de ficar desempregado, dormindo mal e se alimentando mal, submetido a uma rotina extenuante que inclui levantar da cama às cinco da matina e pegar dois transportes coletivos lotados até o local de trabalho – um canteiro de obras na cidade de São Paulo -, um pedreiro também morre de infarto agudo do miocárdio. Neste momento de pura magia, a reconciliação entre as classes recebe sua sanção.

A conhecida artificialidade das proposições liberais para problemas candentes da humanidade se mostra com força aqui.

ETNOCENTRISMO E MENTALIDADE COLONIZADORA

Vamos descendo mais um degrau, em direção ao grau zero da barbárie. Discorrendo sobre a contribuição do Calvinismo para le-

59 Abraham Kuyper, Calvinismo. São Paulo: Editora Cultura Cristã, 2002, p. 37.

var a humanidade a um estágio superior em seu desenvolvimento, Kuyper revela um acentuado desprezo por povos e culturas que não fazem parte da Europa ocidental. Sobre a China, pergunta: "Mas o que a China tem feito pela humanidade em geral e para o contínuo desenvolvimento de nossa raça? Até mesmo onde as águas de suas vidas foram claras, elas *nada formaram exceto um lago isolado*"[60]. Usando a metáfora das águas fluviais, enquanto as contribuições da China para a humanidade seriam um lago, as do Calvinismo seriam as únicas que representavam o grande oceano onde a humanidade, de fato, pode florescer.

E continua:

> A mesma observação aplica-se ao alto desenvolvimento que certa vez foi o motivo de orgulho da Índia, e ao estado de coisas no México e Peru nos dias de Montezuma e dos Incas. Naquelas regiões o povo alcançou um alto grau de desenvolvimento, mas parou ali e, permanecendo isolado, não proveu nenhum benefício para a humanidade em geral. Isto aplica-se, mais fortemente ainda, à vida das raças na costa e no interior da África – a forma menos desenvolvida de existência, não lembrando-nos nem mesmo um lago, mas uma poça d'água e um brejo. [61]

Com que desprezo ele se refere às civilizações que viveram na Índia, no México e no Peru! Como xenofobia pouca é bobagem, o letrado Kuyper despudoradamente chama os povos africanos de "forma menos desenvolvida de existência", referindo-se a eles como "poça d'água e um brejo". Se ainda estivesse entre nós, Kuyper possivelmente estaria cumprindo pena por crime de injúria racial.

60 Idem, p. 41.
61 Idem, ibidem.

Perdeu a oportunidade de falar das grandes invenções chinesas, como o ábaco, o "relógio das sombras", a bússola (que revolucionou as navegações), a pólvora, a fabricação de papel e a impressão, que só foram conhecidas na Europa a partir do final da Idade Média, 1000 anos depois.

Quando diz que o desenvolvimento daqueles povos "parou ali", esqueceu de acrescentar que os massacres dos Incas e dos Astecas pelos espanhóis, os "civilizados", foram a razão dessa prematura interrupção no processo de desenvolvimento daqueles povos.

Poderia ter falado também sobre invenções e avanços creditados aos Astecas em campos como a arquitetura (templos, pirâmides), matemática, astronomia e medicina. Ou comentado sobre as contribuições dos Incas para a agricultura, ou de Machu Picchu, patrimônio cultural da humanidade.

Com relação aos povos africanos, Sr. Kuyper poderia ter mencionado as decisivas contribuições dos egípcios para o desenvolvimento da medicina. Por exemplo, o título de "Pai da Medicina", atribuído ao grego Hipócrates, é um dos equívocos cometido pela visão eurocentrista do mundo. O título honorário de Pai da Medicina seria mais apropriado ao cientista e clínico egípcio Imhontep ("aquele que vem em Paz"), que quase três mil anos antes de Cristo praticava quase todas as técnicas básicas da medicina moderna. O Egito possuía uma ciência médica e farmacológica bastante desenvolvidas, com capacidade para realizar cirurgias complexas, como as cerebrais, de catarata ou o engessamento de membros com ossos quebrados, e conheciam substâncias cicatrizantes e anestésicos. [62]

62 Lázaro Cunha, *Contribuição dos povos africanos para o conhecimento científico e tecnológico universal.* Disponível em http://smec.salvador.ba.gov.br/documentos/contribuicao-povos-africanos.pdf

Kuyper poderia, inclusive, ter colocado na conta da *Graça Comum*. Todas essas contribuições de povos "pagãos" que ele preferiu menosprezar.

O eurocentrismo e ocidentalismo de Kuyper se mostra com eloquência quando, depois de diminuir as contribuições de outros povos e culturas, adiciona:

> Há, porém, um rio mundial, amplo e fresco, que desde o começo trouxe a promessa do futuro. Este rio tem sua origem na Ásia Média e no Levante e tem continuado firme em seu curso do Oriente para o Ocidente. Da Europa Ocidental, passou para o leste dos EUA e dali para a Califórnia. As fontes desse rio de desenvolvimento são encontradas na Babilônia e no vale do Nilo. Dali, seguiu para a Grécia. Da Grécia passou para o Império Romano. Das nações românicas continuou seu caminho para as partes noroeste da Europa, e da Holanda e Inglaterra ele alcançou finalmente seu continente.[63]

Percebam como nessa versão da história do desenvolvimento da humanidade com a qual Kuyper nos brinda, continentes inteiros, com suas civilizações milenares, são solenemente ignorados, apagados. E ainda assim, para nossa vergonha, continuamos hoje a saber muito pouco, quase nada, sobre a história desses continentes e seus povos, marginalizados pela historiografia dominante, feita por historiadores europeus e estadunidenses. Confesso minha quase total ignorância, por exemplo, sobre o continente africano, mesmo tendo nascido e crescido em Salvador, a cidade com maior população negra do Brasil. Indicativo de como as maneiras de ver o mundo têm a capacidade de viajar no tempo e no espaço, realizando seu trabalho danoso de colonização da cultura e da educação.

63 Abraham Kuyper, Calvinismo. São Paulo: Editora Cultura Cristã, 2002, p. 41.

Em vídeo que circulou pela Internet em 2019, Jair Bolsonaro destila todo seu preconceito em relação a venezuelanos, africanos e haitianos. Ele diz:

> Eu vejo imbecis [dizendo]: "Olha a França, que coisa linda, uma seleção multirracial". Vamos botar 10 milhões aqui de venezuelanos ou do pessoal do norte da África pra ser campeão quem sabe em 2022 ou 2026. Que legal, hein? A gente bota mais 20 milhões aqui dentro, com uma política completamente diferente, como encheram de haitiano aqui em São Paulo.[64]

Bolsonaro fazia alusão à seleção de futebol da França, que conta com vários jogadores imigrantes. Ele complementa: "Daí lá no plenário um cara gritou, um petralha gritou: 'Se fosse da Suécia você não tava criticando'. Eu falei: Ô imbecil, tu acha que o da Suécia vai querer vir pra esse lixo aqui?!", ao que a plateia presente reage com risos e aplausos. Depois ele encerra dizendo: "Eu nunca vi um japonês pedindo esmola. É uma raça que tem vergonha na cara".

Bolsonaro e Kuyper compartilham do mesmo preconceito racial: de um lado, formas superiores de existência – povos europeus, para Kuyper; Suecos e japoneses, para Bolsonaro – e, do outro, forma inferiores – africanos e asiáticos, para Kuyper; venezuelanos, haitianos e africanos, para Bolsonaro.

Bolsonaro não é aquele que viola a consciência de milhares de cristãos, fazendo-os agir contra seus valores. Não. Ele é, antes, uma espécie de câmara de eco para valores de cristãos que incorporaram o preconceito racial kuyperiano em sua espiritualidade, em sua cosmovisão. A relação entre bolsonarismo e cristãos conservadores é fundamentalmente uma relação identitária.

64 Ver https://revistaforum.com.br/politica/2019/8/28/em-video-bolsonaro-chama-brasil-de-lixo-diz-que-amaznia-no-mais-nossa-60650.html

A vida de imigrantes no Brasil nunca foi fácil, mas de uns anos para cá houve uma verdadeira explosão de casos de xenofobia. Em matéria publicada em 28/06/2022, o jornalista Jamil Chade afirma que uma carta enviada por dez relatores especiais da ONU e mecanismos da organização desmonta o mito de um Brasil acolhedor aos estrangeiros. O documento denuncia uma série de violações de direitos humanos contra imigrantes e refugiados, principalmente africanos, haitianos e venezuelanos.[65]

É flagrante o contraste entre o preconceito racial presente na cosmovisão dominante entre cristãos conservadores simpáticos ao bolsonarismo e o que diz o registro bíblico acerca da relação que devemos manter com o estrangeiro. No livro de Deuteronômio no Antigo Testamento, Deus assim se dirige aos israelitas:

> Pois o SENHOR vosso Deus é o Deus dos deuses, e o Senhor dos senhores, o Deus grande, poderoso e terrível, que não faz acepção de pessoas, nem aceita recompensas; Que faz justiça ao órfão e à viúva, e ama o estrangeiro, dando-lhe pão e roupa. Por isso amareis o estrangeiro, pois fostes estrangeiros na terra do Egito.[66]

Deus está dizendo: lembram como vocês foram maltratados e hostilizados no Egito por serem estrangeiros? Pois bem. Não façam o mesmo com o estrangeiro que vier habitar com vocês. Pelo contrário, amem o estrangeiro, não importando de que nação ele tenha vindo, pois Eu não faço acepção de pessoas – não divido a humanidade em categorias de seres humanos, em raças inferiores e superiores – e amo o estrangeiro, qualquer estrangeiro.

65 Ver https://noticias.uol.com.br/colunas/jamil-chade/2022/06/28/onu-estrangeiro-vive-xenofobia-no-brasil-e-desmonta-mito-de-pais-acolhedor.htm?cmpid=copiaecola
66 Livro de Deuteronômio capítulo 10, versos 17 a 19.

PENSAMENTO EUGENISTA DE KUYPER

Kuyper sustentava uma visão de mundo eugenista, afirmando que a mistura de sangue é "a base física de todo desenvolvimento humano superior"[67]. A eugenia foi um conceito criado na Inglaterra em 1883 que se difundiu em diversos países no começo do século 20, especialmente nos Estados Unidos e na Alemanha. O movimento eugenista foi essencialmente social, visando à exclusão de elementos indesejados da sociedade a fim de "melhorar" geneticamente a população. Para isso, teorizava que era preciso "cruzar" pessoas com boas características genéticas.

Kuyper acreditava no desenvolvimento da humanidade a partir do casamento entre pessoas de grupos humanos considerados superiores e pessoas de grupos humanos considerados inferiores. A miscigenação de uma raça mais desenvolvida com raças menos desenvolvidas garantiria o desenvolvimento geral da humanidade. Ele ancora seu pensamento eugenista na história bíblica de Cam e Sem, filhos de Noé. O livro de Gênesis relata que Noé dormiu embriagado de vinho. Cam, seu filho, expôs a nudez do pai aos irmãos como zombaria. Ao acordar, o pai então amaldiçoou Canaã, filho de Cam, a ser escravo dos tios Sem e Iafet, estendendo o mesmo castigo ao conjunto de sua descendência.

De acordo com a antropóloga Tatiana Lotierzo, "se no Gênesis 9, o castigo transforma Cam em escravo de Sem e Iafet, (...) durante o período medieval, essa mesma passagem passou a ser interpretada como um mito sobre a origem das diferenças que hoje chamamos de raciais". Nessas interpretações, "a maldição impetrada por Noé resulta no escurecimento da pele de Cam e de seus descendentes, associados

67 Idem, p. 43.

aos negros". O mesmo episódio bíblico adquire função essencial ao longo da era moderna "como justificativa para a escravização de distintas populações africanas".

Diz Kuyper:

> Das terras altas da Ásia nossa raça humana desceu em grupos e estes por sua vez foram divididos em raças e nações; e em total conformidade com a benção profética de Noé, os filhos de Sem e de Jafé [Iafé, em outras traduções] têm sido os únicos portadores do desenvolvimento da raça. Nenhum impulso para qualquer vida superior jamais tem vindo do terceiro grupo. (...) Deste modo, por um lado, há grupos que têm dominado exclusivamente suas próprias forças inerentes, e por outro lado, grupos que pela mistura têm cruzado suas características com as de outras tribos e, assim, atingido uma perfeição superior.[68]

O editor da tradução para o português da obra de Kuyper, querendo minimizar o constrangimento gerado pelas afirmações de Kuyper, insere para esse trecho uma Nota do Editor (NE), esclarecendo que "O 'terceiro grupo' a que Kuyper se refere é a descendência de Cam, pai de Canaã", mas que "a maldição foi proferida sobre Canaã – que mais tarde Israel deveria destruir – e não sobre Cam. (...) Daí não se poder hoje apontar qualquer grupo humano como herdeiro da maldição proferida por Noé".[69]

Mas Kuyper não facilita as coisas para os calvinistas. Diz que "na Espanha os godos do Ocidente, em Portugal os suevos e na França os francos *introduziram novo sangue nas veias debilitadas, e a este rejuvenescimento maravilhoso as nações romanas devem seu vigor até além do século 16*". As nações calvinistas seria, é claro,

68 Idem, pp. 43-44.
69 Idem, p. 44.

o ápice desse processo de desenvolvimento pela mistura das raças: "a História mostra que as nações entre as quais o Calvinismo prosperou exibem mais amplamente em todas as formas essa mesma mistura de raças". O ponto mais alto desse processo teria sido atingido na América do Norte: "Ele [o Calvinismo] se expandiu num campo onde encontrou *a mistura de sangue mais forte do que sob o Romanismo, e na América elevou isto a sua mais alta realização concebível*".[70]

Neste particular, Kuyper se aproxima do pensamento do médico e antropólogo João Batista de Lacerda, o delegado escolhido pelo governo brasileiro para participar da primeira edição do Congresso Universal das Raças, que aconteceu em Londres no ano de 1911. Sustentava uma teoria que exaltava o embranquecimento da raça negra. Segundo Lacerda, "por efeito da evolução e da entrada de imigrantes europeus, levaria três gerações ou um século para que o país se tornasse evidentemente branco"[71].

Lacerda incorpora em um de seus artigos uma imagem do quadro *A redenção de Cam*, de autoria do artista espanhol Modesto Brocos. A tela recebera a medalha na Exposição Geral de Belas Artes de 1895. A legenda que ele insere para a imagem resume sua tese: "O negro passando a branco, na terceira geração, por efeito do cruzamento de raças". O texto sugere que Lacerda imprime à tela "o conceito de 'evolução' da espécie que, nesse caso, seria resultante de uma 'seleção sexual', a seu entender promotora do embranquecimento". A brancura "era associada à ideia de perfectibilidade", semelhante à teoria kuyperiana de desenvolvimento humano baseado na mistura das raças, objetivando atingir "uma perfeição superior".

70 Idem, p. 46.

71 Tatiana H. P. Lotierzo e Lilia K. M. Schwarcz, *Raça, gênero e projeto branqueador : "a redenção de Cam", de modesto brocos*. Artelogie, 5, 2013.

"A Redenção de Cam" (1895), de Modesto Brocos.

O quadro, que remete à imagística cristã da natividade, mostra, da esquerda para direita, uma senhora negra, descalça sobre um chão de terra, que ergue as mãos e os olhos aos céus ao lado de uma mulher, provavelmente sua filha, de tom de pele mais claro, que segura seu bebê, branco, no colo. E um homem branco à sua direita.[72]

As três personagens representariam as três gerações necessárias para que o Brasil se tornasse um país branco. O homem branco à direita, ao que tudo indica, o marido da mulher ao centro e pai da criança, olha para o menino com admiração. Ele é o elo que permite o branqueamento completo dos descendentes da senhora, possivelmente escrava e, assim, a sua salvação.

Nota-se também uma alusão ao progresso, "construída pela metáfora do chão de pedra contra o de terra"[73]. O homem branco pisa a parte pavimentada do solo e dá as costas para as demais figuras em cena. A mãe e a filha fariam parte da mesma "cadeia evolutiva".

A tela de Brocos reflete, portanto, a ideia de "branqueamento" da sociedade, difundida no Brasil no século XIX, que pretendia apagar os traços negros da população brasileira.

Como etnocentrismo e pensamento colonial andam juntos, não demorou muito para Kuyper dizer que "se o Calvinismo não tivesse sido passado de nossos pais para seus descendentes africanos, nenhuma república livre teria surgido no sul do Continente Negro"[74]. O teólogo holandês se mostra imbuído do mesmo espírito colonizador que embalava os missionários norte-americanos que chegaram ao Brasil no final do século XIX para evangelizar e "civilizar" os povos que aqui residiam. Cristianizar e civilizar eram termos intercambiáveis.

Tudo isso me fez lembrar de Ariano Suassuna. Numa palestra, em 1997, ele falava sobre o preconceito contra a cultura brasileira,

72 Ver https://www.edusp.com.br/mais/a-tela-a-redencao-de-cam-e-a-tese-do-branqueamento-no-brasil/

73 Tatiana H. P. Lotierzo e Lilia K. M. Schwarcz, *Raça, gênero e projeto branqueador : "a redenção de Cam", de modesto brocos*. Artelogie, 5, 2013.

74 Idem, p. 49.

criticando a frase "Arte no Brasil, uma história de cinco séculos" que apareceu numa exposição no Museu de Arte de São Paulo. Para ele, a frase era um sintoma desse preconceito: se são cinco séculos de arte no Brasil, então ela só teria começado quando chegaram os portugueses. Toda arte dos povos originários do Brasil fica ignorada, como, por exemplo, a pintura rupestre e o teatro indígena.

Falemos, agora, à luz de tudo isso, do Brasil desses últimos anos e da adesão maciça de evangélicos (entre outros) ao conteúdo ideológico do bolsonarismo e da profunda identificação com a figura de Bolsonaro. Percebam que as formas de preconceito que encontramos em Kuyper são basicamente as mesmas que encontramos nas declarações de Bolsonaro e seus apoiadores mais convictos: racismo, xenofobia – em relação aos povos originários do Brasil e aos povos de países da periferia do capitalismo –, elitismo, aporofobia (ódio aos pobres) e pensamento colonial. Essa coincidência é uma eloquente indicação de que a forte adesão de evangélicos e tradicionalistas em geral à matriz ideológica do bolsonarismo e à figura de Jair Bolsonaro deve-se muito mais a processos de identificação, e menos à eficácia das técnicas de manipulação da opinião pública. Não tanto pessoas enganadas, mas pessoas identificadas, que encontraram um porta-voz para sua visão de mundo, que só poderia ser tão bem expressa e representada por uma figura pública que vocalizasse os mais abjetos preconceitos, sem um mínimo de constrangimento, não dando a mínima para o "politicamente correto", atitude que será interpretada pelo bolsonarista como marca de autenticidade.

E VIVA O VOLUNTARISMO!

É 22 de junho de 2021, 504 dias após decretada a emergência sanitária no Brasil em razão da pandemia do novo coronavírus. Na minha caixa postal, um simpático e-mail de uma colega de trabalho acaba de chegar, com o título "Projeto Dar um Gás!", com o seguinte teor:

> Olá, colegas!
>
> Com o aumento do desemprego, a insegurança alimentar aumentou no país em geral e também aqui, no DF. Muitas famílias não têm tido condições de comprar alimentos e, mesmo quando recebem cestas básicas, não têm como cozinhá-los, por não poderem comprar gás, ou têm que usar lenha, o que aumenta o risco de queimaduras e problemas respiratórios, entre outros. Diante dessa realidade, minha filha, aluna do 2º ano do ensino médio, fez uma parceria com a instituição Viva Vida Kardec, que há mais de 20 anos atua junto a famílias carentes do Recanto das Emas (e, desde o agravamento da pandemia, também de outras áreas), prestando-lhes serviços como assistência médica e psicológica, reforço escolar e fornecimento de cestas básicas, e criou o projeto Dar um gás! O projeto consiste no apadrinhamento de famílias necessitadas para o pagamento de um botijão de gás a cada 30 ou 60 dias, a fim de permitir que tenham condições de cozinhar em segurança. Já há 16 famílias apadrinhadas, mas há muitas outras a serem atendidas. Por isso, vou deixar aqui o link para o formulário de adesão para aqueles que desejarem apadrinhar uma família e também para aqueles que desejarem compartilhar o projeto, o que será de grande ajuda.
>
> Agradeço a todos!

Como a mensagem havia sido compartilhada num fórum virtual, não demorou para surgirem felicitações e apoiamentos: "Que ideia ótima!"; "Excelente iniciativa!!!".

Minha primeira reação também foi de contentamento pelas iniciativas da colega e de sua filha. De fato, os problemas sociais apontados por ela são notórios e graves: o aumento do desemprego, da insegurança alimentar, a elevação do custo de vida com a disparada dos preços da cesta básica e do gás de cozinha. Nada mais oportuno, mais humano, mais urgente, portanto, do que um projeto para apadrinhamento de famílias necessitadas, custeando a compra de botijões de gás.

Me chamou a atenção, contudo, que a colega não tenha feito nenhuma vinculação dos problemas sociais por ela enumerados com as decisões tomadas e as omissões do atual governo. Penso que as ausências do governo e do Estado na mensagem da colega não são fortuitas, mas estão relacionadas com a tendência do pensamento liberal de naturalizar patologias sociais e, consequentemente, de não implicar o Estado e o governo nos processos de produção dessas patologias. A verdade é que quase tudo em teorias liberais ou são processos próprios da Natureza ou caiu do céu.

O economista austríaco Friedrich von Hayek, um dos teóricos de uma das versões do neoliberalismo (Escola Austríaca), acreditava numa ordem espontânea que regula a vida individual e coletiva, que ele chama de *Cosmos*, "uma teia de relações não intencionais, mas ainda assim coerentes, dentro da qual agentes individuais perseguem cada um seus objetivos específicos, obedecendo apenas a regras de procedimento", em contraposição à noção de *Taxis*, "uma atividade deliberada que busca a realização de fins coletivos substantivos".[75] Hayek denuncia uma "invasão imprudente da *taxis* no campo do *cosmos*" em economias planificadas e na criação de Estados de bem-estar social, pois, na sua visão, essas iniciativas se baseavam numa imaginária "justiça social", noção que para ele não fazia sentido algum.

Resumindo, quem entende a vida como *cosmos* tenderá a creditar tudo que acontece, de bom e de ruim, debaixo do sol, a uma ordem espontânea, contra a qual não se pode contrapor, nem haveria sentido

75 Perry Anderson, *Espectro*. São Paulo: Boitempo, 2005, p. 35.

em tentar assim proceder. Quem prefere ir de *taxis*, tenderá a acreditar que a maioria das coisas que acontece, de bom e de ruim, são contingenciais (não teriam necessariamente que acontecer) e um resultado da ação humana. Por isso que liberais tenderão a assumir posições conservadoras em relação a questões sociais (que interpretam como questões do indivíduo), e reacionárias em relação a propostas de modificações significativas do *status quo*. Por isso, também, quem enxerga a vida como um *cosmos* tenderá a acreditar mais em ações individuais e voluntárias do que em intervenções estatais para regular e gerir a vida numa coletividade.

A partir da menção feita pela colega de trabalho à instituição Viva Vida Kardec, fiz algumas pesquisas no Google e não demorei para chegar no "Transforma Brasil"[76], autodenominado "movimento que tem como objetivo estimular o voluntariado e o engajamento cívico no Brasil". Na página inicial do sítio eletrônico do *Transforma Brasil* encontramos mais claramente seu objetivo: "Estamos transformando o Brasil em uma nação de voluntários".

Em números, o *Transforma Brasil* traduz-se, segundo informações obtidas no seu sítio eletrônico, em 3 milhões de horas de voluntariado, 4,6 mil projetos cadastrados e 4,2 mil ações realizadas. Durante a pandemia do covid-19, foi criado o *Fundo Transforma Brasil*[77] para arrecadação, via doações, de recursos financeiros para beneficiar famílias em situação de vulnerabilidade social. Em sua segunda fase, o Fundo pretende até alavancar um programa de geração de renda e emprego.

Um pouco mais de pesquisa, desta vez no *Youtube*, e chego ao vídeo de lançamento do *Transforma Brasil*[78]. Ocorrido em 28 de

76 Ver https://www.transformabrasil.com.br/
77 Ver https://fundo.transformabrasil.com.br/
78 Ver https://youtu.be/imi6xjA4v0Y

agosto de 2018, Dia Nacional do Voluntariado, na cidade de São Paulo, contou com a presença de Fátima Bernardes, apresentadora da Rede Globo, e seu companheiro, o deputado federal Túlio Gadêlha, bem como da ex-senadora e evangélica Marina Silva, do deputado estadual por São Paulo pelo PSDB, Carlos Bezerra Júnior, além de empresários como Jorge Nishimura, presidente da Jacto S/A, empresa de máquinas para o setor do agronegócio. Também estavam lá personalidades do mundo evangélico como João Diniz, diretor na América Latina da Visão Mundial e o teólogo e pastor batista Ed René Kivitz.

Com slogans como "Por uma nação de voluntários", o vídeo se encerra com as palavras do advogado Urbano Vitalino Neto: "Eu entendo que o pensamento que nós temos que colocar na cabeça de todo cidadão é no sentido de que *é responsabilidade nossa, do cidadão, e não do Poder Público, fazer o bem*".

Mudança de cena. Vamos ao ano de 1751 na França.

Nesse ano, um artigo anônimo é publicado no *Journal Économique*. Foi escrito pelo marquês d'Argenson, que acabava naquele momento de abandonar os negócios na França. O marquês lembra do que dissera o comerciante Le Gendre a Colbert, quando ele lhe perguntou: "O que posso fazer pelos senhores?", ao que Le Gendre teria respondido: "O que o senhor pode fazer por nós? Deixai-nos fazer". Depois de fazer referência a esse diálogo, d'Argenson conclui: pois bem, agora o que eu gostaria de fazer é comentar este *princípio*: "deixai-nos fazer" [79] ou *Laissez-faire*.

Um "liberal raiz" vai sempre defender o princípio da autolimitação do Estado, que poderia ser assim resumido: o Estado não deve se intrometer nas demais esferas da vida. Daqui vem a fixação de todo

79 Michel Foucault, *O Nascimento da Biopolítica*. São Paulo: Martins Fontes, 2008, p. 28.

tecnocrata: um "Estado mínimo". Ideia que, graças aos trabalhos de Christian Laval e Pierre Dardot[80], hoje sabemos não se tratar exatamente da defesa de um Estado mínimo de forma geral, mas de um Estado máximo para as elites financeiras e de um Estado mínimo para o resto dos cidadãos.

Já em 1898, portanto bem antes da postulação e desenvolvimento do pensamento neoliberal na primeira metade do século XX, Kuyper, na sua terceira palestra intitulada *Calvinismo e Política*, faz uma defesa da não intromissão do Estado nos outros "departamentos da vida", que ele chama de *esferas soberanas e independentes*. A defesa que ele elabora pode ser considerada um embrião do que viria a ser o neoliberalismo, especialmente a versão desenvolvida nos Estados Unidos pelos economistas da Escola de Chicago. Dizia Kuyper:

> Neste caráter independente está necessariamente envolvida uma autoridade superior especial, a que intencionalmente chamamos de – soberania nas esferas sociais individuais, a fim de que possa estar claro e decididamente expresso que estes diferentes desenvolvimentos da vida social nada tem acima deles exceto Deus, e que o Estado não pode intrometer-se aqui e nada tem a ordenar em seu campo. Como vocês imediatamente percebem, esta é a questão profundamente interessante de nossas liberdades civis. [81]

Se o Estado deve privar-se de interferir nas demais esferas da vida, isso significa que alguém ou alguma outra instituição precisa fazer aquilo que o Estado, por princípio, estaria impedido de fazer. É aí que a ideia do voluntariado assume o palco. E não é nenhuma surpresa saber que Kuyper dará bastante ênfase à importância das ações

80 Pierre Dardot e Christian Laval, *A Nova Razão do Mundo: ensaio sobre a sociedade neoliberal*. São Paulo: Boitempo, 2016.

81 Abraham Kuyper, *Calvinismo*. São Paulo: Editora Cultura Cristã, 2002, p. 98.

voluntárias de indivíduos para resolução ou mitigação de problemas sociais e para o desenvolvimento das sociedades em geral. Está num tópico de sua palestra chamado *A transição da autocracia ao povo*:

> Até aqui cada movimento para frente tinha saído da autoridade do Estado, da Igreja ou da ciência, e daí descido para o povo. No Calvinismo, por outro lado, as próprias pessoas destacam-se em suas classes sociais e, a partir de uma espontaneidade própria delas, pressionam para frente, para uma forma de vida e condições sociais superiores. O Calvinismo teve sua ascensão com o povo. Nos países luteranos o magistrado ainda era o líder nos avanços públicos, mas na Suíça, entre os huguenotes, na Bélgica, na Holanda, na Escócia e também na América as próprias pessoas criaram o impulso. Elas parecem ter amadurecido; ter alcançado o período da maturidade. [82]

Ou seja, Kuyper acreditava que o motor do desenvolvimento, que induz um "movimento para frente", que faz "pressionar para frente" e "criar o impulso", deveria ser as ações espontâneas das pessoas e nunca nenhuma forma de dirigismo, seja estatal, eclesiástico ou mesmo científico. De certa forma, ao privilegiar a ação popular, embora individualizada e não articulada, em detrimento das ações do Estado, da Igreja e da ciência, Kuyper parece se aproximar do anarquismo. Sua constante referência ao "povo" poderia nos levar a concluir que estivesse endossando a ideia de soberania popular, mas já vimos que Kuyper se opunha vigorosamente a essa ideia, que atribuía à Revolução Francesa um movimento contra Deus e que incentivava a "inveja das classes", em sua opinião. Portanto, quando diz que "o Calvinismo teve sua ascensão com o povo", não está com isso querendo sustentar

82 Idem, p. 47.

nenhum princípio de soberania popular ou controle social.

E, claro, não poderia faltar de forma alguma a afirmação de que maturidade tem a ver com acreditar num "faça você mesmo", em seu potencial individual e, por oposição, qualificar como imaturas as pessoas que ainda esperam que alguém ou algo exterior a si possa socorrê-las ou promova seu desenvolvimento, isto é, "forma de vida e condições sociais superiores".

Aqui no Brasil, liberais e neoliberais costumam chamar de preguiçoso e vagabundo os beneficiários de programas sociais, políticas de cotas e programas de redistribuição de renda, e de idealista e ingênuo quem atribui papel fundamental ao Estado para indução do desenvolvimento e promoção de justiça social, e que, portanto, participa dos esforços por construir um Estado de bem-estar social ou Estado-providência. É um "folgado que quer viver à custa do Estado!", acusam.

Já reparou como nesses eventos de voluntaristas as pessoas têm aquele ar de superioridade? Mas é claro. Em geral, o critério que utilizamos para definir a passagem da infância para a vida adulta é quando o filho ou a filha passa a assumir responsabilidades. Os pais ficam orgulhosos quando os filhos tomam a iniciativa, se tornam donos de sua própria vida. Não é assim? Desde bebê somos ensinados, na família e na escola, a valorizar a iniciativa e a desprezar qualquer forma de dependência. Então, quando pessoas assim educadas escutam alguém dizer que "é responsabilidade nossa, do cidadão, e não do Poder Público, fazer o bem", isso lhe soará absolutamente natural e coerente e, por efeito de contraste, todo discurso que pareça negar essa verdade, que pareça querer transferir a responsabilidade pelo nosso bem-estar, pela nossa felicidade, para o Estado, será automaticamente rejeitado.

Mas o que é extremamente salutar no nível do desenvolvimento humano individual, pode se mostrar nefasto no plano da coletividade, contribuindo para fortalecer o individualismo e enfraquecer o sentido de co-dependência e o sentimento de solidariedade. Pode produzir no adulto pontos cegos na sua visão sobre a natureza e a dinâmica da vida em sociedade.

Não menos importante é notar que o desenvolvimento promovido pelas próprias pessoas deveria ocorrer, ainda segundo Kuyper, *dentro* de cada classe social. É o que se depreende da frase "No Calvinismo, por outro lado, as próprias pessoas *destacam-se em suas classes sociais...*". Já vimos que no pensamento kuyperiano qualquer desejo de mobilidade social deve ser interpretado como motivado pela "inveja das classes" e por um "apreço indevido pela possessão do rico".

Se tem algo que um cristão adora é trabalho voluntário! Quase tudo na história do cristianismo foi realizado com base em ações voluntárias – mutirões para construção de templos, de escolas; campanhas para distribuir cestas básicas e cobertores no inverno; trabalhos missionários, de evangelização, pastorais em presídios, em escolas e quartéis. Quase tudo se fez e se faz por meio do trabalho voluntário. A cultura cristã ocidental é marca por uma hiper-valorização da ação voluntária. Não é mera coincidência a presença expressiva de cristãos no evento de lançamento do Transforma Brasil no Dia Nacional do Voluntariado.

O voluntarismo dentro da cristandade também é sustentado por uma ação contínua de natureza ideológica que consiste no uso exaustivo de referências bíblicas para reforçar o valor do trabalho, em especial do trabalho voluntário, e para desprestigiar toda forma de indolência e de ócio. O trabalho e a operosidade como valores são reafirmados dominicalmente pela citação de trechos da Bíblia como, por exemplo, "Meu Pai trabalha até agora, e eu trabalho também"[83] (Jesus) e o ócio é

83 Evangelho de João capítulo 5, verso 17.

condenado fazendo-se referência a trechos das Escrituras: "se alguém não quiser trabalhar, também não coma"[84] (apóstolo Paulo) e "Vai ter com a formiga, ó preguiçoso"[85]. A fábula de La Fontaine, *A Cigarra e a Formiga*, ou alguma variação dela, é presença garantida no trabalho com as crianças nas Escolas Dominicais. Um hino cristão muito cantado nas igrejas, S*erviço do crente*, diz assim:

Vamos nós trabalhar, somos servos de Deus,
E o mestre seguir no caminho dos céus!
Com o seu bom conselho o vigor renovar,
Diligentes fazendo o que ele ordenar.

No labor, sem cessar,
A servir a Jesus.
Com amor e fé e com oração,
Até que volte o bom Senhor!

Imagina você, *trabalhar sem cessar*?! Mas vejam, toda essa tradição teológica, litúrgica e musical está o tempo todo reforçando uma visão particularista e individualista do mundo; reafirmando o valor intrínseco do trabalho, não importa as condições sob as quais ele é realizado. Da hibridização do cristianismo com o pensamento liberal, produziu-se uma cultura de hiper-valorização da ação individual e de rebaixamento e desqualificação de tudo relacionado ao Estado, especialmente quanto às versões de Estado-provedor ou Estado-protetor.

Não é surpresa alguma, portanto, que iniciativas como o Programa Verde e Amarelo de Jair Bolsonaro, que incluiu em 2019 a liberação do trabalho aos sábados para os bancários, e aos domingos e

84 2 Tessalonicenses, capítulo 3 verso 10.
85 Provérbios capítulo 6 verso 6.

feriados para os demais trabalhadores e trabalhadoras do comércio e da indústria, sem que eles recebam em dobro as horas extras, como era até então, sejam vistos com bons olhos pela maioria dos cristãos, contribuindo para que o governo seja avaliado como "bom" e "ótimo" por esse segmento da população brasileira. No jargão dos simpatizantes do governo Bolsonaro, intervenções como essa serão recebidas como ação de saneamento da máquina pública, como promoção da liberdade individual e fim da tutela de um Estado paternalista.

Essa característica da cultura cristã será mais um ponto de identificação de cristãos com políticos e partidos políticos que vocalizem esses valores, que apresentem o voluntarismo como solução para praticamente todos os nossos problemas sociais e econômicos. Assim, nada mais esperado que discursos que proponham o enxugamento de uma "inchada" e "corrupta" máquina pública e que, em contrapartida, ofereçam a ideia da construção de "uma nação de voluntários", caiam nas graças dos cristãos.

UMA CONCEPÇÃO PERIGOSA SOBRE OBEDIÊNCIA ÀS AUTORIDADES

Dentre as teses calvinistas, Kuyper menciona que "somente o pecado tornou indispensável a instituição de governos" e que "toda autoridade de governo sobre a terra origina-se somente da soberania de Deus". Essas duas teses resumem o entendimento mais corriqueiro nas igrejas ditas históricas sobre a obediência devida às autoridades constituídas.

O problema fundamental está na equiparação, sem ressalvas, entre obedecer a Deus e obedecer ao governante.

> Quando Deus diz a mim, "obedeça", então humildemente curvo minha cabeça, sem comprometer nem um pouco minha dignidade

> pessoal como homem. Pois na mesma proporção em que vocês se rebaixam, curvando-se a um filho de homem, cujo fôlego está em suas narinas; assim, por outro lado vocês se levantam, se vocês se submetem à autoridade do Senhor do céu e da terra. [86]

Se obedecendo à autoridade secular – qualquer que seja ela, boa ou ruim, justa ou injusta, não importa – estou automaticamente obedecendo a Deus, então, de acordo com a teologia calvinista de Kuyper, de maneira alguma poderia eu comprometer minha dignidade como ser humano, pois a autoridade concedida por Deus ao governante independe de como esse "governo é instituído e de que forma ele se revela" [87]. Ou seja, se um governo é instituído por meio do voto popular ou através da violência de um golpe de Estado, sua autoridade, dada por Deus, não seria comprometida. Ou se um governo eleito democraticamente pelo voto popular se mostra autoritário mais adiante, como foi o caso do regime nazista na Alemanha de 1930, sua autoridade não seria abalada, posto que toda autoridade é constituída por Deus. Devo obedecer de qualquer forma. Que grande porta escancara Kuyper para legitimação de despotismos e toda sorte de atrocidades!

De acordo com Kuyper, embora tivesse por mais desejável uma república, Calvino considerava a monarquia e a aristocracia "formas possíveis e praticáveis de governo", desde que fosse "imutavelmente mantido que ninguém sobre a terra pode reivindicar autoridade sobre seus semelhantes, exceto aquela colocada sobre ele 'pela graça de Deus'". Portanto, "*o dever último de obediência* é imposto sobre nós não pelo homem, mas pelo próprio Deus".[88]

86 Idem, p. 90.
87 Idem, ibidem.
88 Abraham Kuyper, *Calvinismo*. São Paulo: Editora Cultura Cristã, 2002, p. 91.

Não é difícil imaginar no que vai dar um argumento desse tipo. Alguém reivindica autoridade sobre certa coletividade. Que garantia ou evidência há de que tal autoridade reivindicada tenha sido "colocada sobre ele pela graça de Deus"? Pois bem, não existe essa garantia nem essa evidência. A lógica inerente ao argumento é: a eleição do candidato ou a coroação do rei ou a consolidação da usurpação do cargo pelo tirano, esses fatos serão a "prova" de que Deus o imbuiu daquela autoridade (até porque se Deus não quisesse, o fato simplesmente não teria ocorrido) e, ato contínuo, devemos obedecê-lo sem dúvidas e sem titubear. E se porventura formos indagados acerca de nossa obediência incondicional, poderemos sempre retrucar com uma espécie de mantra que se popularizou nos círculos cristãos: "Deus no controle!". Essa frase aponta para uma compreensão equivocada e inconsistente sobre a noção de soberania de Deus, que me leva a eximir-me completamente de minhas responsabilidades para com o que acontece no mundo e com meu semelhante. Acabo entrando em um estado de entorpecimento, escapismo e insensibilidade (barbárie), convicto de que estou fazendo a coisa certa diante de Deus!

No final das contas, um cristão que ajudou a eleger governos autoritários e fascistas poderá sempre se valer do "Deus no controle!", mesmo que ele reconheça futuramente ter feito uma péssima escolha que contribuiu para viabilizar terríveis privações e condições de vida degradantes impostas a milhares de pessoas. Porque, no limite, tudo de bom ou de ruim que venha acontecer, poder-se-á colocar na conta da soberania de Deus. É tudo com Ele.

A mesma ideia de autoridade e de governo se aplicaria, ainda segundo Kuyper, ao governo na igreja.

> Portanto, sendo todos iguais debaixo dele [de Cristo], não pode haver distinção de classes entre os crentes; há somente ministros que servem, guiam e regulam; uma forma completamente presbiteriana de governo; o poder da Igreja descendo diretamente do próprio Cristo, para a congregação, da congregação concentrando nos ministros, e por eles sendo administrado aos irmãos.[89]

A essa forma de distribuição do poder dentro da igreja ele vai chamar de *sacerdócio hierárquico*.

Há no argumento de Kuyper uma espécie de teoria do *Trickle-down economics* aplicada ao poder e à autoridade, com a autoridade divina escorrendo até as diversas esferas independentes, com cadeias de delegação em cada nível dentro de cada esfera. De baixo para cima, o poder seria cada vez mais concentrado até chegarmos a Deus, fonte de toda autoridade.

A condição do povo escolher seus governantes deve ser vista como resultando da graça comum de Deus. Calvino, contudo, afirmaria que "Deus tem o poder soberano no modo de administração de sua providência, para tirar de um povo esta condição mais desejável, ou jamais concedê-la, *quando uma nação é inapta para ele*". Fico a imaginar o que Kuyper quis realmente dizer com "nações inaptas" para governos constituídos democraticamente pela vontade popular. Estaria ele a advogar que existem ocasiões em que o povo não deveria escolher seus próprios governantes? Em qual situação uma nação estaria desprovida, exceto se impedida por guerras ou por uma tirania, das condições necessárias para que seu povo escolha de forma livre e direta seus governantes? Fica a pergunta.

89 Idem, p. 72.

O argumento parte sempre do fato observado e insere sobre ele as justificações necessárias para acomodá-lo dentro de um sistema de pensamento que paralisa, imobiliza, infantiliza, desresponsabiliza e dessensibiliza. Se num país o/a candidato/a eleito/a pelo voto popular é destituído/a do cargo por um golpe de Estado ou se a população é impedida de escolher seus próprios governantes(o fato observado), então foi porque Deus decidiu "tirar de um povo esta condição mais desejável [a democracia]" porque, por uma razão misteriosa, não acessível aos humanos, Deus considerou "inapta" aquela nação para um regime democrático. O que dizer desse tipo de racionalização?

AUTORIDADE ORGÂNICA, OU DARWINISMO SOCIAL

É difícil escolher, mas talvez a parte mais problemática, até mesmo sombria, das ideias do Sr. Kuyper encontra-se na palestra *Calvinismo e Política*, quando começa a apresentar seu conceito de *Autoridade Orgânica*.

> A soberania de Deus, em sua descida sobre os homens, separa-se em duas esferas. Por um lado a esfera mecânica da autoridade do Estado, e por outro lado a esfera orgânica da autoridade dos círculos sociais. E em ambas estas esferas a autoridade inerente é soberana, isto é, nada tem acima de si exceto Deus.[90]

Entre os "círculos sociais" onde o conceito de *autoridade orgânica* se aplicaria, menciona a ciência, a arte, a diferenciação entre pessoas (o social), as instituições e a família.

90 Idem, p. 101.

Nas ciências, a genialidade do cientista, além de um dom de Deus, seria um poder soberano e, como tal, "*não está sujeita a ninguém* e é responsável somente perante aquele [Deus] que lhe concedeu essa *ascendência*"[91]. Os cientistas, não todos os cientistas, mas somente os geniais – Aristóteles, Platão, Tomás de Aquino, Lutero, Calvino, Kant e Darwin, cita Kuyper – não devem satisfação a ninguém de seus atos, exceto a Deus, pois é um *soberano* em seu círculo social.

Nas artes, "todo maestro é um rei no Palácio da Arte", mas, é claro, pela graça e concessão divinas. E esses maestros "também impõem autoridade *e não estão sujeitos a ninguém*, mas governam sobre todos". [92]

Trocando em miúdos, cada círculo social teria seus próprios tiranos, devidamente autorizados por Deus para fazer o que der na telha, apenas prestando contas a Ele!

Além do poder soberano do cientista genial e do maestro virtuoso, Kuyper amplia ainda mais o seu conceito, chegando ao "poder soberano da personalidade".

> E o mesmo deve ser dito do poder soberano da personalidade. Não há igualdade de pessoas. Há pessoas fracas e bitoladas, com extensão de asas não maior do que a de um pardal comum; mas há também pessoas abertas e imponentes, com voos como os da águia. Entre os últimos vocês encontrarão uns poucos de grandiosidade real, e estes governam em sua própria esfera, quer o povo se afaste deles ou frustre-os; geralmente tornam-se tanto mais fortes quanto maior a oposição. E todo este processo é realizado em todas as esferas da vida. No trabalho do mecânico, na loja, ou no câmbio, no comércio, no mar, no campo da

91 Idem, ibidem.
92 Idem, ibidem.

> benevolência e da filantropia. Em qualquer lugar um homem é mais poderoso do que outro, por sua personalidade, por seu talento e pelas circunstâncias. O domínio é exercido em toda parte; mas é um domínio que opera organicamente; não em virtude da investidura do Estado, mas da própria soberania da vida.[93]

O que temos aqui é o descortinar de uma consciência que vê o mundo constituído por pessoas fracas e pessoas fortes; por míseros pardais e águias imponentes. E os mais fortes, os mais poderosos, mais talentosos, devem dominar sobre os mais fracos, aqueles de menor talento. Um domínio que opera "organicamente" (leia-se, naturalmente) por uma enigmática "própria soberania da vida" ou "lei inata da vida"! [94] Esses dominadores naturais governam em sua própria esfera, "quer o povo se afaste deles ou frustre-os; geralmente tornam-se tanto mais fortes quanto maior a oposição". Ou seja, é um domínio bem tosco mesmo, que não está lá muito preocupado em conquistar, seduzir, convencer ou obter o consentimento de seus dominados. Nada disso. É na base da imposição e da força mesmo que eles governam "o-r-g-a-n-i-c-a-m-e-n-t-e". Se isso não é uma definição de dicionário do que é tirania, não sei o que poderia ser.

É claro que a defesa inicial que Kuyper fez sobre a igualdade entre os homens deve ceder lugar à realidade, pois "em qualquer lugar um homem é mais poderoso do que outro" e "o domínio é exercido em toda parte". Razão pela qual é forçado a anunciar logo de cara: "Não há igualdade de pessoas". O liberal perdeu o filtro!

Ele vai mais longe. Além da "superioridade orgânica" entre pessoas, existiria também uma "soberania da esfera", isto é, as instituições

93 Idem, ibidem.
94 Idem, p. 103.

também funcionariam como poderes soberanos que não estão sujeitos a ninguém, exceto a Deus, por suposto.

> Em relação a isso, e inteiramente sobre a mesma base de superioridade orgânica, existe, lado a lado com esta soberania pessoal, a soberania da esfera. A universidade exerce domínio científico; a academia das belas-artes possui o poder da arte; o grêmio exerce um domínio técnico; o sindicato governa sobre o trabalho – e cada uma destas esferas ou corporações está consciente do poder de exclusivo julgamento independente e ação autoritária dentro de sua própria esfera de operação.[95]

No mundo sinistro de Kuyper, as instituições – quem as dirige, é claro – têm o direito natural e divino de agirem de forma autoritária, pois teriam um poder consciente de "exclusivo julgamento independente e ação autoritária".

Seria como se nunca tivéssemos saído do *estado de natureza* hobbesiano (aliás, conceito que vem sendo questionado por antropólogos como David Graeber), uma selvageria onde impera a lei do mais forte. Com um agravante para Kyuper em relação a Hobbes: o *estado de natureza* kuyperiano seria parte de um ordenamento divino.

Na esfera da *família,* "a cabeça natural está consciente de exercer uma autoridade inerente, – não porque o governo a permite, mas porque Deus a impôs. A autoridade paterna enraíza-se na própria vida e é proclamada no quinto mandamento". [96]

A noção de esferas soberanas, então, poderia ser representada esquematicamente da seguinte forma:

95 Idem, p. 102.
96 Idem, p. 103.

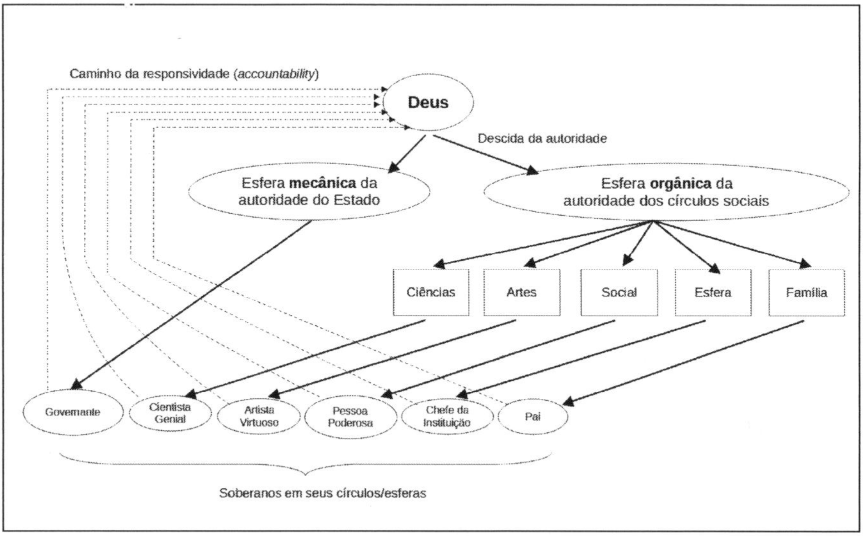

Esquema das esferas soberanas (Fonte: elaboração do autor)

A ideia de um mundo estratificado e hierarquizado na descendente da delegação de autoridade e distribuição de poder, partindo de Deus até chegar a cada soberano nas diversas esferas, onde cada um desses soberanos não se sujeita a ninguém, exceto a Deus, único a quem deve prestar contas, é totalmente incompatível com as noções fundamentais de democracia, controle social, *accountability* e soberania popular.

Vimos que voluntarismo como panaceia é um valor compartilhado entre cristãos e liberais. Agora temos outra afinidade, desta vez entre cristãos e aqueles inclinados a aceitar governos autoritários, seja porque acreditam na lei do mais forte, seja porque consideram ditaduras regimes mais eficazes e viáveis quando se quer garantir a *ordem* social.

Nesse sentido, aqui no Brasil o ranço autoritário de Bolsonaro e de militares saudosos da ditadura de 1964 que compõem seu governo caiu nas graças do cristão médio, de evangélicos neopentecostais a católicos de linha conservadora. O mesmo aconteceu com a Lava Jato e sua ação política, marcada por práticas de exceção e persecutórias. Bolsonaristas e lavajatistas fizeram uso exaustivo de discursos moralistas – "estamos passando o Brasil a limpo", "estamos defendendo os valores da família tradicional brasileira", "protegendo nossas crianças" –, disseminaram pânico moral e souberam utilizar do simbolismo tradicionalista (Deus, Pátria, Família) e de linguagem cristã ("Conhecereis a verdade e ela vos libertará").

A concepção de mundo kuyperiana baseada na noção de *Soberania Orgânica* viajou no tempo e espaço, influenciando teologias e formas de governo em igrejas das mais variadas tradições. Assim como não preciso saber quem foi Karl Marx e ter lido suas obras para assumir parte de suas ideias e perspectivas, também não preciso saber quem foram João Calvino e Abraham Kuyper, nem ter lido suas obras para assumir hoje suas ideias como *minhas ideias*.

Por isso é possível ver um pastor pentecostal como Silas Malafaia encarnando, a seu modo, uma noção de autoridade muito semelhante à concebida por Kuyper:

> Quem é que toca no ungido do Senhor [expressão usada para designar pastores] e fica impune? Ungido do Senhor é problema do Senhor. Ungido do Senhor não é problema teu. Teu pastor é ladrão? Teu pastor é pilantra? Cê não tá gostando? Sai de lá e vai pra outra igreja. Não se mete nisso não que não é da tua conta, não.[97]

Malafaia está dizendo, em linguagem vulgar, o que Kuyper havia dito em 1898 de forma mais rebuscada e erudita. O pastor, enquanto

97 Ver https://youtu.be/ZDQ9mV4WJGk

soberano dentro da sua esfera – a igreja e os assuntos "de fé" – só deve satisfação a Deus e a ninguém mais. O recado para os membros da igreja é bem claro e direto: *Not Your Business!*

E essa forma de pensar a autoridade acabou por conquistar até cristãos progressistas e democratas. Um exemplo pessoal. Participava em 2018 de um grupo de estudo e comunhão com outros cristãos. Assim que ficamos sabendo que certo pastor presbiteriano, que era relativamente próximo de alguns do grupo, havia aceitado, no final de 2018, o convite de Bolsonaro para ser um de seus ministros, questionei num dos encontros do grupo essa decisão do pastor. Foi quando ouvi palavras muito semelhantes, em essência, às proferidas por Malafaia: que eu deveria ter cuidado ao criticar um "Ungido do Senhor". Mesmo tom de advertência, mesmo sentido de que estaria me metendo em assunto que não era da minha alçada. Algo exclusivo entre o pastor e Deus. Alguns do grupo chegaram a ficar zangados comigo. Todos do grupo são pessoas boníssimas, alguns são amigos bem chegados. Não eram adeptos do bolsonarismo, mas pessoas que se definiam como progressistas ou de esquerda, muitos socialistas e marxistas, com uma bela trajetória de engajamento em movimentos sociais. As reações mais fortes às minhas críticas sobre a decisão do pastor vieram de pessoas que ocupam posições de liderança na igreja. Isso me fez pensar sobre o que Michel Foucault chamou de *poder pastoral*, querendo designar com essa expressão um momento na história do cristianismo em que a figura do pastor ganha centralidade e se autonomiza em relação a outros temas e aspectos da vida cristã. A partir dessa "guinada pastoral" (*pastoral turn*), vê-se surgir na cristandade um sentido de *corporativismo* entre pastores que, no geral, fazem uma defesa incondicional de seus pares, suspendendo a crítica, valendo-se para isso do argumento de autoridade (o pastor é o "ungido do Senhor").

Quem vê o mundo sob a ótica de Kuyper, não demorará muito para que assuma posturas inquisitoriais em relação aos divergentes. Será uma questão de tempo e oportunidade.

Quando Kuyper proferiu suas palestras em Princeton, nos EUA, haviam transcorrido apenas dezesseis anos desde a morte de Charles Darwin, em 1882. As ideias de Darwin estavam sendo debatidas nos círculos acadêmicos. Kuyper comentou: "Darwinistas e anti-Darwinistas competem um com o outro nas ciências naturais"[98]. Então é provável que os conceitos desenvolvidos por Kuyper, de *autoridade orgânica*, *poder soberano da personalidade* e *soberania das esferas*, tenham sofrido influência de Darwin. Não sabemos.

REJEIÇÃO AO ESTADO LAICO

As autoridades civis constituídas teriam três deveres: (1) para com Deus, (2) para com a igreja e (3) para com os indivíduos.

Com relação à Igreja, o Estado não pode interferir e deve respeitar a multiforme representação de igrejas cristãs. Kuyper se refere apenas a "igrejas cristãs", calando-se em relação às demais religiões e expressões de fé.

Quanto aos indivíduos, o Estado deve respeitar e garantir a liberdade de consciência, e garantir liberdade contra o despotismo. Sempre que Kuyper fala de despotismo, está se referindo ao Estado. A esse respeito, nada tem a dizer sobre o Mercado. A ideia de liberdade de consciência que ele articula em suas palestras está irmanada com certa antropologia que subjaz ao pensamento político liberal, que concebe o ser humano como um egoísta contumaz. É o que fica evidente quando exemplifica seu entendimento ao mencionar frases de outros dois autores, Weitbrecht e Held, respectivamente:

98 Abraham Kuyper, *Calvinismo*. São Paulo: Editora Cultura Cristã, 2002, p. 137.

> Cada homem coloca-se como um rei em sua consciência, um soberano em sua própria pessoa, isenta de toda responsabilidade.
> Em algum aspecto todo homem é um soberano, pois todos devem ter e tem uma esfera de vida própria dele, na qual não tem ninguém acima dele, exceto somente Deus.[99]

O potencial que tem essa forma de pensar os deveres do Estado de criar situações em que a vida é posta em risco, veio a público de maneira dramática durante a pandemia de covid-19 no Brasil, quando grupos de evangélicos como a Associação Nacional de Juristas Evangélicos (Anajure) se posicionaram contra a proibição *temporária* de realização de cultos durante a pandemia, num dos piores momentos da pandemia em termos de contágio e de mortes. Alegando que a medida feria a liberdade religiosa – que o Estado não cumpriria com seu dever de não-interferência na esfera da Igreja, em linguagem kuyperiana -, a Anajure protocola ação junto ao STF dizendo-se contrária à proibição integral dos cultos e sustenta que a deliberação e decisão de realizar ou não essas atividades religiosas "deve vir da liderança da própria igreja, recorrendo sempre ao bom senso e dever de cuidado ao próximo, e não do Poder Público"[100]. Talvez parte dos evangélicos da Anajure nunca tenha ouvido falar de Abraham Kuyper, mas estavam naquela ação expressando com fidelidade sua visão de mundo: a Igreja é soberana em sua própria esfera, não importando se suas decisões produzirão efeitos extremamente danosos à população em geral. Em nome de uma liberdade religiosa que estaria sendo supostamente ameaçada, força-se a barra para a realização de ajuntamentos durante uma pandemia mortal. Ajuntamentos que

99 Idem, pp. 113-114.

100 Ver https://politica.estadao.com.br/blogs/fausto-macedo/wp-content/uploads/sites/41/2021/04/4anajurenotadecisaoigrejaspandemia_050420215648.pdf

poderiam ser realizados tranquilamente na modalidade virtual, pela internet, de forma temporária e segura, sem risco de contribuir para a disseminação do vírus. Só para constar, a Anajure foi fundada por três advogados calvinistas. Coincidências? Creio que não.

Retornemos a Kuyper. Com relação a Deus, as autoridades constituídas deveriam "reconhecer Deus como o Supremo Governador, de quem eles derivam seu poder" e deveriam "servir a Deus governando o povo segundo as ordenanças divinas". Deveriam ainda "reprimir a blasfêmia onde ela diretamente assume o caráter de uma afronta à Majestade Divina". Não somente isso, mas "a supremacia de Deus deve ser reconhecida *pela confissão de seu nome na Constituição como a Fonte de todo poder político, mantendo o sábado, proclamando dias de oração e ação de graças e invocando sua divina benção*".[101]

Aqui está uma lista de tudo que um Estado laico não deve fazer: declaração, em sua Constituição civil, do nome de uma das religiões existentes na sociedade como fonte de todo poder político, manifestar-se sobre aspectos privados de uma religião (manutenção da instituição do sábado, dias de oração e ação de graças) e reconhecer publicamente a divindade de uma religião específica, invocando sua benção.

Para Kuyper, o magistrado deveria investigar quais são os direitos de Deus, na vida natural como na sua Palavra, a Bíblia, "não para sujeitar-se à decisão de alguma Igreja, mas a fim de que ele mesmo possa alcançar a luz que necessita para o conhecimento da vontade Divina".

Bom, está claro que Kuyper defende que as autoridades civis tenham como fundamento para seus governos, para a tomada de decisão e elaboração de políticas públicas, a Bíblia e as ordenanças nela contidas. O blasfemo, isto é, quem quer que manifeste publica-

101 Idem, p. 110.

mente ideias, atitudes e valores que se contraponham aos conteúdos da Bíblia, especialmente no que diz respeito a Deus e suas prerrogativas, deve ser punido pelas autoridades civis.

Mas como Kuyper já havia se posicionado contra a perseguição por questão de fé, ele faz uma manobra argumentativa para não ser acusado de cair em contradição ou cinismo: punir a blasfêmia não é de forma alguma uma punição por ofensa religiosa, não! Ah, não! É que "o direito do magistrado de reprimi-la repousa na consciência de Deus inata em cada homem". Então "o que é punido não é a ofensa religiosa, nem o sentimento ímpio, mas o ataque ao fundamento da lei pública, sobre a qual ambos, o Estado e seu governo, estão alicerçados".

Colocando em outros termos: como o fundamento da lei pública, portanto da Constituição civil, é Deus (o Deus do cristianismo, é claro), ofendê-lo – isto é, não reconhecê-lo ou simplesmente se contrapor ao que dele é dito na Bíblia – equivaleria a um crime contra a própria Constituição do país!

Kuyper deixa ainda mais clara sua rejeição da laicidade do Estado:

> A esfera do Estado coloca-se sob a majestade do Senhor. Nesta esfera, portanto, deve ser mantida uma responsabilidade independente para com Deus. A esfera do Estado não é profana. Mas tanto a Igreja como o Estado devem, cada um em sua própria esfera, obedecer a Deus e servir para sua honra. E para este fim a Palavra de Deus deve governar em ambas as esferas, mas na esfera do Estado somente através da consciência das pessoas investidas com autoridade. A primeira coisa certamente é, e continua sendo, que todas as nações deverão ser governadas de um modo cristão; isto quer dizer, de acordo com o princípio que flui de Cristo para toda administração pública. Mas isto nunca pode ser realizado exceto através das convicções subjetivas daqueles que estão

> em autoridade, segundo seus conceitos pessoais sobre as exigências deste princípio cristão com relação ao serviço público. [102]

Então, "todas as nações deverão ser governadas de um modo cristão". Mas uma vez que isso só poderá ocorrer quando os que estão investidos de autoridade pública são cristãos por convicção, faz-se necessário que cristãos se candidatem a cargos eletivos. Uma vez investidos nos cargos, aí devem governar de um modo cristão, com base na Bíblia. E se cidadãos cometerem blasfêmia contra o Deus dos cristãos e suas ordenanças, pau neles! Que usem o poder do cargo e de polícia que o Estado tem, sua violência legítima, para punir os hereges! Basicamente é o que deve acontecer se os cristãos levarem a sério o pensamento de Kuyper.

No Brasil sob o governo Bolsonaro, cristãos evangélicos passaram a ocupar vários cargos públicos desde o início do governo. Somente no primeiro escalão, tinhamos dois ministros pastores presbiterianos e um batista. O segundo e terceiro escalões estavam apinhados de cristãos conservadores de várias denominações. O pensamento kuyperiano foi muito bem representado quando, logo no início do governo, a recém-empossada ministra do Ministério da Mulher, da Família e dos Direitos Humanos, Damares Alves, evangélica e articuladora política, afirmava publicamente que "o Estado é laico, mas esta ministra é *terrivelmente cristã*". Aliás, a estratégia de colocar pessoas "terrivelmente evangélicas" em postos-chave nas instituições governamentais é uma autêntica estratégia kuyperiana para fazer com que o Estado cumpra seu dever para com Deus através das consciências daqueles investidos de autoridade.

102 Idem, p. 111.

Em 2020 na abertura na Assembleia da ONU, o então presidente Bolsonaro encerra seu discurso com as seguintes palavras: "O Brasil é um país cristão e conservador, que tem na família sua base". Uma declaração que desrespeita os cidadãos brasileiros que não compartilham da fé cristã. Mas tem uma frase dele antes de ser eleito, de 2017, num encontro na Paraíba, que é uma manifestação, embora extremada, da visão de mundo kuyperiana: "Deus acima de tudo. Não tem essa historinha de Estado laico não. *O Estado é cristão e a minoria que for contra, que se mude. As minorias têm que se curvar para as maiorias"*.[103]

Essas declarações sintetizam o espírito de um *cristofascismo* que se alastra pelo Brasil desde a eleição do capitão reformado do Exército para Presidente da República. O termo *cristofascismo* foi cunhado pela teóloga alemã Dorothee Sölle, em 1970, para se referir às relações entre o partido nazista e as igrejas cristãs no desenvolvimento do Terceiro Reich. O cristofascismo brasileiro é, segundo o teólogo Fábio Py, a aliança entre igrejas cristãs e bolsonaristas para a implantação de um governo autoritário, com características neofascistas e ultraliberais.[104]

Uma fato mostrou o "*cristofascismo* à brasileira" em ação. No dia 8 de janeiro de 2020, o Tribunal de Justiça do Rio de Janeiro determinou, em decisão liminar, que o especial de Natal do grupo Porta dos Fundos fosse retirado do ar. A decisão do desembargador da 6ª Câmara Cível atendia um pedido realizado pela Associação Centro Dom Bosco de Fé e Cultura, um *think thank* católico que tem como um de seus objetivos recristianizar o Brasil. Dois dias depois, o Supremo Tribunal Federal cassou a decisão.[105]

103 Ver https://youtu.be/YmE4pxBulMw

104 Ver https://uenf.br/portal/noticias/bolsonaro-e-o-cristofascismo-brasileiro-relacao-cristianismo-e-politica/

105 Ver https://www.cartacapital.com.br/sociedade/grupo-que-abriu-guerra-ao-porta-dos-fundos-quer-cristianizar-o-brasil/

As raízes históricas da intolerância praticada por cristãos em posições de autoridade no Brasil pode ser encontrada no que disse Calvino em um de seus escritos, reproduzido por Kuyper:

> Ali existe uma tríplice divergência da verdade cristã; insignificante, que seria melhor ser deixada sozinha; uma moderada, que deve ser restaurada por um castigo moderado; e somente a impiedade manifesta deve ser punida capitalmente.[106]

Kuyper qualifica essa declaração de Calvino como "pertinente", embora demonstre certo constrangimento com a prescrição de pena capital para "impiedades manifestas": "Admito que esta é uma decisão severa".

Calvino, portanto, já havia registrado em seus escritos, antes do caso Serveto, que era a favor da pena capital para hereges que cometem "impiedade manifesta". Então não se pode alegar que sua recomendação para que Serveto fosse assassinado tratasse de ato passional, feito no "calor do momento". Sua atitude no caso Serveto mantinha coerência com o que escrevera antes. Ao que parece, a condenação de Serveto por Calvino à pena de morte foi de caso pensado.

OS CALVINISTAS E O APARTHEID

Ideias produzem realidade. A forma como pensamos molda nossas escolhas e atitudes, criando um mundo à imagem e semelhança de nossas convicções. O etnocentrismo e a xenofobia contidos no pensamento kuyperiano não tardaram em produzir seus frutos envenenados. Repito o trecho da fala de Abraham Kuyper em 1898 sobre

106 Abraham Kuyper, *Calvinismo*. São Paulo: Editora Cultura Cristã, 2002, p. 109.

os povos africanos: "Isto aplica-se, mais fortemente ainda, à vida das raças na costa e no interior da África – *a forma menos desenvolvida de existência*, não lembrando-nos nem mesmo um lago, mas uma poça d'água e um brejo".

Kuyper foi pastor da Igreja Reformada Holandesa (*Dutch Reformed Church*) por mais de dez anos. Essa mesma igreja esteve diretamente envolvida na construção de um dos maiores e deploráveis movimentos segregacionistas da história, o Apartheid na África do Sul.

Um vídeo sobre o Apartheid, produzido pelo Arquivo Nacional dos Estados Unidos e publicado em 1957, traz trechos de uma entrevista com Adriaan Burger, então Secretário do Conselho Federal das Igrejas Reformadas Holandesas (*Dutch Reformed Churches*) na África do Sul[107]. Vejamos, em tradução livre, a semelhança entre o pensamento de Burger e o de Kuyper:

> – Entrevistador: Estamos nesta manhã com Domine Adriaan Burger, Secretário do Conselho Federal das Igrejas Reformadas Holandesas [*Dutch Reformed Churches*]. Domini Burger, você acredita no Apartheid como um modo de vida.
> – Burger: sim, eu acredito, na África do Sul.
> – Entrevistador: por quê?
> – Burger: porque a raça que está num estado menos desenvolvido está longe de ser a maioria aqui, e numericamente, é claro, eles são mais fortes. E porque também eu acredito que, de acordo com a vontade de Deus, a raça branca que é maioria neste país deve ser preservada e também tudo o que fizemos e construímos nos últimos 300 anos, na igreja e no Estado, deve ser preservado. E não ser engolido por... eu não diria uma raça inferior porque eu não acredito que é uma raça

107 Disponível em https://youtu.be/ZIUNp88wvUY

inferior, mas uma raça que está num estado menos desenvolvido, é só isso.

– Entrevistador: você vê um conflito entre Apartheid e Cristianismo?

– Burger: não, certamente não. De fato, nossas igrejas Reformadas Holandesas estão fazendo muito mais pela cristianização das pessoas não-brancas desse país do que qualquer outra igreja protestante neste país e em qualquer lugar da África. Como cristãos nós acreditamos no desenvolvimento do povo não-branco e certamente tentamos desenvolvê-los tanto quanto possível, construindo suas igrejas, subsidiando-os em seu trabalho de igreja e também estamos tentando dar liderança pra eles onde querem, e nossa experiência onde cada uma dessas pessoas preferir para que fiquem em suas próprias igrejas. De fato, existem nove diferentes igrejas de não-brancos que fazem parte da Igreja Reformada Holandesa entre pessoas não-brancas e eles preferem assim. Há casos em que nos reunimos num nível maior, em conferências, e algumas vezes em suas igrejas. Frequentemente, como pessoas brancas, nós os visitamos e existem casos em que nós temos comunhão [celebração da Santa Ceia] com eles.

– Entrevistador: você consegue prever algum eventual fim do Apartheid na Igreja Reformada Holandesa?

– Burger: a Igreja Reformada Holandesa não pratica Apartheid porque acreditamos que a integração é religiosa e eticamente errada, certamente que não. Em teoria, não somos contra a integração. É apenas uma questão de política prática neste país. Se a partir de agora as condições devem mudar, essa ou qualquer outra política prática poderia também ser mudada.

Burger ecoa e ratifica o preconceito de Kuyper em relação aos povos africanos, chamando-os de "raça que está num estado menos desenvolvido". Mostra-se contrário à integração entre negros e brancos por acreditar ser "religiosa e eticamente errada". Exibe a mesma mentalidade colonial de Kuyper, quando diz que "como cristãos nós acreditamos no desenvolvimento do povo não-branco e certamente *tentamos desenvolvê-los* tanto quanto possível" e quando fala em nome dos negros: "e eles preferem assim".

Poderia resumir assim a mentalidade dos calvinistas da Igreja Reformada Holandesa: os negros sul-africanos são povos subdesenvolvidos. Então temos o direito divino de vir aqui, tomar suas terras, submetê-los à exploração em trabalhos indignos e ainda, por puro ato de benevolência de nossa parte, estamos dispostos a "desenvolvê-los", desde que fiquem limitados aos espaços territoriais e sociais que determinamos para eles.

Definitivamente, Sr. Burger seria uma celebridade para os bolsonaristas, tal qual Olavo de Carvalho.

Kuyper era um ferrenho antirrevolucionário, chegando a fundar em 1879 o Partido Antirrevolucionário (*Anti-Revolutionary Party* – ARP). Para quem vê "inveja das classes" nas lutas históricas por melhores condições de vida dos grupos oprimidos, a ideia do Apartheid possivelmente lhe teria soado apropriada, se ainda estivesse vivo quando o movimento segregacionista tomou conta da África do Sul a partir de 1948.

Sobre o tema do Apartheid e, de uma maneira geral, sobre a posição de lideranças evangélicas acerca de regimes autoritários e segregacionistas, é bastante elucidativo o que disse um dos principais teólogos da Igreja Presbiteriana do Brasil, em entrevista concedida ao programa *Vejam Só!* da Rede Internacional de Televisão (RIT), ligada ao grupo midiático da Igreja Internacional da Graça de Deus, liderada pelo missionário R. R. Soares. Embora Nicodemus afirme ser contra o Apartheid, ele oferece uma justificação de cunho religioso para a segregação dos colonizadores holandeses em relação aos povos originários da África do Sul.

Um dos entrevistadores pergunta:

> Sabemos que a Igreja de Cristo como construção humana, ela reproduz os vícios, as contradições, as ambiguidades, porque é feita de gente. O sr. não acredita que cabe uma mea-culpa à Igreja Reformada na África do Sul por ter abençoado o Apartheid? Como também os reformados, algumas linhas reformadas aqui no Brasil terem se acumpliciado com a ditadura militar? Rev. Jaime Wright, por exemplo, ele disse que no DOPS ele encontrou muitos presbiterianos por lá. O Mackenzie também, é notório a ligação com grupos, assim, extremados. Cabe uma mea-culpa, sem a gente cair naquela de que "Ah, mas teve que adotar essas medidas extremas porque também tinham grupos que pretendiam implantar o modelo extremo oposto"? Qual a mea-culpa que a igreja, no caso a igreja do sr. deveria fazer?[108]

Ao que Nicodemus responde:

> Nenhuma. Absolutamente nenhuma. A Igreja, ela se expressa dentro dos seus contextos. E fica muito fácil pra nós olharmos para trás, sem termos vivido a situação, e dizermos que a Igreja errou e que a Igreja acertou. Há mais coisas a respeito do passado e das posturas da Igreja do que a gente sabe. Por exemplo, a questão do Apartheid. Todo mundo acha o Apartheid, de fato, um crime terrível. E de fato foi. Mas você sabe a razão por que o Apartheid começou? Você sabe o motivo que levou primeiro a Igreja a não querer... os holandeses quando chegaram na África do Sul, e se separar das tribos e dos povos? A razão inicial foi que eles não queriam a miscigenação por conta da religião, porque eles temiam que essa miscigenação fosse influenciar de alguma forma a pureza do cristianismo. Então, a intenção não tinha nada a ver com a cor da pele; a intenção era inicialmente uma questão religiosa. Depois, é claro, ela acaba virando uma questão... a geração que vem depois já não tem essa visão e faz essa associação com a cor da pele

108 Ver https://youtu.be/e6aKhiSyQAo

> e com a raça. Nesse ponto, a Igreja da África do Sul fez uma mea-culpa. Não sei se você sabe, mas na África do Sul a Igreja Reformada tem três denominações. Tem uma que promoveu ativamente o Apartheid, e não sei de nenhuma mea-culpa dela; Tem uma, que é a maior, que fez uma publicação e oficialmente se desculpou e pediu perdão, e tem outra que sempre foi contra.

E sobre a postura da Igreja Presbiteriana durante a ditadura militar, ocasião em que a denominação conduziu processos de perseguição e expurgo de membros que se opunham ao regime de exceção, declara Nicodemus:

> Mesma coisa a questão da ditadura. Sempre a história tem dois lados. Fica muito fácil a gente olhar pra trás e dizer: a Igreja Presbiteriana se envolveu. Que igreja presbiteriana? Que parte dela? Presbiterianos que lá estavam, representavam a Igreja? A nossa Igreja ela é conciliar, ela tem presbitérios que tem determinada autonomia. Então, não... acho que não cabe à Igreja Presbiteriana mea-culpa nenhuma a respeito disso. Pelo quê ela pediria perdão? Ela não torturou ninguém. Não tirou o direito de ninguém.

E um segundo entrevistador, acudindo ao convidado, intervém: "E se houvesse algum torturador entre os presbiterianos, a culpa não é da Igreja". E Nicodemus prontamente arremata: "De jeito nenhum. Se a gente soubesse, certamente essa pessoa perderia seus privilégios de presbiteriano. Por muito menos presbiterianos perdem o direito de membresia na Igreja".

João Dias de Araújo (1930-2014) em sua histórica pesquisa sobre o envolvimento de protestantes com o regime autoritário, que culminou no livro *Inquisição sem fogueiras*, assinala que "entre as igrejas evangélicas do Brasil, a Presbiteriana foi a mais envolvida e a mais comprometida com a revolução de 1964 por causa das ligações dessa Igreja com a classe média e por causa do prestígio que ela gozava nos meios políticos e militares"[109]. Citando o pastor Jovelino Ramos, João Dias faz o seguinte registro:

> Três presbiterianos da ilustre família Gueiros vem tendo participação ativa no delineamento nos destinos do país desde a deposição do Presidente Goulart. Eraldo Gueiros Leite, no momento em que escrevemos, é Procurador Geral da Justiça Militar da Presidência da República, Evandro é Procurador da Justiça Cível, e Nehemias Gueiros entrou para a História como redator do Ato Institucional nº 2. Vale mencionar o nome de Jeremias Fontes, outro nome do protestantismo (presbiteriano) designado por Castelo Branco e eleito em pleito indireto para governador do Estado do Rio.

Citando Eduardo G. de Moura Paegle, em sua dissertação de mestrado sobre *A posição política da Igreja Presbiteriana do Brasil (IPB)*[110], Zwinglio Mota Dias relaciona nomes de oficiais militares de alta patente, presbiterianos, que exerceram funções de relevância dentro do regime autoritário: "cel. Renato Guimarães, presbítero, que na década seguinte se tornou vice-presidente da IPB, cel. Teodoro de Almeida, cel. Walter Faustini e o major Carlos Alberto Brilhante Ustra, que foi o comandante do Destacamento de Operações de Informação (DOI) de São Paulo"[111].

109 João Dias de Araújo, Inquisição sem fogueiras. Rio de Janeiro: ISER, 1982, p. 64.

110 Eduardo G. de Moura Paegle, A posição política da Igreja Presbiteriana do Brasil (IPB). Dissertação de Mestrado. Universidade Federal de Santa Catarina, 2006, p. 82.

111 Wanderley Pereira da Rosa; José Adriano Filho (org.), Cristo e o Processo Revolucionário Brasileiro: a Conferência do Nordeste 50 anos depois (1962-2012). Rio de Janeiro: Mauad X, 2012, p. 59.

O *ranço* antirrevolucionário presente na tradição e teologia calvinistas vem de longa data, tendo suas origens no próprio Calvino. André Biéler (1914-2006), antigo aluno da Faculdade de Teologia Protestante da Universidade de Genebra, chama a "mística revolucionária" de "degradação da fé cristã"[112]. Reconhecendo a utilidade dos movimentos revolucionários para a propagação da Reforma Protestante em seus primeiros dias, destaca como esses movimentos foram depois combatidos pelos reformadores calvinistas e luteranos:

> Depois, combatido sem ambiguidade pelos reformadores, reprimido com violência pelos príncipes luteranos e com mais clemência pelos magistrados zwinglianos [de Ulrico Zuínglio, líder da Reforma na Suíça], foi a causa do descrédito em que a Reforma foi tida, a seguir, nos meios conservadores ameaçados pelos revolucionários.[113]

Os reformadores protestantes se opunham, segundo Biéler, a duas formas de mística revolucionária: a dos "libertinos espirituais" e a dos *anabatistas*. Enquanto os libertinos "reclamavam a liberdade absoluta para seu comportamento moral", os anabatistas estendiam essa anarquia "à vida social e política e reivindicavam a abolição de toda autoridade". [114]

Biéler, sem um pingo de constrangimento, descreve como Calvino e outros reformadores genebrinos trataram com os anabatistas que quiseram se estabelecer em Genebra:

> Em seguida [em 1537] a uma disputa no convento de Riva, em que triunfam os argumentos do Reformador [Calvino], pronuncia o Conselho [da

112 André Biéler, *O Pensamento Econômico e Social de Calvino*. São Paulo: Casa Editora Presbiteriana, 1990, p. 171.
113 Idem, ibidem.
114 Idem, p. 173.

> Cidade] o banimento perpétuo contra todos os partidários desta seita. Após o retorno de Calvino [1538], a estrita supervisão da fé nutrida pelos cidadãos torna mais difícil a presença deles [dos anabatistas]. Todavia, por meio de refugiados, tenta a seita várias vezes fincar pé na cidade. Em 1545 um anabatista é publicamente chicoteado em Genebra e banido sob pena de morte. Em 1551, um deles é condenado ao exílio e à pena da chibata por haver persistido em sua intenção de fazer pública e sustentar a seita dos anabatistas que é condenável e herética. [115]

Nota-se até um tom celebrativo na escrita de Biéler ao contar que em 1552, ano em que um alemão anabatista recebe o mesmo tratamento, chegara ao fim a luta contra a mística revolucionária: "aqui se encerra por algumas condenações e sem que sangue haja corrido".

Os reformadores genebrinos desceram a chibata, ameaçaram de morte e expulsaram aqueles que discordavam de suas ideias, e fizeram isso tudo "sem derramar sangue"!

É sempre didático contrastar a teologia e as práticas calvinistas com a atitude de Jesus de Nazaré. Certa ocasião, as pessoas de um povoado não receberam Jesus e seus companheiros. Tiago e João, dois de seus discípulos, prontamente sugeriram: "Senhor, queres que façamos cair fogo do céu para destruí-los?" Uma proposta bem à maneira dos reformadores calvinistas, não? Mas é aí que os cristãos Tiago e João tomam um belo pito do Mestre: "Vocês não sabem de que espécie de espírito são, pois o Filho do homem não veio para destruir a vida dos homens, mas para salvá-los".[116] Ou seja, esses discípulos estavam totalmente por fora. Não haviam entendido nada sobre o movimento de Jesus. Cristo era pró-vida. Eles tinham motivações mórbidas e um espírito bélico.

115 Idem, p. 174.

116 Evangelho de Lucas, capítulo 9, versos 53 a 55.

Ao conhecer esses fatos sobre as raízes histórico-teológicas da intolerância imanente à visão de mundo calvinista, não ficamos surpresos ao ver o maciço apoio de presbiterianos, metodistas e batistas, em especial aqueles filiados à tradição calvinista, ao governo de Jair Bolsonaro, o qual, ainda quando candidato, em outubro de 2018, diria em relação a seus adversários políticos: "Esses marginais vermelhos serão banidos de nossa Pátria" (façamos cair fogo do céu para destruí-los!). Eles têm uma verdadeira fixação por essa coisa de banir quem diverge de suas ideias! De Tiago e João, passando pelos reformadores protestantes de Genebra e chegando até Bolsonaro.

A tese da manipulação da opinião, da enganação via *fake news*, aparece como premissa fundamental em muitas análises feitas por evangélicos progressistas que participam do debate público sobre "a questão evangélica" na atualidade da política brasileira. Tendo sido a maioria dos evangélicos enganada por políticos populistas e seus marqueteiros, bastaria então – segue o argumento – nos dedicarmos à tão mencionada "disputa de narrativas" para "ganharmos" os conservadores e fundamentalistas, trazendo-os para o campo democrático. Em outras palavras, bastaria fazer chegar até essas pessoas a verdade dos fatos, dos números, das cifras. E, claro, tudo com boas estratégias de comunicação, com cartilhas coloridas e muito *cool*, linguagem "descolada", explicando mais-valia com figurinhas de trabalhador com cara de gente boa e do patrão com cara de *gangster* e tudo mais.

É possível notar também uma aposta muito grande, da parte de evangélicos progressistas e democratas, no poder da identidade de trabalhador/a para despertar a consciência de classe adormecida nos evangélicos das periferias dos grandes centros urbanos. Como a presença de igrejas pentecostais e neopentecostais nessas áreas de periferia é muito forte, existe uma pressuposição de que o discurso teológico mais "sofisticado" e "elitizado" dos calvinistas não teria penetração e apelo nessas igrejas, o que funcionaria como uma espécie de escudo natural contra o fundamentalismo religioso. Daí porque a "conquista de mentes e corações" nesses territórios teria a ver, na visão desses evangélicos progressistas – a maioria pertencente às classes médias e média alta -, com trabalhar a retomada de uma consciência de classe a partir da explicitação da condição socioeconômica dos evangélicos da periferia.

É sempre bom lembrar que classe social não tem a ver, necessariamente, com condição econômica. O componente ideológico, as afinidades afetivas e eletivas seriam muito mais determinantes para a formação de classes.

Frequentemente ignora-se o fato de que, se os membros dessas comunidades de fé não têm acesso a uma educação religiosa formal, não é incomum que seus líderes recebam essa educação em seminários e institutos teológicos interdenominacionais ou vinculados a igrejas históricas de tradição reformada. Por vezes, embora igrejas pentecostais e neopentecostais tenham seus próprios centros de educação religiosa para formação de pastores e pastoras, parte do corpo docente desses centros é formada em seminários teológicos ligados à tradição reformada. Por essa razão, parece-me um tanto artificial um recorte que coloque os fundamentalistas religiosos quase que exclusivamente do lado das igrejas históricas de classe média e média alta.

A meu juízo, a fatia progressista do segmento evangélico deveria gastar menos energia em "salvar a imagem" dos evangélicos perante a opinião pública (muito desgastada após o bolsonarismo), repetindo à exaustão que nem todo evangélico é conservador e fundamentalista (e bolsonarista), para dedicar-se mais à tarefa de tentar identificar e compreender melhor as raízes mais profundas, no desenvolvimento sócio-histórico do cristianismo, que possam lançar luz sobre nossa condição atual, marcada por uma forte prontidão para recepção de propostas e discursos antidemocráticos. Uma tarefa desse tipo vai requerer, necessariamente, o desagradável trabalho de nos colocarmos de frente para o espelho.

Qual retrato emerge dessa breve análise do neocalvinismo à luz das palestras proferidas por Abraham Kuyper, em 1898, e de outros registros históricos? Uma visão de mundo essencialmente conservadora, que busca justificar, pelo discurso teológico, todo tipo de patologia social; uma visão de mundo onde a intolerância é uma consequência lógica; uma forma de pensamento político que privilegia alternativas voluntaristas para a resolução de questões sociais; um abjeto darwinismo social como fundamento antropológico e a rejeição da ideia de laicidade do Estado.

Todo esse caldo tóxico de ideias e práticas pode ser uma das raízes para a *barbárie-como-indiferença*, tão evidente no Brasil hoje. Brasil que foi asfixiado e destroçado por um governo cuja atuação poderia ser adequadamente resumida pelas palavras de Jesus de Nazaré acerca dos objetivos e dos frutos de toda atividade diabólica: "roubar, matar e destruir". [117]

117 Evangelho de João, capítulo 10, verso 10.

CAPÍTULO II

OS BRAÇOS

Quando a dor do outro deixa de nos constituir, escancaramos as portas para os bárbaros[118]

Todo 31 de outubro praticamente todas as igrejas evangélicas comemoram, com menor ou maior pompa, o Dia da Reforma. Nesse dia um nome é sempre lembrado: Martinho Lutero (1483-1546). O herói que lutou bravamente contra os dogmas da Igreja romana, contra o poderoso Sacro Império Romano-Germânico. O maior expoente da Reforma. O monge agostiniano que, em 1517, pregou, em ato de extrema ousadia, suas 95 teses na porta da Igreja do Castelo de Wittenberg.

Isso foi tudo que sempre soube do homem Lutero. Passado o dia 31 de outubro, Lutero voltava para o baú empoeirado das figuras exóticas do século XVI, ficando ali por mais um ano, até a próxima edição comemorativa do Dia da Reforma.

Mas quem foi Lutero? Quais eram, afinal, suas principais ideias? Quem foram seus amigos e aliados, e contra quem e a quais ideias se opôs? O que se sabe acerca de seu comportamento, à medida que os anos iam passando e o movimento da Reforma se intensificava, se ampliava e diversificava, desde o dia em que anunciou suas teses em Wittenberg?

118 Frase de Andréa Pachá, juíza e escritora brasileira.

Talvez nenhum outro tenha conseguido descrever de forma tão fascinante e acurada o *demasiadamente humano* Martinho Lutero – suas ideias, suas paixões, seus dramas mais pessoais, seus feitos, defeitos e seus desatinos – como o historiador francês Lucien Febvre em seu magnífico *Martinho Lutero, um destino.*[119]

Antes, porém, de falar, de forma mais detida, sobre o pensamento e as práticas de Lutero, vejamos um pouco do contexto social e político daquele período na Alemanha.

O final do século XV e início do XVI, na Alemanha, foram marcados por diversas revoltas populares contra o regime feudal e a Igreja, com a primeira conspiração de camponeses, em 1476, no bispado de Witsburg, "país empobrecido devido às guerras hussitas e por causa do mau governo, dos numerosos tributos e prestações, das inimizades, das guerras, incêndios, matanças, prisões", e que continuava a ser "uma vítima da mais desavergonhada pilhagem por parte dos bispos, clero e nobres".[120]

Em 1502, outra agitação de camponeses, deste vez no bispado de Espira, quando exigiram "que não se pagasse o censo nem o dízimo, nem tributo nem peagem aos príncipes, nobres e clero" e que se suprimisse a servidão, que "se confiscassem os conventos e outros bens eclesiásticos para reparti-los entre o povo".[121]

Além dos camponeses, existiam outros grupos insatisfeitos, por razões distintas, com o feudalismo. A burguesia, por exemplo, se opunha principalmente aos "padres, atacando-os pela sua riqueza e a sua influência política". Já os camponeses e plebeus, ao passo em que faziam suas as reivindicações da burguesia contra o papado, iam muito mais longe. Pediam "a restauração da igualdade cristã entre os membros

119 Lucien Febvre, *Martinho Lutero, um destino*. São Paulo: Três Estrelas, 2012.

120 Friedrich Engels, *A revolução antes da revolução. v.1*. São Paulo: Expressão Popular, 2010, p. 89.

121 Idem, p. 94.

a comunidade e o seu reconhecimento como norma para a sociedade inteira". Assim, "a nobreza devia colocar-se ao mesmo nível dos camponeses, os patrícios e burgueses privilegiados ao dos plebeus".[122]

Quais eram as condições de vida dos plebeus, naquela época, na Alemanha?

> Os plebeus eram a única classe que então se encontrava inteiramente à margem da sociedade existente. Encontrava-se fora da comunidade feudal e da comunidade burguesa. Não tinham privilégios nem bens; não tinham sequer a propriedade sobrecarregada com os tributos esmagadores dos camponeses e pequeno-burgueses. Estavam despojados e sem direitos; na sua vida normal, nem sequer entravam em contato com as instituições de um Estado que ignorava até a sua existência.[123]

Os plebeus, assim, estavam situados no andar mais baixo da pirâmide social, completamente alijados da condição de cidadãos, destituídos de qualquer direito.

As crescentes pressões sociais, fruto de intensa insatisfação de vários grupos com relação à nobreza e ao clero, vão formar um barril de pólvora. Lutero vai lançar um raio sobre essa pólvora acumulada, suas teses de 1517, que foram vistas como uma expressão comum para os diversos grupos insatisfeitos.

> Múltiplas e divergentes tendências dos cavaleiros e dos burgueses, dos camponeses e dos plebeus, dos príncipes que ansiavam por uma plena soberania e das camadas inferiores do clero, das seitas místicas clandestinas e da oposição constituída pelos escritores eruditos e satírico-burlescos.[124]

122 Idem, pp. 73-75.
123 Idem, p. 75.
124 Idem, p. 105.

Da noite para dia, Lutero passou a ser uma referência comum para todos esses grupos. Mas não demorou muito para que essa aparente unidade entre segmentos tão díspares se dissipasse, dando lugar aos conflitos, "dividindo de novo os elementos opostos pela sua forma de vida que compunham essa massa buliçosa, levando-os a adotar novamente a sua habitual atitude hostil". A partir daí, essas massas de oposição vão se concentrar em torno de duas figuras: "a nobreza e os burgueses estavam incondicionalmente ao lado de Lutero"[125], enquanto os camponeses e plebeus, que passaram a considerar Lutero um inimigo, vincularam-se à figura do teólogo Thomas Münzer (1489-1525).

Desde então, as classes sociais na Alemanha estarão divididas basicamente entre *católicos*, os reacionários, *luteranos*, os burgueses reformistas, e os *revolucionários* ligados aos plebeus e camponeses.

Nos voltemos agora para Lutero. Como agiu diante desse conflito entre príncipes e burgueses, de um lado, e plebeus e camponeses, de outro? Quais ideias motivaram suas escolhas e suas ações?

Vamos lembrar que estamos buscando identificar, na história do cristianismo e do Ocidente, tradições, constituídas por modos de pensar e de agir, que possam estar na raiz de uma prontidão para aceitar ideias antidemocráticas e uma postura de passividade, de indiferença diante de dramas sociais, individuais e coletivos. Essa prontidão e essa indiferença são a manifestação de uma forma de *barbárie*. Seria possível identificar no pensamento luterano um antecedente histórico, uma semente da mais recente expressão dessa *barbárie-como-indiferença* à vida (em sentido amplo), tão evidente hoje no Brasil?

—

125 Idem, ibidem.

Em março de 1522, estava Lutero em seu refúgio providenciado pelo seu protetor, Frederico I, príncipe-eleitor e duque da Saxônia, quando fica sabendo dos tumultos que estouravam na pequena cidade da saxônia, Zwickau. O que acontecia em Zwickau?

> Um padre, um iluminado, Thomas Münzer, apoiado pelos artesãos, notadamente têxteis, tentara instaurar ali um "reino de Cristo": reino sem rei, sem magistrado, sem autoridade espiritual ou temporal, e também sem lei, nem Igreja, nem culto, e cujos súditos livres, resgatando diretamente as Escrituras, se beneficiariam de um comunismo cujo sonho edênico obcecava os espíritos simples.[126]

Chama a atenção, nessa descrição de Febvre sobre o ocorrido em Zwickau, a natureza anárquica e anticlerical daquele movimento popular: "reino sem rei, sem magistrado, sem autoridade espiritual ou temporal, e também sem lei, nem Igreja". É possível notar também esse caráter popular e anticlerical do movimento plebeu e campesino a partir da atuação do próprio Münzer. Quando, fugindo da perseguição, chega à cidade de Alstedt, começa a reformar o culto religioso: "suprimiu totalmente o uso do latim, antes de Lutero se atrever a fazê-lo". A cidade de Alstedt recebia grande afluxo de pessoas, que vinham de toda parte, transformando-a no "centro do movimento anticlerical popular em toda a Turíngia"[127].

Qual era, de forma resumida, o conteúdo da reforma religiosa e política que propunha Münzer?

> Redução da Igreja à sua origem e a supressão de todas as instituições que se encontrassem em oposição com esse cristianismo que se dizia primitivo

126 Lucien Febvre, *Martinho Lutero, um destino*. São Paulo: Três Estrelas, 2012, p. 248.
127 Friedrich Engels, *A revolução antes da revolução. v.1*. São Paulo: Expressão Popular, 2010, p. 81.

> e que na realidade era essencialmente moderno... uma sociedade sem diferenças de classe, sem propriedade privada e sem poder estatal independente e estranho aos membros da sociedade. Todos os poderes existentes que não se adaptassem à revolução seriam destruídos, os trabalhos e os bens seriam comuns e estabelecer-se-ia a igualdade completa.[128]

Lutero, então, corre para Wittenberg. Por quê? Três seguidores de Münzer, três de seus "apóstolos", se instalariam na cidade de Wittenberg. O que pregavam esses agitadores?

> Não demorou para que a estranheza de suas doutrinas, suas posturas visionárias, a mescla de consideração e desprezo com que se referiam a Lutero, reformador timorato [acanhado] que só servia para fornecer aos verdadeiros profetas, para seu salto no absoluto, o trampolim de uma doutrina terra a terra; isso tudo, além de seus discursos contra a ciência geradora de desigualdade, suas apologias do trabalho manual, suas incitações a quebrar as imagens, que mexeriam no fundo das almas populares.[129]

A mensagem dos agitadores contou com a aceitação da população de Wittenberg. Além disso, fato que alarmou Melanchthon (reformador que colaborava com Lutero), fazendo-o chamar Lutero para vir à cidade, os profetas ligados a Münzer partiram para a ação: "arremessando contra as Igrejas, saquearam-nas de maneira abominável"[130]. Melanchthon não sabia o que fazer. Lutero que dera seu vaticínio: "aqueles profetas não eram de Deus; eram, portanto, do diabo – ou, pelo menos, usados por Satã contra a verdade; era preciso desnudá-los e desmascará-los"[131]. Mas sem derramamento de sangue, recomendava inicialmente Lutero.

128 Idem, p. 83
129 Lucien Febvre, *Martinho Lutero, um destino*. São Paulo: Três Estrelas, 2012, p. 248.
130 Idem, p. 249.
131 Idem, p. 250.

Não demora muito para os revoltosos acusarem Lutero de traição e covardia.

> Estendendo a Lutero um espelho gravado à imagem de si próprios: "Olhe. É você mesmo. Você em seus dias de intrepidez. Como poderá censurar-nos? Aquilo que dizemos você disse antes de nós. Só que, mais lógicos, mais independentes também, nós vamos até o fim. E você, covardemente, senta-se à beira da estrada para nos ver passar, dando de ombros...".[132]

Acusavam Lutero "por não ir até o fim de seu pensamento", de não colocar em prática suas ideias, de "amarelar na hora do vamos ver", diríamos. Acusavam-no de "preservar demais muitos ritos, práticas, sacramentos do catolicismo"; de não procurar "com eles e como eles, realizar neste mundo o reino de Cristo"; de declarar ser "necessária e desejada por Deus a autoridade dos príncipes". Em síntese, de "não se empenhar com todas as forças nessa revolução política e social de que eles já aclamavam a jubilosa aurora".[133]

Como deixa transparecer as acusações dos agitadores revolucionários, a fé de Lutero se mostrava eminentemente religiosa, confinada ao "mundo espiritual", sem transbordamentos para o mundo material marcado por conflitos de classe, desigualdades, e carências de toda ordem. A atitude de Lutero é representativa de uma tradição muito antiga, e ainda presente em nossos dias, de uma expressão de fé que não toca o solo da realidade sociopolítica. Aliás, se o pastor Dietrich Bonhoeffer (1906-1945) estava correto em dizer que interpretar a realidade numa perspectiva religiosa teria a ver com um falar de forma metafísica e de forma intimista e

132 Idem, p. 252.
133 Idem, p. 254.

individualista[134], então pode-se, sem muita elaboração, concluir que o pensamento político liberal, que nunca avançou para além do nível das abstrações e certas práticas cristãs que se hegemonizaram no Ocidente, são expressões religiosas.

Era precisamente o caso de Lutero. Sua fé o afastava do mundo, dos problemas políticos, econômicos e sociais, e incentivava seus ouvintes a fazer o mesmo. O historiador Lucien Febvre consegue exprimir muito bem o caráter alienado e alienante, exclusivamente transcendente da teologia luterana.

> Lutero era um arauto da Palavra. Ensinar essa Palavra, tal como o Senhor lhe dava a conhecer e o obrigava a manifestar: eis sua missão neste mundo, sua única e exclusiva missão. Ora, pensava ele, a Palavra não se aplica aos problemas do século. O Evangelho não trata de assuntos temporais, nem de saber se a justiça reina neste mundo ou do que fazer para que reine. Sofrer, padecer, suportar a injustiça, carregar sua cruz, isso, ao contrário, ele ensina ao cristão: é esse seu destino humano, que ele deve aceitar de coração dócil; ou não será um cristão.[135]

Essa fé totalmente religiosa – puramente metafísica e individual – de Lutero estava fadada, como toda religião, a desdobrar-se em apatia, passividade e desinteresse para com a realidade concreta; imobilismo diante das injustiças e obediência incondicional e resignada às autoridades. Em outras palavras, a fé de Lutero estaria destinada, por seus pressupostos e lógica interna, a encarnar a *barbárie-como-indiferença*.

134 Dietrich Bonhoeffer, *Resistência e submissão: cartas e anotações escritas na prisão*. São Leopoldo: Sinodal, 2015, p. 380.

135 Lucien Febvre, *Martinho Lutero, um destino*. São Paulo: Três Estrelas, 2012, p. 255.

Essa fé atemporal, a-histórica e desencarnada, que engendra uma atitude de distanciamento dos "problemas do século" e de "assuntos temporais" como a realização da justiça, é o que as igrejas de tradição reformada gostam de chamar orgulhosamente de "o verdadeiro Evangelho". Todo movimento de aproximação e contato da fé com o plano imanente da vida em sociedade, palco de conflitos sociais, a exemplo do movimento da Teologia da Libertação, é considerado um desvirtuamento e um falseamento do "verdadeiro Evangelho", que teria como missão exclusiva a pregação da Palavra com vista à salvação da alma no outro mundo, no *post mortem*.

Uma comparação entre escritos mais antigos de Lutero, de 1517, e os dos primeiros anos da década de 1520, com suas manifestações a pretexto das insurreições camponesas nos anos de 1522, 1524 e, sobretudo, em 1525, descartaria, na opinião de Febvre, a hipótese, que circulou nos livros de história, de que Lutero teria mudado de posição, teria reformulado seu pensamento inicial.

> Que não se busque, portanto, em Lutero (não mais no Lutero de 1523 do que em seu precursor, o Lutero dos grandes escritos de 1520) a preocupação de agir para introduzir neste mundo mais igualdade. Ele vive no mundo, sem dúvida, como homem. É alemão, mergulhado no ambiente alemão, submisso a leis humanas, regido por diversas instituições. Como tal, pode ter opiniões, certas ou erradas, sobre a política dos príncipes, sobre a situação dos camponeses ou sobre a atividade dos banqueiros. Opiniões ele de fato tem; infelizmente, podemos às vezes dizer, ao lermos as Conversas à mesa. Não importa. Não era do reino deste mundo que Martinho Lutero tinha de cuidar.[136]

136 Idem, p. 256.

Como homem de seu tempo, tinha opiniões, preferências políticas, ideias sobre o bom governo, etc. Mas suas opiniões, ele as reservava para si. Em sua maneira de ver e interpretar o mundo, o príncipe, tendo recebido uma delegação do poder divino, deveria ser obedecido de forma irrestrita pelo cristão.

> Que obedeçam. Sem hesitação ou murmúrio. "É proibido perguntar por que Deus ordena isso ou aquilo; há que obedecer sem rodeios". *Rund und rein* [Pura e simplesmente], como ele diz em algum lugar. Não quer fazer como todo mundo, aceitar a regra comum? Vá embora. Os campos estão livres, e os caminhos do exílio, feitos para os refratários.

A *intolerância* e a censura prévia – "é proibido perguntar" – se fizeram logo presentes nas palavras e, como veremos, nas posturas adotadas por Lutero. Intolerância direcionada àqueles que questionassem a autoridade e a conduta dos magistrados. Discorda da atuação do governo, das leis elaboradas pelos legisladores, das decisões tomadas pelos juízes? Lutero tem a resposta na ponta da língua: o exílio. Aos insatisfeitos "a porta da rua é a serventia da casa"!

Esse mesmo espírito inquisitorial e despótico, encontramos ainda hoje disseminado nas igrejas e em outras instituições: no partido político, no sindicato, no tribunal, na escola, na empresa e na família.

Parece coerente com seu modo de pensar, que Lutero se oponha vigorosamente a toda rebelião, aos levantes dos revolucionários plebeus e camponeses, e seus líderes, como Thomas Münzer.

> Toda autoridade é legítima, professa Lutero, uma vez que só existe por vontade explícita de Deus. O mais odioso tirano deve ser obedecido, assim como o mais paternal dos reis. Seus atos?

> Deus os quer tais como são. Suas ordens? Deus aceita que ele as dite. Os príncipes, todos os príncipes são seus ajudantes. São deuses, e Lutero não espera por Bossuet para dizê-lo: "Os superiores são denominados deuses", escreve ele em 1527, "em consideração a sua função, porque fazem as vezes de Deus e são os ministros de Deus"... Como, então, se revoltar? Quem ousaria? Em nome de quê? Não, não, "mais vale os tiranos cometerem mil injustiças contra o povo do que o povo, uma única injustiça contra os tiranos".[137]

Como alguém cuja compreensão acerca da relação governante-governados se expressa dessa maneira – "mais vale os tiranos cometerem mil injustiças contra o povo do que o povo, uma única injustiça contra os tiranos" – poderia sensibilizar-se com a causa dos desvalidos, dos explorados, e reconhecer como justas as queixas de plebeus e camponeses contra os príncipes?

Segundo Febvre, para Lutero, Deus "precisa de nobres, ilustres e ricos carrascos: os príncipes". Na sua visão de mundo, essas "figuras altivas e antipáticas são necessárias, legítimas e, independentemente de suas taras, respeitáveis. Pelo menos na ordem temporal". Aos bons, resta suportá-los, "com resignação, por espírito de caridade, pensando nesses irresponsáveis: os criminosos, os inconscientes, os malfeitores, que, estes sim, precisam de açoites e cárceres". [138]

Na outra ordem, a espiritual, "só o que existe são cristãos em presença de seu Deus". Aqui, qualquer tentativa das autoridades seculares de "querer deliberar sobre assuntos de fé" ou "decretar em que os cristãos devem acreditar ou não"[139] seria ato ilegítimo, um exorbitar

137 Idem, p. 290.
138 Idem, p. 260.
139 Idem, p. 261.

de sua alçada. Estamos bem próximos da noção de liberdade negativa, da não-interferência do governante ou do Estado sobre as agências individuais, bem própria do pensamento liberal, e que tem sido utilizada em nossos dias, no Brasil, por cristãos ligados ao bolsonarismo, como justificativa para a defesa de iniciativas como o *homeschooling* (educação escolar em casa), codificada no Programa Escola sem Partido, e a política armamentista para os civis. O Estado seria o grande inimigo a ser combatido. Por isso, é preciso defender as crianças de uma educação secular e degenerada, e munir os adultos com armas (literalmente) para que possam se defender da tirania do Estado, especialmente do Estado sob o comando de mandatários de esquerda.

Dito de outro modo, para Lutero, no século XVI, e para os tradicionalistas e fundamentalistas religiosos, no século XXI, não está no horizonte de suas preocupações se o governante ou o Estado submete milhares a condições de vida indignas, como a fome, o desemprego, condições insalubres de moradia e hiperexploração do trabalhador. A única tirania estatal que lhes interessa é aquela que (ameaçaria?) liberdades individuais, como a liberdade de culto e o direito de portar e utilizar uma arma de fogo.

Em nome dessa liberdade individual, milhares se recusaram a usar máscaras de proteção em locais fechados, evitar aglomerações e tomar vacinas durante a pandemia do novo coronavírus, contribuindo significativamente para a piora dos efeitos da pandemia, com um número assustador de mortes que poderiam ser evitadas. Com relação ao armamento da população, depois que o governo Bolsonaro tomou medidas para facilitar a compra e o porte de armas de fogo, o número de licenças para uso de armas cresceu 325% em três anos![140] Devemos esperar um aumento nos crimes passionais por arma de

140 Ver https://g1.globo.com/jornal-nacional/noticia/2022/02/04/numero-de-licencas-para-uso-de-armas-cresce-325percent-em-tres-anos-diz-levantamento.ghtml

fogo, aumento do feminicídio e um abastecimento ainda maior do crime organizado.

Retornemos ao século XVI. A rígida separação que faz Lutero entre esfera espiritual e esfera mundana terá como desdobramento a concepção de um ser humano fragmentado em duas pessoas, que coabitam o mesmo corpo, cada uma existindo e participando de suas respectivas esferas.

> Desse modo, Lutero, fiel a sua antiga ideia, persistia em colocar face a face, em brutal oposição, a vida espiritual e a vida material. Continuava a definir o ser humano como a soma de um cristão com um mundano: o mundano, sujeito às dominações, submisso aos príncipes, obediente às leis; o cristão, libertado das dominações, livre, de fato sacerdote e rei. Solução engenhosa, pelo menos no papel, em que as fronteiras entre os dois reinos se deixam traçar sem problemas.[141]

Eis a criação original de Lutero: o humano rachado ao meio, porém sem conflitos internos. O abismo entre os dois reinos, entre os dois seres que compartilham o mesmo corpo, cria um isolamento tão definitivo entre os dois mundos que o efeito prático é uma brutal indiferença do cristão, ou do lado cristão do ser humano, para com assuntos e questões da ordem "mundana" e, reciprocamente, a mesma indiferença e desinteresse do "mundano", a outra metade, para com assuntos e questões de ordem espiritual. Dois mundos, duas éticas. Dois jogos com regras próprias. Portanto, atitudes distintas, mesmo que incoerentes e incompatíveis entre si, podem emanar do mesmo ser humano, podem conviver dentro dele com relativa harmonia, sem conflitos ou, pelo menos, produzindo conflitos e tensões internas que

141 Lucien Febvre, *Martinho Lutero, um destino*. São Paulo: Três Estrelas, 2012, p. 261.

sejam administráveis por meio de justificações próprias de uma concepção dualista da vida.

Sendo assim, é perfeitamente possível que alguém seja um bom e piedoso cristão na Igreja, no seu círculo familiar, em questões que dizem respeito à fé e, ao mesmo tempo, um fascista, um tirano, um intolerante e opressor, ou alguém que nutre uma simpatia a pessoas, ideais e atitudes fascistas, autoritárias e preconceituosas. De uma mesma fonte jorra água doce e amarga. Uma pessoa amável, um boa-praça, uma "pessoa de bem" nos finais de semana e um ignóbio em dias úteis. As justificações que sustentam a concepção dualista da vida são capazes de transformar a mais aberrante das contradições em um suave e passageiro mal-estar, que poderá ser superado facilmente com a ajuda da indústria farmacêutica, pelo consumo ou pela instrumentalidade de uma pregação do pastor.

"Solução engenhosa", como diz Febvre, onde o mundano que habita o cristão, estando "sujeito às dominações, submisso aos príncipes, obediente às leis", não se vê de forma alguma implicado nos assuntos concernentes ao mundo dos homens, à ordem decaída e hostil a Deus.

Então, esse ser humano, ao mesmo tempo em que se declara discípulo de alguém que foi torturado, apoia políticos que são a favor da tortura; diz que anda na luz, que preza a verdade, mas se identifica com um governo que decretou sigilo de 100 anos nas reuniões entre o então Presidente da República e pastores que teriam negociado recursos do Ministério da Educação com prefeitos; apoia um governo que também colocou em sigilo de 100 anos dados dos crachás de acesso de dois filhos do Presidente da República ao Palácio do Planalto; diz pertencer a uma fé que valoriza e defende a vida, mas apoia e identifica-se com um governo que promovera a maior destruição já vista no Brasil, que postergou deliberadamente a compra de vacinas para o covid-19, que induziu mortes que poderiam ser evitadas, que tomou decisões administrativas que culminaram na explosão do desemprego e no retorno da fome, e que promoveu uma acelerada destruição do meio ambiente.

Alguns fatos do contexto sociopolítico do início do século XVI. Entre 1518 e 1523 pipocam aqui e acolá insurreições locais de camponeses, até que, a partir de 1524, as sublevações assumem um caráter sistemático. Finalmente, em outubro de 1524 produz-se uma insurreição na cidade de Stühlingen, que marca o início de acontecimentos que levaria à guerra dos camponeses, que estoura com força em fevereiro de 1525.

Entre a insurreição de Stühlingen e a guerra aberta a partir de fevereiro de 1525, houve tentativas de resolução dos conflitos de forma pacífica. Na verdade, as promessas feitas pela nobreza aos camponeses foram apenas uma táctica para ganhar tempo, enquanto preparavam e organizavam suas tropas para atacar os revoltosos. Um dos documentos produzidos pelo movimento campesino nesse período ficou conhecido como os "12 Artigos" que continham suas reivindicações.

> Pediam a livre eleição e destituição dos sacerdotes pela comunidade, a supressão do pequeno dízimo e a utilização do grande dízimo para fins públicos, depois de pagos os haveres dos curas; além disso, pediam a restrição dos serviços pessoais, tributos e hipotecas, a restituição das terras comunais e particulares ocupadas arbitrariamente, o restabelecimento dos seus privilégios suprimidos e o cessar das arbitrariedades da justiça e da administração.[142]

São reivindicações impressionantes pelo seu vanguardismo: o estabelecimento de uma democracia eleitoral na escolha da liderança

142 Friedrich Engels, *A revolução antes da revolução. v.1*. São Paulo: Expressão Popular, 2010, p. 117.

eclesiástica ("livre eleição e destituição dos sacerdotes pela comunidade"), criação de uma política redistributiva para redução das desigualdades ("utilização do grande dízimo para fins públicos"), uma reforma tributária ("restrição dos serviços pessoais, tributos e hipotecas"), uma reforma agrária ("restituição das terras comunais e particulares ocupadas arbitrariamente") e a reivindicação de sua cidadania roubada ("restabelecimento dos seus privilégios suprimidos e o cessar das arbitrariedades da justiça e da administração"). O mais curioso é que esses camponeses tinham a mesma Bíblia de Lutero como fonte de inspiração para seu movimento revolucionário, para a elaboração dessas reivindicações. Animados por um forte desejo de instauração do Reino de Deus na terra e por uma convicção inabalável de que a realização da justiça social estava em consonância com a vontade de Deus para a humanidade, gritavam por seus direitos e lutavam por uma vida mais digna.

O mesmo Livro Sagrado fornecia, de um lado, aos camponeses, as razões para se lançarem com todas suas forças numa ação coletiva para promoção da vida e da justiça social e, de outro, nas mãos de Lutero e dos príncipes, servia de justificação para o massacre desses camponeses.

Situação semelhante em nossos dias, quando uma minoria de cristãos encontra na Bíblia a fonte de inspiração para se engajar na luta em defesa de direitos humanos e sociais, enquanto outros tantos cristãos, a maioria, encontram na Bíblia razões para alinhar-se e apoiar governantes cujas ações vêm contribuindo de forma decisiva para o esgarçamento do tecido social, com a ampliação das desigualdades, aumento da fome e a destruição maciça de direitos conquistados a duras penas ao longo de décadas.

Pois bem, no final de 1525, Lutero publica sua célebre *Exortação à paz a propósito dos doze artigos dos camponeses da Suábia*, e também *contra o espírito de homicídio e banditismo dos demais camponeses amotinados* (o título é quase um tratado!).

O que quer Lutero com sua *Exortação à paz*?, pergunta-se Lucien Febvre. "Examinar o que há de justo, ou injusto, nos pedidos dos camponeses? Arbitrar um desacordo político-social? De forma alguma. Quer, isso sim, tratar de um ponto de religião".

> Afirmam os camponeses: "Não somos rebeldes nem revoltados, e sim os porta-vozes do Evangelho. O que reivindicamos, o Evangelho nos autoriza a reivindicá-lo". Tal é a única pretensão à qual Lutero se opõe, mas com uma violência, uma paixão e um arrebatamento incomparáveis.[143]

Aos príncipes, Lutero "diz poucas e vagas coisas", que deveriam "recuar perante a ira que provocam, tratar os camponeses 'como o homem sensato trata as pessoas ébrias ou fora de seu juízo'". Mas "que voz clara e sonora recobra Lutero quando arenga, acusa os camponeses!".

> O Evangelho por eles, com eles? Que monstruosa tolice! Podem queimá-lo, a ele, Lutero, torturá-lo, desmantelá-lo – enquanto lhe restar um sopro, clamará a verdade: o Evangelho não justifica, e sim condena a revolta. Toda revolta.[144]

Retrucam os camponeses: "Nós estamos certos, eles estão errados. Nós somos oprimidos e eles são injustos".

> Pode ser. Lutero vai além. Diz ele: "Acredito". E então? "Nem a maldade, nem a injustiça justificam a revolta". Ensina o Evangelho: "Não resista àquele que lhe faz mal; se alguém bater em sua face esquerda,

143 Lucien Febvre, *Martinho Lutero, um destino*. São Paulo: Três Estrelas, 2012, p. 263.
144 Idem, ibidem.

> oferece-lhe a outra face". Lutero? Alguma vez puxou da espada? Pregou a revolta? Não, pregou a obediência.[145]
>
> Quem "quer seguir o impulso natural e não suportar o mal" são os pagãos. Quanto aos cristãos, não lutam com a espada ou o arcabuz. Suas armas são a cruz e a paciência. E, se a autoridade que os oprime for realmente injusta, podem ficar sossegados: Deus fará com que ela expie duramente essa injustiça. Enquanto isso, que se curvem, obedeçam e sofram em silêncio.[146]

Essa é a doutrina da *Exortação à paz*. Febvre ironiza. Vejam vocês, "aqui, tumulto, urros de ódio, campos repletos de gritos de raiva e clarões de incêndios". Enquanto que "ali, o dr. Martinho Lutero, olhos erguidos para o céu, tocando, do fundo da alma e com as bochechas inchadas, como se não visse e não ouvisse outra coisa, sua melodiazinha de pífaro cristão".[147]

Lutero não está inventando, no calor dos conflitos, nova doutrina em 1525, repisa Febvre. Nem revendo seu pensamento dos primeiros anos. Não. Há uma continuidade e coerência interna em tudo que disse e pregou Lutero, de 1517 até os dias da guerra camponesa em 1525, de suas *teses* até a *Exortação à paz*. Não apenas coerência, mas um sentido lógico.

> Não, Lutero de fato nada está inventando em 1525 quando clama aos servos que se resignem, aos camponeses que se inclinem. E, quando acrescenta: "a única liberdade com que devem se preocupar é a liberdade interior; os únicos direitos que vocês podem legitimamente reivindicar são os de sua espiritualidade", tais palavras, dirigidas a homens rústicos exasperados lutando feito feras pela própria vida,

145 Idem, ibidem.
146 Idem, p. 264.
147 Idem, ibidem.

podem dar a impressão de um imenso sarcasmo. Lutero, atendo-se a elas com obstinação, está sendo lógico consigo mesmo.[148]

Liberdade e direitos, dois valores que estiveram no topo das motivações para incontáveis guerras e revoluções na história da humanidade, mas que Lutero logo trataria de neutralizar o potencial explosivo desse "vinho novo", colocando-o nos odres velhos de uma linhagem puramente religiosa. Na sua boca, a liberdade e os direitos assumem uma natureza exclusivamente metafísica e individualizada. Apenas na interioridade deve a liberdade ser procurada e exercida. Direitos? Só faz sentido reivindicar aqueles que remetem à "espiritualidade", isto é, os que têm a ver com o exercício da "vida cristã": direito de reunião para celebração do culto, da prática coletiva da oração, sem necessidade de autorização de autoridade civil nem interferência alguma do Estado. Direitos dos trabalhadores, dos camponeses, das mulheres, dos "leigos", das minorias, dos estrangeiros? Não, o cristianismo de Lutero não o levava a se interessar por nada disso.

Depois de cruzar séculos e oceanos, a concepção luterana da vida se faz presente no pensamento e modo de existência de milhares de cristãos no Brasil do século XXI. O mesmo sarcasmo para com as condições dos oprimidos, a mesma paciência e condescendência para com os opressores, o mesmo desinteresse pelas "coisas do mundo", a mesma insensibilidade aos dramas humanos, individuais e coletivos. A linguagem já não é tão direta e transparente como a de Lutero. Tornou-se mais comedida, mais "civilizada". Mas o sistema de pensamento permanece rigorosamente o mesmo do monge agostiniano.

E, por óbvio, não estamos falando somente nem necessariamente da instituição Igreja Luterana como a conhecemos hoje. Até porque

148 Idem, p. 265.

nunca foi necessário participar formalmente de uma igreja luterana para filiar-se às ideias de Lutero. O mesmo valendo para Calvino, outro nome importante da Reforma protestante. Não é preciso estar formalmente ligado a uma igreja presbiteriana para compartilhar da cosmovisão calvinista. Em geral, é possível identificar em qualquer comunidade cristã, não somente nas assim chamadas *igrejas históricas* e reformadas, a influência do pensamento desses dois reformadores. Igrejas presbiterianas, metodistas, batistas, anglicanas, pentecostais e até neopentecostais estão cheias de luteranos e calvinistas por convicção. Também é verdade que nem todos e todas que participam oficialmente de igrejas luteranas compartilham integralmente das ideias de Lutero. O mesmo valendo para igrejas presbiterianas em relação às ideias de Calvino.

Feitas essas ressalvas, vamos a alguns exemplos de como se manifesta hoje nas igrejas cristãs o dualismo de inspiração luterana. Quando paramos para escutar o que tem sido dito desde o púlpito das igrejas em relação ao cenário político e social atual do Brasil, o que encontramos?

Em primeiro lugar, emerge uma unanimidade, das igrejas mais conservadoras até as mais progressistas: condena-se a polarização política como um mal em si, a "grande tragédia", o grande inimigo a ser enfrentado. Entrar no mérito do que alimenta a polarização, buscando avaliar as ideias, as narrativas e os projetos políticos em disputa? Isso não. Uma análise da realidade concreta, a partir da coleta de evidências sobre os efeitos sociais, econômicos, ambientais e psicológicos produzidos pelas políticas e ideologias em disputa? Isso também não.

O desinteresse demonstrado por líderes eclesiásticos em se debruçar sobre os valores, as visões de mundo e as ideias em disputa na acirrada polarização política brasileira, e a pressa desses líderes em condenar incondicionalmente a polarização, tem mais a ver com o objetivo pragmático de evitar baixas de membros nas comunidades de fé, do que com eventual incompetência para realizar análises consequentes e bem informadas sobre a conjuntura política do país.

A ponderação inconfessada da maioria das lideranças eclesiásticas seria mais ou menos assim: não posso me posicionar em relação a nenhum dos polos, pois, além de correr o risco de ser acusado de fazer política partidária na igreja, os irmãos e as irmãs vinculados/as ao polo oposto se sentirão ofendidos/as, desprestigiados/as, e poderão, no limite, abandonar a igreja. Numa situação de acirrada polarização como a nossa, essas evasões poderão ser significativas, trazendo sérias complicações para o funcionamento e sustentação – financeira, inclusive – das igrejas enquanto organizações.

Para além das preocupações pragmáticas em relação ao funcionamento das igrejas, o desinteresse para com a realidade social do país encontra respaldo e justificações na teologia. O que acontece do lado de fora da igreja, na ordem decaída, seria de menor importância – se é que tem alguma – em relação à verdadeira vida do crente, a "vida espiritual".

Segunda unanimidade: quase nunca se fez uso do púlpito para tecer críticas à atuação do governo Bolsonaro. O nome Bolsonaro, aliás, nem chegava a ser pronunciado, exceto quando acompanhado do nome de seu maior adversário político, o presidente Lula, para reforçar o discurso de uma falsa equivalência (iguais, apenas de sinais trocados) entre os dois. O exemplo de profetas do Antigo Testamento que tomaram a palavra para denunciar injustiças e opressões praticadas por reis e sacerdotes, dando nomes aos bois e colocando os pingos nos "is", está completamente ausente dos púlpitos.

Não importa o mal que o governo tenha feito. Não importa quão injusto ele tenha sido; quanta destruição e regressão tenha produzido para a democracia brasileira. Em todas as mensagens analisadas, pronunciadas por pastores, Bolsonaro nunca é responsabilizado por seus atos e deliberações do seu governo. Se explodem a fome e a miséria, se as desigualdades se exacerbam ou o desemprego atinge níveis alarmantes; se a degradação do meio ambiente bate recordes; se milhares perderam suas vidas pela sabotagem sistemática do governo às medidas de combate à pandemia e por acreditarem em notícias falsas disseminadas pelo próprio Jair Bolsonaro e seus ministros quanto a tratamento precoce, a culpa é do vírus.

Quando os preços da gasolina, do diesel e do gás de cozinha disparam em função da política adotada pelo governo Temer e mantida pelo governo Bolsonaro, de deixar que os preços dos derivados do petróleo produzido pela Petrobras acompanhem, de forma automática, as flutuações do mercado internacional, a culpa não é de ninguém: são fenômenos não controlados da economia global. E quando estoura a guerra entre Rússia e Ucrânia no início de 2022, esta passa a ser a desculpa predileta para justificar a alta inflação e a consequente deterioração das condições de vida para a população de baixa renda.

No ano de 2022, ano de eleições presidenciais, o então Presidente da República teve a pachorra de afirmar que seu governo não teria nenhum poder de interferência sobre a política de preços praticada pela Petrobras, a despeito da União ser o acionista majoritário da estatal e, como tal, ter a prerrogativa de indicar a composição da direção e do conselho da petroleira. Em março de 2022, Bolsonaro disse a simpatizantes no conhecido "cercadinho", em frente ao Palácio da Alvorada: "Eu não defino preço na Petrobras, eu não decido nada lá. Só quando tem problema cai no meu colo".[149]

149 Ver https://youtu.be/Wq66oe3P_sg

O silêncio da maioria das lideranças eclesiásticas em relação às atrocidades e injustiças perpetradas pelo governo Bolsonaro não teria chocado aquele que defendia a obediência incondicional às autoridades constituídas: "E, se a autoridade que os oprime for realmente injusta, podem ficar sossegados: Deus fará com que ela expie duramente essa injustiça. *Enquanto isso, que se curvem, obedeçam e sofram em silêncio*". Aquele que acreditava, e assim orientava, que "a única liberdade com que devem se preocupar [os cristãos] é a liberdade interior" e que "os únicos direitos que vocês podem legitimamente reivindicar são os de sua espiritualidade" estaria bem à vontade nas igrejas evangélicas brasileiras.

Durante um culto em 2021 um pastor presbiteriano, para deixar claro à sua audiência que Deus não está muito aí para o que acontece na ordem material, lembrou aos ouvistes que no corpo apostólico de Jesus havia um republicano, um colaboracionista do Império Romano, "um judeu vendido ao império romano, que saía cobrando impostos e extorquindo seu próprio povo"[150], mas também um zelote anti-imperialista. Isso provaria, segundo o pastor, que, assim como Jesus não tomou partido, Deus também não toma partido. Em outras palavras, pouco importou para Deus a opressão exercida pelo Império Romano sobre os povos dominados. Por equivalência, nós, cristãos brasileiros, também não devemos nos importar com o que fazem os homens imbuídos de autoridade, se realizam e promovem a justiça ou, ao contrário, utilizam-se de todos os meios à disposição para impedir a sua realização.

É comum nas igrejas evangélicas que no último culto realizado no mês dezembro se faça um balanço do ano. Depois de 12 meses de pandemia do covid-19 e de dois anos de governo Bol-

150 Ver https://youtu.be/GwEpQm-XXFo

sonaro, ocorreu, em 31 de dezembro de 2020, um "Culto de passagem de ano" na mesma igreja presbiteriana em Brasília. O pregador daquela noite considerou oportuno e relevante mencionar, em contundente crítica, a aprovação pelo Senado argentino de um projeto de lei estabelecendo que as mulheres teriam direito a interromper voluntariamente a gravidez até a 14ª semana de gestação: "Nossos vizinhos na Argentina decidiram desafiar a lei de Deus, desafiar um dos dez mandamentos, aprovando uma lei que assassina crianças até 12 semanas (14 semanas, na verdade) de vida. Vão prestar contas disso. Essa nação vai penar por causa disso", disse, com muita gravidade na voz, o pregador. Ao referir-se à "história recente"[151], lembrou a crise financeira de 2008 e até o Plano Collor de 1990. Salta aos olhos que o pregador não tenha mencionado, em seu breve apanhado de história recente, nada sobre a desastrosa atuação do governo Bolsonaro. Na retrospectiva elaborada pelo pastor, saímos da crise financeira do *subprime* em 2008 direto para a liberalização do aborto na Argentina no apagar das luzes de 2020. Nada mais de relevante teria acontecido entre os dois eventos que merecesse ser mencionado por ele.

Numa igreja batista na cidade de Campinas, também nas últimas horas de 2020, um novo balanço do ano é feito: "Humanamente falando, que ano difícil. Covid-19, medo, isolamento, perdas... 187 mil mortes", começa o pregador. Querendo proporcionar algum alento para a audiência, traz estatísticas sobre pessoas recuperadas da covid-19: "Se você olhar pelo lado de vidas salvas, mais de 6 milhões de vidas salvas, recuperadas. Isso significa 97% das pessoas que tiveram covid...". Esse seria o tom da mensagem, "O ano de 2020 foi um ano difícil, foi um ano abençoado". Difícil e abençoado. Dentre as

151 Ver https://youtu.be/rS5M-LpsNoQ

bênçãos, algumas lições aprendidas: "que muitos empresários e empregados podem trabalhar junto com sua família, no seu lar, no *home office*"; aprendemos "a viver sem correria, sem afobação, um pouco mais calmos, como sempre deveria ser". "Espiritualmente falando", a pandemia também "aproximou muito mais pessoas de Deus e de seus maridos, de suas mulheres e dos seus filhos, do que qualquer outro ano cheio de prosperidade, saúde e riqueza"[152].

Durante a pandemia, para a esmagadora maioria dos trabalhadores e trabalhadoras, particularmente para pessoas das camadas populares que trabalham no setor de serviços, e profissionais da saúde, trabalhar de casa, em *home office*, era um luxo que não podia desfrutar. Muitos foram contaminados e morreram porque tiveram que seguir trabalhando de forma presencial, tendo que pegar ônibus e metrô para deslocarem-se aos locais de trabalho. Certamente "viver sem correria, sem afobação" não foi uma opção para essas pessoas. Também tiveram que enfrentar a duríssima experiência de afastamento de seus entes queridos. Às vezes, distanciamento temporário, quando um filho, a mãe ou o pai eram internados num hospital com quadro de saúde agravado por inflamações causadas pela ação do vírus no organismo. Em muitos casos, um afastamento definitivo pela morte do ente querido.

Por que essa parte da realidade brasileira escapou ao pregador? Não teve acesso às informações sobre a pandemia, que eram marteladas diariamente nas mídias televisivas e nas redes sociais? Muitíssimo improvável. Essa meia-verdade, esse relato enviesado da realidade sob a pandemia seria simplesmente um efeito do conhecido egoísmo da pequena-burguesia e da classe média brasileira? É possível. Mas de onde viria essa espécie de narcisismo comunitário? Uma de suas raízes histórico-teológicas certamente está

152 Ver https://youtu.be/h0nr9IZn6S8

na visão dualista da vida, tão bem encarnada por Lutero e expressa de forma eloquente em seus escritos. Nada do que está do "lado de cá", na ordem espiritual, o que se convencionou chamar de "vida cristã", seria estranho ao cristão. Tudo que pertence ao "lado de lá" – justiça/injustiça, igualdade/desigualdade, abundância/pobreza, paz/violência, democracia/ditadura –, à ordem mundana, tende a ser, no mínimo, secundário e de menor monta.

Mais um culto de balanço do ano de 2020. Estamos agora na cidade de Salvador, numa igreja batista bem conhecida naquela localidade. O pregador também começa reconhecendo que o ano que passou "foi e tem sido um ano duro e que muitos sofreram, e enfrentaram perdas, e continuam ainda sofrendo". Faz a crítica, que se tornou lugar-comum nas igrejas, à polarização política: "O nosso povo, o povo brasileiro, se vê completamente dividido em suas opiniões sobre absolutamente tudo...Eu olho pra nossa nação e vejo nossa nação totalmente dividida". Apesar do ano difícil, "nós fomos muito abençoados por Deus", continua, e "as situações contrárias que enfrentamos não conseguiram nos tirar da presença do Senhor. Não conseguiram conspirar contra a nossa fé ou contra nós".

Para demonstrar a verdade do que acabara de dizer, o pregador exemplifica: "Observe o nosso país por exemplo. A força do Brasil foi testada. E eu olho para esse nosso país e digo: louvado seja o Senhor porque *o Brasil está prevalecendo! O Brasil está sendo aprovado na sua força*". E complementa: "A economia foi, sim, prejudicada por um lado, sofreu, mas, por outro lado, graças *a Deus ela tem sobrevivido*".

Que sentido de verdade poderia ser atribuído à entusiasmada e celebrativa afirmação "o Brasil está prevalecendo", quando se sabe que apenas quatro em cada dez famílias brasileiras tinha, em 2022, acesso pleno à alimentação e que 33 milhões de brasileiros passavam fome, de acordo com estudo sobre Insegurança Alimentar no

Brasil, publicado em junho de 2022? Quando ficamos sabendo que são 14 milhões a mais de pessoas com fome num período de apenas dois anos, de 2020 a 2022?[153]

Só me ocorrem duas razões possíveis para que declarações do tipo "o Brasil está prevalecendo" e "graças a Deus ela [a economia] tem sobrevivido" sejam dadas ao final do ano mais letal da pandemia do covid-19: ou é fruto de uma mente acometida por algum tipo delírio ou deriva de profunda má-fé e insensibilidade.

Continua o pregador:

> Segundo lugar: as famílias estão sobrevivendo, louvado seja o nome do Senhor! O fato de muitos projetos terem dado errado para muitas famílias não significa necessariamente que estamos indo mal, porque Deus abriu novas perspectivas para aqueles que abriram seus olhos para enxergar novas possibilidades de Deus. Sabe que, irmãos amados, muitas pessoas fecharam seus negócios, alguns tinham pequenos negócios e eles fecharam, mas as portas fechadas não os impediram de usar a sua imaginação, a sua criatividade, a sua inteligência, abrindo novas portas mais eficientes, mais leves, mais produtivas, mais eficazes, e os nossos irmãos em Cristo estão sobrevivendo porque Deus está sustentando eles. Se alguns segmentos foram muito mal, outros se superaram. Eu tenho ouvido aqui... testemunhos lindos de irmãos nossos... que perderam tudo que tinham, mas Deus abriu portas pra eles, ajudando eles a mudarem o foco, e eles usaram essa inteligência, essa criatividade para empreender em outras possibilidades e eles estão dando certo. Sabe porque? Porque o nosso Deus é o Deus que abre portas no deserto.

Em miúdos, o que o pregador está a dizer é que a avalanche de desempregados, a massa de pessoas que tiveram que fechar seus

153 Ver https://www.uol.com.br/vivabem/noticias/redacao/2022/06/08/inseguranca-alimentar-33-milhoes-passam-fome-no-brasil-diz-pesquisa.htm

pequenos negócios, dentre os quais pessoas de sua própria igreja, vítimas de um governo que não se preocupou em socorrê-las durante a pandemia; que tiveram que partir para empregos altamente precarizados, como motorista de Uber e entregador por aplicativos, passar a viver de bico, tendo a renda familiar brutalmente reduzida numa situação de crescente inflação; é para essas pessoas que diz: "não significa necessariamente que estamos indo mal". As tais "novas portas mais eficientes, mais leves, mais produtivas, mais eficazes" a que se refere são justamente essas ocupações "flexíveis" e insalubres do trabalho precarizado, onde praticamente não há direitos e proteções trabalhistas, sendo o risco absorvido quase que inteiramente pelo desesperado "empreendedor de si mesmo". "Usar a sua imaginação, a sua criatividade, a sua inteligência" é, na verdade, uma espécie de "se vira, meu amigo!".

Para fechar com chave de ouro, mais uma "demonstração da bênção de Deus", de que, afinal de contas, as coisas não iam tão mal assim:

> Terceiro lugar, meus irmãos. A igreja do Senhor também tem sido muito abençoada. Nós iniciamos 2020 com um enorme de um buraco aqui do lado de fora, você sabe disso. Iniciamos este ano com planejamento pronto, com a igreja lotada, três cultos lotados, aquela luta, aquela correria... de repente estávamos aqui no meio dessa obra, cavando um buraco, chovendo, chovendo... esse buraco enchendo de água, aquela confusão imensa... vem a pandemia. E eu na minha ausência de fé disse: Deus, o que vai acontecer? Como que a gente vai sobreviver? Fizemos esse buraco aí agora, se começar a chover esse negócio vai romper aí embaixo, vai invadir o prédio, vai ser um caos aqui entre nós... Tínhamos comprado as madeiras para fazer as formas de concreto, tinham sido todas feitas, estavam montadas ali fora, veio a pandemia, a prefeitura mandou parar tudo. Eu disse: meu Deus do céu, gastamos trinta, quarenta mil reais em

formas de concreto e aí elas iam ficar expostas ali fora, ao sol e à chuva, ia entortar tudo e estragar tudo e iríamos perder aquele investimento.

Talvez o elemento mais chocante da *barbárie-como-indiferença*, o aspecto mais mesquinho e perverso, mais até do que o "simples" calar-se, seja falar e se ocupar de coisas banais, triviais, em meio a calamidades humanas, quando milhares estão em agudo sofrimento, afogados em inimagináveis dramas individuais e coletivos. A *barbárie-como-indiferença* faz a gente perder o senso de proporção das coisas, a encarar com certa serenidade uma tragédia humana e reagir acerca de fatos banais como se tivesse ocorrido algo muito grave. Sobre uma construção, no terreno da igreja, que precisou ser temporariamente interrompida durante a pandemia, o pastor recorre a Deus em tom alarmante: "Deus, o que vai acontecer? Como que a gente vai sobreviver?"!

Escárnio? Mais uma manifestação da cínica humanidade? Do ponto de vista de um observador externo, certamente. Para quem assim procede, porém, não há, aos seus próprios olhos, nenhum aviltamento em suas ações. Da abjeta ausência de empatia, ele diz: não me façam de Cristo! Toco minha vida como qualquer outro, que mal há nisso? De práticas de exceção que suprimem a voz e torcem o direito: normalidade! Das vozes agonizantes dos desesperados, sem renda, sem teto, sem plano de saúde, sem previdência, sem rumo e sem esperança: canto de pássaros, barulho de carros que passam, um bebê que chora, um copo que cai e quebra. Normal, acontece a todo instante. Se o governante usa do poder do cargo para desdenhar, ferir, fraudar, subverter a democracia: é da Política, com seus descontentes e satisfeitos; opositores e apoiadores. Nada mudou. Vida que segue!

Como bem lembrou Rubem Alves, "nossas maneiras de pensar são condicionadas por uma série de pressuposições inconscientes que aceitamos como ponto de partida do conhecimento". São os "acordos silenciosos" a que se referia Wittgenstein, continua Alves, que funcionam "como os nossos olhos: vemos através deles, mas não o vemos. Constroem a nossa realidade, mas não nos damos conta de que eles mesmos foram construídos"[154].

Creio que são esses pressupostos construídos, esses "acordos silenciosos", escondidos, que estão na base de uma forma de pensar e de agir que pode nos levar a perder, de forma mais ou menos persistente no tempo, a sensibilidade em relação ao Outro, seus dramas, angústias e sofrimentos. Porque "vemos através deles", mas não os vemos, isto é, frequentemente não estamos cientes da existência desses pressupostos, muito menos de que foram construídos.

É muito sintomática a reação de surpresa e estranheza quando falávamos com algumas pessoas sobre o estado de coisas no Brasil sob o governo Bolsonaro. Em geral, nos olhavam como se estivessem diante de um alienígena que acabou de aterrizar na Terra; reagiam como se estivéssemos falando uma língua esquisita e ininteligível. "Não!", diziam. "Estamos numa democracia, as instituições estão funcionando, aliás, tão bem como nunca. Se as coisas pioraram um pouco ultimamente, foi pela ação de um vírus (chinês, alguns faziam questão de frisar), que levou nossos empregos, nossa renda, nossa saúde. Uma força da natureza. Essa é a verdade!".

Vemos essas pessoas tocando suas vidas, como de costume, sem exasperações, sem sobressaltos, como que dormindo o sono dos justos, submergidos na rotina da lida. Os religiosos vão ao culto, à missa; o pastor e o padre pregam suas homilias; quem já cantava, canta; quem já rezava, reza. Dizendo essas coisas, lembrei-me de um certo deputado que, em 2017, ao comemorar o arquivamento

154 Rubem Alves, *O Enigma da Religião*. Campinas: Papirus, 2008, pp. 21-22.

de mais uma denúncia contra o então presidente golpista Michel Temer, cantava: "tudo está no seu lugar, graças a Deus!".

Não são pessoas más, necessariamente. Não se trata, portanto, de demonizá-las. Foi Jesus de Nazaré quem nos mostrou que é plenamente possível que pessoas cometam diabruras não sendo, contudo, diabos:

> E Pedro, chamando-o à parte, começou a reprová-lo, dizendo: Tem compaixão de ti, Senhor; isso de modo algum te acontecerá [ser preso e assassinado]. Mas Jesus, voltando-se, disse a Pedro: Arreda, Satanás! Tu és para mim pedra de tropeço, porque não cogitas das coisas de Deus, e sim das dos homens.[155]

Num Brasil onde temos, de um lado, pessoas com olhar *blasé* naturalizando uma gigante anomia social levada às raias do insuportável, acomodando-se serenamente ao inaceitável e, do outro, uma multidão de vítimas em profunda angústia e sofrimento, nos vem à mente a imagem de Lutero, absorvido com questões puramente teológicas, no seu mundinho, enquanto a massa de camponeses e plebeus vivia seus piores dias, massacrados pelos aliados de Lutero, os príncipes. Adaptando para o contexto brasileiro a crítica de Febvre a Lutero, teríamos algo do tipo: "aqui, caos, fome, morte, desespero, pessoas se atirando sobre caminhões de lixo atrás de restos de comida", ao passo que "ali, o cristão, olhos erguidos para o céu, tocando, do fundo da alma e com as bochechas rosadas, como se não visse e não ouvisse outra coisa a não ser sua melodiazinha de pífaro cristão". Cito Febvre mais uma vez:

> Brutal contraste entre uma sociedade luterana [poderíamos substituir por presbiteriana, batista, anglicana, católica...] desenvolvendo-se em

155 Evangelho de Mateus, capítulo 16, versos 22 e 23.

sua mediocridade com seu moralismo farisaico e timorato, seu êxito perfeito nas pequenas coisas, sua passividade e covardia nas grandes, e uma fé visionária animando alguns gênios heroicos a quem nada nem ninguém intimida e cujo espírito percorre os espaços infinitos: seu corpo, porém, permanece na terra, no barro comum. Cidadãos? Sim, da cidade celeste. A cidade terrestre eles não aspiram a dirigir nem melhorar. Súditos dóceis, funcionários-modelo, dão o exemplo da perfeita submissão às ordens de um príncipe, o qual, enfim, assomando acima de todas as cabeças curvadas, detém, sozinho, um poder que ninguém lhe contesta.[156]

Aqui está, em essência, o problema fundamental com a versão de cristianismo que se hegemonizou na cristandade mundo afora e que fincou raízes profundas no Brasil: a mediocridade de um "moralismo farisaico e timorato", que se dedica com fervor ao "êxito perfeito nas pequenas coisas" e que demonstra uma portentosa "passividade e covardia nas grandes". O resultado desse moralismo farisaico e do desinteresse pelas grandes coisas não poderia ser outro senão o desengajar-se e desresponsabilizar-se quanto ao que acontece na esfera pública, pois "a cidade terrestre eles não aspiram a dirigir nem melhorar", e uma atitude de perfeita submissão às regras do jogo: "súditos dóceis, funcionários-modelo", além da tendência à não contestação das condutas daqueles investidos de autoridade.

Alguém poderia objetar: a forte e crescente participação de evangélicos na política brasileira nas últimas décadas, com a formação da Bancada Evangélica do Congresso Nacional e, mais recentemente, com a participação de pastores no primeiro e segundo escalões do governo Bolsonaro, não seria uma evidência que refutaria a afirmação

156 Lucien Febvre, *Martinho Lutero, um destino*. São Paulo: Três Estrelas, 2012, p. 272.

de que os cristãos se desinteressam e se afastam da esfera pública, da política? É preciso fazer uma distinção entre a grande massa de cristãos "leigos" e o pequeno grupo constituído por lideranças eclesiásticas. Enquanto o primeiro é constantemente ensinado e doutrinado – pelo último – a desprezar e afastar-se da Política, a se dedicar exclusivamente à "cidade celestial", o último se encarrega de fazer o trabalho de articulação política, necessário para conquistar novas posições de poder, visando construir condições materiais e simbólicas mais favoráveis às igrejas enquanto organizações que participam da sociedade civil.

Essa grande massa de cristãos "leigos" assim doutrinada significa milhares de votos que as lideranças eclesiásticas saberão muito bem utilizar como moeda de troca, junto a parlamentares e ocupantes de cargos no Executivo interessados no voto cristão, para obter benefícios para suas igrejas. Forma-se, assim, um círculo vicioso ou, pode-se dizer, um fabuloso e lucrativo *balcão de negócios*, realidade que ficou escancarada com o caso do então ministro da Educação do governo Bolsonaro, o pastor presbiteriano Milton Ribeiro. Em um áudio vazado para a imprensa de uma reunião do ministro com prefeitos e dois outros pastores, ambos da Igreja Assembleia de Deus, Milton afirma que o governo prioriza prefeituras cujos pedidos de liberação de verba foram negociados pelos dois pastores pentecostais, que não têm cargo e que atuam num esquema informal – uma espécie de "gabinete secreto" – de obtenção de verbas do Ministério da Educação. Disse o ministro: "Foi um pedido especial que o Presidente da República fez para mim sobre a questão do [pastor] Gilmar". E continua: "Porque a minha prioridade é atender primeiro os municípios que mais precisam e, em segundo, atender a todos os que são amigos do pastor Gilmar". E a contrapartida para a Igreja? O próprio ministro dá a resposta: "Então o apoio que a gente pede não é segredo, isso pode ser [inaudível] é apoio sobre construção de igrejas"[157]. Milton Ribeiro ainda voltaria a ocupar as primeiras páginas dos jornais quando, já destituído do cargo de Ministro da Educação, seria pego com uma arma de fogo que disparou acidentalmente ao tentar embarcar no aeroporto de Brasília.[158] Milton acabou sendo preso preventivamente em 22 de junho de 2022, acusado dos crimes de corrupção passiva, prevaricação, advocacia administrativa e tráfico de influência.[159]

Outro caso que veio a público diz respeito ao pastor José Wellington Bezerra da Costa, um dos líderes da Assembleia de Deus no Brasil. Ele admitiu que a igreja tem feito a intermediação do pagamento de emendas parlamentares para eleger três de seus filhos em São Paulo. José Wellington também proibiu o apoio de pastores a candidatos que não sejam "ungidos" pela denominação evangélica: "A verba só vai para o prefeito por intermédio do pedido do pastor da Assembleia de Deus. Então, você, o pastor, é o intermediário", disse José Wellington durante reunião de obreiros em São Paulo.[160]

Então por um lado temos a grande massa de cristãos, submetidos desde os primeiros anos de igreja a um ininterrupto e poderoso processo educacional (doutrinação, se preferir) que o fará enxergar o mundo com os "olhos" de Lutero. À medida que avança nesse processo, cada vez mais se dessensibiliza e se desresponsabiliza em relação ao que ocorre nas "grandes coisas", isto é, na esfera pública, manifestando de forma progressiva uma atitude de passividade, desembocando na encarnação e expressão da *barbárie-como-indiferença*. De

157 Ver https://www1.folha.uol.com.br/poder/2022/03/ministro-da-educacao-diz-priorizar-amigos-de-pastor-a-pedido-de-bolsonaro-ouca-audio.shtml

158 Ver https://g1.globo.com/df/distrito-federal/noticia/2022/04/25/arma-do-ex-ministro-da-educacao-milton-ribeiro-dispara-acidentalmente-no-aeroporto-de-brasilia.ghtml

159 Ver https://www1.folha.uol.com.br/poder/2022/06/pf-mira-ex-ministro-e-pastores-ligados-a-bolsonaro-em-operacao-sobre-verba-do-mec.shtml

160 Ver https://youtu.be/xL3stPk8YaY

outra parte, temos pastores(as), padres, bispos, apóstolos, diáconos/diaconisas, presbíteros, obreiros(as), missionários(as), evangelistas e congêneres, formando um grupo proporcionalmente bem menor que a grande massa de "leigos", mas extremamente "sensíveis" e antenados em relação à esfera pública, com o fito de se valer do cobiçado ativo político, os votos de milhares de cristãos, a fim de se tornar um *player* na *política do baixo clero* (clero, aqui, em sentido literal).

Retornemos a Lutero e seu embate com Müntzer.

O que fazer com esse homem do povo, insurgente, que se tornou uma pedra no sapato de Lutero? "Prometer-lhe os magníficos frutos da liberdade cristã? Era escárnio demais. Partilhar suas dificuldades, abraçar suas reivindicações? Jamais. Seria ir contra Deus"[161].

De fazer diabruras se fartaram os príncipes alemães e o próprio Lutero, quando estouram de vez as Guerras Camponesas. Em 15 de maio de 1525, "em Frankenhausen, o exército de Müntzer era desmantelado, seu chefe capturado e suplicado pouco depois. No dia 18, em Lupfenstein, o duque Antônio derrotava os rústicos e, em seguida, se apossava de Saverne. Em junho, os da Francônia eram estraçalhados em Adolzfurt". Enquanto as ruínas iam se amontoando e a fome se alastrava, "os senhores, diz um deles, por sua vez jogavam com cabeças de camponeses como se fossem bolas...". E Lutero apoia, com palavras cruéis, o massacre dos camponeses pelos príncipes.

> Quando se sabe... quanto queriam implicá-lo nesses tumultos e quanto as objeções, acusações, críticas diretas o atingiam e incitavam, por espírito de bravata, a ir cada vez mais longe, não é de surpreender que, no final de maio de 1525, após as primeiras vitórias dos príncipes, quando começavam as represálias, ele retomasse a pena e redigisse: "contra os

161 Idem, p. 271.

> bandos saqueadores e assassinos dos camponeses", um livrinho de uma dureza e violência sanguinárias.
>
> Suas próprias cartas a essa altura só expressam furor: "Que motivo haveria para demonstrar pelos camponeses tamanha clemência? Se houver inocentes entre eles, Deus saberá protegê-los e salvá-los, como fez com Lot e Jeremias". É quase a famosa frase: "Matemos a todos! Deus identificará os seus!". "Se Deus não os salva, é porque são todos criminosos. O menor mal que terão cometido terá sido calar, não intervir, consentir...". "Eu penso assim", escreve ele a Amsdorf, em 30 de maio de 1525, quando a sorte acaba de virar, "melhor que sejam mortos todos os camponeses do que os príncipes e magistrados"[162].

Quando é informado sobre a captura de Müntzer, Lutero escreve: "Quem viu Müntzer pode dizer que viu a encarnação do diabo no auge de sua fúria! Ó Senhor Deus, se tal é o espírito que reina entre os camponeses, está mais do que na hora de degolá-los feito cães raivosos!"[163].

E Lutero, quem diria!, "o exilado de Worms, o homem solenemente banido do império, declara sem rodeios": "Um homem que se pode comprovadamente acusar do crime de rebelião é banido por Deus e pelo imperador; *e todo cristão pode e deve degolá-lo, e é bom que o faça!...*"[164].

E, então, na "fúria homicida de seu texto datado de maio de 1525": "Por todos esses motivos, prezados senhores, enfureçam-se, salvem-nos, ajudem-nos, tenham piedade de nós, exterminem, degolem, e aquele que tiver poder para tanto: aja!". Lutero chega "a esquecer, nas palavras, sua teologia quando conclui: 'Vivemos tempos

162 Lucien Febvre, *Martinho Lutero, um destino*. São Paulo: Três Estrelas, 2012, pp. 267-268.
163 Idem, p. 268.
164 Idem, ibidem.

extraordinários que um príncipe pode merecer o céu derramando sangue muito mais facilmente do que outros rezando!'"[165].

Na piedade cristã que se hegemonizou entre os protestantes no Brasil e no resto do Ocidente, entre escapismo e conformismo com o "mundo", o medo do segundo supera, e muito, o receio do primeiro. E a doutrina calvinista da *depravação total do homem* dá aquele empurrãozinho que faltava para que o crente encontre as justificações para seu afastamento preventivo da realidade sociopolítica. O imperativo "Santificai-vos!" é interpretado como necessidade de purificar-se das contaminações do "mundo". Maior distância, portanto, de tudo que tenha a ver com a ordem mundana da política, da economia, das lutas populares por justiça social e por direitos. Um movimento de "retirar-se em vida da sociedade dos vivos", dirá Febvre.

> Para os que trazem em si um elevado ideal de sacrifício e santidade, resta um único recurso: fugir do mundo. Retirar-se em vida da sociedade dos vivos. Levar, fora do século, em refúgios fechados, uma existência feita de oração, mortificação e renúncia; ofertar-se a Deus em um sacrifício expiatório dos pecados seus e alheios".[166]

E o que são, afinal, essas igrejas onde não se escuta mais vozes proféticas que denunciam a opressão aberta, virulenta e debochada, perpetrada por elementos do "Grande Consórcio" bolsonarista – formado por políticos profissionais, togados, empresários, líderes religiosos, militares e parte da imprensa -, senão esses "refúgios fechados" de que fala o historiador, de onde emana, como espetáculo terrível, a barbárie vestida em trajes de cristalina e fria indiferença?

165 Idem, ibidem.
166 Idem, p. 269.

Quando o reformador Zwinglio é morto no *front* da Batalha de Kappel em outubro de 1531, Lutero vai dizer: "Infelizmente, de sua vitória imaginada ele próprio pereceu; deformou escandalosamente os ensinamentos evangélicos". E de forma ainda mais impiedosa, afirma Lutero: "Zwingli teve a morte de um assassino!". Seria, nas palavras de Febvre, "a alegria de um homem que, *tendo erigido a inação política em lei absoluta*, congratula-se, ao menos uma vez, pelas vantagens seculares de sua abstenção. 'Aguardar'. Lutero aguarda e por vezes evade-se em estranhas predições"[167].

Inação política como lei absoluta! Lei de ferro que vai criando, dia após dia, camadas espessas e sobrepostas de fios grossos e entrelaçados, como a couraça impenetrável de um rinoceronte, até que o ser se enrijece a tal ponto que já não faz diferença alguma o que acontece "lá fora"; se faz frio ou calor, se os homens devoram-se ou se confraternizam: tanto faz!

Enquanto os príncipes comandavam a carnificina, Lutero fazia o seu doce e tentador convite aos cristãos:

> Fiquemos parados. Quebrar, demolir tudo, para reconstruir uma casa mais ampla: de que serve? Curvemo-nos, mesmo à custa de uma eterna coação, às duras necessidades do mundo terreno. Que importa, uma vez que nossa alma, nossa alma de cristão e de crente, se evade livremente para fora da gaiola? No éter sutil desse mundo espiritual onde não há lei, aduanas ou fronteiras, que ela se embriague com sua força e se delicie com sua régia liberdade. Movendo-se sem medo entre o cimo das virtudes e o abismo dos vícios, que ela alcance, por meio da imundície e sujidade, o inocente gozo da paz interior.[168]

167 Idem, p. 297.
168 Idem, p. 270.

A recusa sistemática de muitos cristãos em emitir opinião sobre qualquer fato ou aspecto da recente e caótica realidade política e social brasileira, a muralha de desinteresse sobre a "sociedade dos vivos", parece-me indicar que resolveram atender ao convite de Lutero. Volta e meia tinha um parente a me exortar, de boa-fé, é claro: "pára de se ocupar com política e vai cuidar de sua vida espiritual!". Ecos de Lutero.

O efeito prático de dualismos do tipo luterano pode ser ilustrado pela atitude daquele pastor batista da cidade de Salvador ao qual nos referimos anteriormente. Dizia ele, durante uma pregação que abordava a questão dos milagres na Bíblia:

> Às vezes a gente não enxerga o que Deus tá fazendo. Nós passamos por um período de pandemia aqui terrível, e graças a Deus... perdemos algumas pessoas e isso machucou o nosso coração, mas foram muito poucas em relação ao que aconteceu do lado de fora. Então eu encaro isso como um milagre de Deus aqui dentro [da igreja], um avivamento de Deus.[169]

Na forma como esse pastor enxerga a realidade, existe, então, um "lado de fora". E, se naquele lado da realidade pessoas morrem aos cachos pelo vírus do covid-19, ao passo que no lado de cá, de dentro, da igreja, são poucos os que tombam pelo mesmo mal, isso pode ser interpretado como "um milagre de Deus", um "avivamento"! Como alguém pode chegar a uma tal conclusão? Mais uma vez lembrando o que disse Edgar Morin, a racionalização pode "até mesmo levar ao delírio". E existe "um delírio da racionalidade fechada". Dentro do sistema de pensamento de inspiração luterana há uma coerência interna e um sentido lógico para a interpretação do pas-

169 Ver https://www.youtube.com/watch?v=deEzNZzttOI&ab_channel=IBAMSalvador

tor: o plano temporal, da esfera mundana, é secundário em relação ao plano espiritual, da vida em igreja, logo, o que acontece no primeiro deve ser irrelevante quando se trata de discernir os mistérios de Deus, os movimentos do Divino entre os homens e de perceber "o mover de Deus".

Restou a Lutero, afinal, a companhia de um pequeno círculo de "jovens bons, dóceis, mas medíocres; índoles de seguidores, de caudatários, úteis para transcrever em secas regras os livres ensinamentos de um mestre"[170]. E, no fim das contas, o reformador que "sacudira, com temível vigor, o jugo do papa, o jugo da Igreja", que "libertara plenamente aqueles que o tinham seguido", termina por colocar no lugar "o jugo ainda mais pesado do príncipe, do Estado criado e posto no mundo por Deus para zelar pelos interesses, pela moral e até pelos dogmas da comunidade cristã". Por acaso "Lutero não se gabava de ter reassentado, mais firmemente que nunca, a onipotência secular e temporal, de ter recriado e renovado suas funções, de tê-la, por assim dizer, fortalecido com a onipotência espiritual de Deus?"[171]. Nesse quesito ele não está só, mas conta com a companhia dos calvinistas, como veremos no próximo capítulo.

Na esfera temporal, no plano do mundo, Lutero, "tal como o crente do qual ofereceu o retrato ideal, não se interessou, inteiramente, pelo que estava acontecendo. Não saiu em conquista das coisas. *Moveu-se em meio a elas como um ator no palco em meio ao cenário. Nisso não investiu mais que desinteresse e indiferença*".[172] Desinteresse e indiferença, isto é, *barbárie*.

Mas "o solo de que se desinteressam os gênios heroicos", dos quais Lutero é um arquétipo, "em que eles aceitam manter apenas o corpo

170 Idem, p. 300.
171 Idem, p. 314.
172 Idem, p. 315.

enquanto seu espírito paira no firmamento", esse solo "é invadido pelos pastores com seus cães de guarda. E esses pastores comandam, dirigem, governam. Apontam o objetivo, seu objetivo". A linguagem de Febvre parece até descrever a noção foucaultiana de *poder pastoral.*

> As multidões se rendem, dóceis, ao ritmo que eles indicam. Prestam-se, sem resistência nem esforço, à disciplina imposta. Acomodam-se, metodicamente, aos padrões de uma igreja visível, estreitamente articulada com o Estado. Este, com toda a sua força, sustenta aquela. Aquela, em compensação, faz com que o Estado partilhe seu caráter de instituição divina, diretamente desejada e instaurada por Deus, à qual não se pode, não se deve, portanto, resistir. E Lutero é tudo isso. É tudo isso, também, a Alemanha, de Lutero aos dias de hoje.[173]

Na medida em que o plano temporal é abandonado pelos cristãos que desejam tão somente "entrar em comunhão direta, por pensamento, com o Divino", ele passa a ser ocupado por pastores que vão assumir o governo eclesiástico, a função de condução do rebanho. E essa figura do pastorado cristão vai ganhando cada vez mais centralidade na vida comunitária das igrejas.

Em março de 2021, o governo de extrema-direita, junto com sua base no Congresso Nacional, decidiram anistiar uma dívida tributária de igrejas e templos religiosos num valor total estimado de R$ 1,4 bilhão[174], benefício que alcançou todas as igrejas cristãs, não importando as diferenças de natureza doutrinária e litúrgica.

Não por acaso, os investimentos em pesquisa, ciência e tecnologia experimentaram queda vertiginosa. A Capes (Coordenação de

173 Idem, p. 319.

174 Ver https://www.em.com.br/app/noticia/politica/2021/03/18/interna_politica,1248010/bolsonaro-volta-atras-e-perdoa-divida-de-r-1-4-bilhao-de-igrejas.shtml

Aperfeiçoamento de Pessoal de Nível Superior) e o CNPq (Conselho Nacional de Desenvolvimento Científico e Tecnológico) tiveram, desde 2015, uma redução real de 9,8 bilhões de reais em seus orçamentos. "O valor de 3,6 bilhões de reais de orçamento em 2021 representa, já considerando a inflação, uma diminuição de 73,4% com relação ao número em 2015"[175]. O cobertor é curto. O dinheiro público que vai faltar para investir em pesquisa, ciência e desenvolvimento tecnológico é precisamente aquele que está sendo apropriado por igrejas no promíscuo jogo do *toma lá dá cá* entre lideranças cristãs e políticos profissionais.

Obviamente que quando a podridão da baixa política que se faz à meia luz, nos bastidores, vem à tona, como no episódio com o ministro da Educação de Bolsonaro, as instituições envolvidas se apressarão para tratar o ocorrido como um caso isolado, sem relação alguma com a instituição, um pecado individual.

O luteranismo, enquanto concepção de vida e sistema de pensamento, transborda para o mundo secular, dando uma contribuição importante para o desenvolvimento da Modernidade e para a formação do pensamento ocidental. Seria necessário, portanto, estudá-lo "em toda a vida alemã", segundo Febvre: "Lutero: um dos pais do mundo e do espírito modernos – talvez. Um dos pais do mundo germânico e do espírito alemão – sem dúvida alguma"[176].

Esses exemplos – de Lutero, mas também de cristãos que respiram os "novos" ares do século XXI – evidenciam que nos encontramos naquele estado em que vendo, não se vê, ouvindo, não se escuta, sobre o qual alertava Jesus de Nazaré[177]. Condição de entorpecimento. Porque há maneiras de ver e de ouvir que não

175 Ver https://www.nexojornal.com.br/grafico/2021/10/20/Or%C3%A7amentos-da-Capes-e-do-CNPq-ca%C3%ADram-734-desde-2015

176 Lucien Febvre, *Martinho Lutero, um destino*. São Paulo: Três Estrelas, 2012, p. 321.

177 Evangelho de Mateus, capítulo 13, verso 13.

ultrapassam o mero ato de identificar, de estar ciente da existência de algo ou alguém. Existe, contudo, um ver e um ouvir que, começando pelo reconhecimento do direito de existir, não param aí; vão além, comprometendo-se e implicando-se na existência do Outro. Um imbricamento onde nos deixamos ser afetados e desejamos afetar positivamente. A barbárie é essa indiferença que se tornou obcecada, alojada no ego e no inconsciente, que nos dá ouvidos moucos e olhos glaucomatosos, sem visão periférica.

A *barbárie-como-indiferença* é também cria da visão dualista do mundo, os braços da criatura de Frankenstein.

CAPÍTULO III

O TRONCO

Não quebra as vontades, mas amolece-as, submete-as e dirige-as; raramente força a agir, mas opõe-se sem cessar a que se aja; não destrói, impede que se nasça; não tiraniza, incomoda, oprime, desvigora, extingue, abestalha e reduz enfim cada nação a não ser mais que um rebanho de animais tímidos e industriosos, de que o governo é o pastor[178]

Foi Jorge Amado quem nos lembrou, em boa prosa, de uma das características mais peculiares e interessantes do baiano, particularmente do soteropolitano: a de ser, ao mesmo tempo, religioso e anticlerical.

> Ao lado desse religiosismo supersticioso encontramos um anticlericalismo militante no povo em geral. Raramente existem, como em muitas cidades, padres de larga popularidade. Ao contrário, muitas das festas religiosas e populares (a do Senhor do Bonfim por exemplo) encontram feroz oposição de certa parte do clero. Nesse particular a Bahia recorda a Vascôncia, na Espanha, com seu povo religioso e anticlerical. Ou os mexicanos que, nas revoluções de Zapata e Pancho Villa, fuzilavam os padres aos gritos de "Viva Nossa Senhora de Guadalupe". [179]

178 Alexis de Tocqueville, *A Democracia na América*. São Paulo: Martins Fontes, 2000, p. 390.
179 Jorge Amado, *bahia de todos-os-santos: guia de ruas e mistérios*. São Paulo: Companhia das Letras, 2012, p. 25.

Talvez essa herança anticlerical esteja por detrás de um insistente desconforto que me acompanhou durante anos de convivência em comunidades cristãs, primeiro em Salvador, depois no Rio de Janeiro e em Brasília. Vez por outra me via diante de atitudes e falas de lideranças eclesiásticas que me soavam extremamente abusivas e autoritárias. Como quando ouvi de um pastor, no meio de uma reunião que tratava de um conflito interno entre dois membros da igreja, e a pretexto de pôr um fim à celeuma, que ele era o "dono da bodega". Ou quando minha esposa viveu a desagradável experiência de ser advertida por um pastor nos seguintes termos: "as mulheres aqui sabem o seu lugar". Sempre me pareceu autoritária e machista a decisão de igrejas que vetam à mulher o exercício da função pastoral; o rígido controle exercido pela liderança sobre o *púlpito* (lugar de anunciação da Palavra de Deus) e sobre o ensino religioso em geral. Controle que servia, no frigir dos ovos, como instrumento para silenciar vozes discordantes em nome de um "zelo" com a "sã doutrina"; o poder decisório concentrado nas mãos de uns poucos, geralmente nas mãos do "pastor titular", o qual tem a prerrogativa da "última palavra" sobre todos os assuntos que realmente importam, em matéria de doutrina, liturgia, governo e organização.

De igual modo, incomodava-me sobremaneira o outro lado da moeda: a passividade e a submissão quase que total dos crentes "comuns" aos abusos e ao despotismo de seus pastores.

Enfrento neste capítulo o delicado e espinhoso tema do pastorado cristão e sua eventual contribuição para a formação de uma mentalidade evangélica tingida por uma forte propensão a aceitar ideias e projetos políticos antidemocráticos, e por uma insensibilidade diante dos dramas humanos e sociais produzidos por tais ideias e projetos. Estamos a chamar essa passividade insensível, acompanhando o filósofo e sociólogo alemão Theodor Adorno, de *barbárie*. Não percamos de vista que para Adorno barbárie tem a ver com indiferença, insensibilidade, com estar pronto "para contemplar o horror e se omitir no momento decisivo".[180]

Uma observação inicial: não se trata de demonizar a figura do pastor, muito menos de afirmar que não exista, nos textos da Bíblia, a previsão para uma função pastoral. Antes, trata-se de tentar identificar e caracterizar, ao longo do desenvolvimento do cristianismo ocidental, o surgimento de uma noção de pastorado estranha até mesmo ao registro bíblico. Com a crescente institucionalização da fé cristã em *Igreja* a partir do século III, o pastorado ganha centralidade e se autonomiza, transformando-se num dispositivo de poder.

Foi o filósofo francês Michel Foucault, em seus estudos sobre a formação do Estado moderno, apresentados em um conjunto de aulas denominado *Segurança, Território, População*, quem identificou as raízes históricas de um tipo de relação tóxica entre pastores e ovelhas, líderes e liderados, clero e "leigos". Ele percebeu no processo de institucionalização da religião cristã como Igreja, a partir do século III d.C., o surgimento de um *dispositivo de poder* que chamou de *poder pastoral* ou *pastorado cristão*. Esse processo, único na história segundo o filósofo, se expressava na forma de uma

> Comunidade religiosa [que] se constituiu como Igreja, isto é, como uma instituição que aspira ao governo dos homens em sua vida cotidiana a pretexto de levá-los à vida eterna no outro mundo, e isso na escala não apenas de um grupo definido, não apenas de uma cidade ou de um Estado, mas de toda a humanidade. [181]

180 Theodor W. Adorno, Educação e Emancipação. São Paulo: Paz e Terra, 2011, p. 164.
181 Michel Foucault, *Segurança, Território, População*. São Paulo: Martins Fontes, 2008, p. 196.

Foucault mobiliza uma noção de igreja com a qual não estamos acostumados. Numa boa teologia cristã, a igreja não se confunde com nenhum edifício, nenhuma instituição, mas quer dizer a reunião daqueles que depositam sua confiança para salvação na pessoa de Jesus Cristo, e que, de alguma maneira, expressam essa confiança publicamente. Para Foucault, todavia, Igreja (com "I" maiúsculo) tem o sentido de "uma religião que aspire assim ao *governo cotidiano dos homens* em sua vida real a pretexto da sua salvação e na escala da humanidade".

Em seus estudos sobre a gênese do Estado moderno, Foucault acaba por identificar uma espécie de "virada pastoral" ou a transformação da fé cristã em Igreja, a partir da qual emerge um tipo específico de poder que ele chama de *poder pastoral*.

A ideia de um poder pastoral – poder que não se exerce sobre um território, mas sobre um rebanho, que é benfazejo (um poder que cuida) e individualizante – teria sido estranha, por exemplo, aos gregos e romanos, pois as divindades greco-romanas eram deuses essencialmente territoriais, reinavam sobre a *pólis* e somente indiretamente é que se pode dizer que governavam pessoas.

Nesse longo processo de institucionalização da fé cristã em Igreja, no sentido que Foucault empresta ao termo, que teria início no século III e se estenderia até o século XVII, ocorre uma coagulação de "todos esses temas de poder pastoral em mecanismos precisos e em instituições definidas" e a organização de "um poder pastoral ao mesmo tempo específico e *autônomo*". [182]

De saída, nota-se que a ideia de um poder pastoral autônomo encontra eco no pensamento neocalvinista kuyperiano, abordado em capítulo anterior. Abraham Kuyper concebe um esquema geral onde a realidade é dividida em esferas, com estruturas paralelas de autoridade e governo,

182 Idem, p. 174.

por um lado, e de responsividade (a Deus), por outro, com "soberanos" nas respectivas esferas. Também concebe uma igreja constituída por duas estruturas: por um lado, uma forma de governo *presbiteriana*, na qual o poder da Igreja desce "diretamente do próprio Cristo, para a congregação, da congregação concentrado nos ministros [pastores], e por eles sendo administrado aos irmãos"[183] e de outro, o lado da soberania de Deus, esses mesmos irmãos teriam acesso direto, sem mediadores, a Cristo. Kuyper chama a primeira estrutura, a da distribuição do poder no governo da igreja, de *Sacerdócio Hierárquico*, que segundo ele seria um exemplo de governo "democrático", já que o poder concentrado nas mãos dos ministros teria o propósito virtuoso e benfazejo de servir, guiar e regular. Já o caminho da relação direta e pessoal de cada cristão com Deus, livre de qualquer tipo de mediação, funcionaria como uma *Soberania Monárquica* de Cristo. A figura a seguir ilustra essas estruturas.

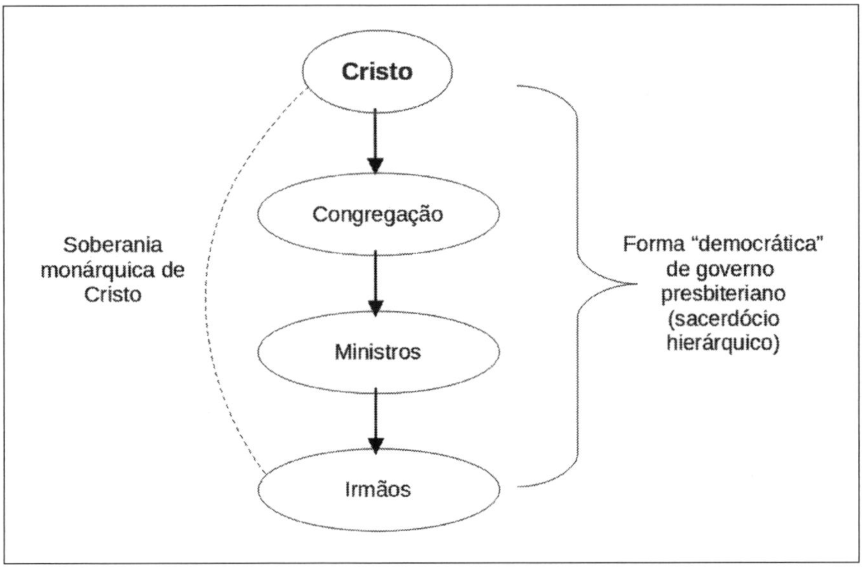

Governo na Igreja, no pensamento kuyperiano. Fonte: elaboração do autor.

183 Abraham Kuyper, *Calvinismo*. São Paulo: Editora Cultura Cristã, 2002, p. 72.

Aqui tocamos no ponto nevrálgico da relação sempre tensa e problemática entre governo, organização e instituição, de um lado, e vida, de outro. Termos frequentemente incompatíveis que apresentam, ao mesmo tempo, co-dependência e mútua afetação. Nas palavras do próprio Cristo, a vida é um vinho novo, rústico, carregado de frescor e recém-fermentado, porém difícil de beber para quem acostumou-se com a "vida" normalizada, sobrecodificada e domesticada de uma espiritualidade institucionalizada. É preciso certo tempo sob o regime institucional até que o vinho novo se torne palatável, passe de uma bebida "difícil" para uma bebida "fácil".

Cristo:

> E ninguém põe [ou deveria por] vinho novo em odres velhos, pois o vinho novo romperá os odres; entornar-se-á o vinho, e os odres se estragarão. Pelo contrário, vinho novo deve ser posto em odres novos [e ambos se conservam].[184]

A vida é tudo aquilo que, em contato com o velho e o familiar, os explode em pedacinhos; estoura as estruturas carcomidas e inflexíveis que desejam regular e domesticar o que é, por qualidade inerente, indomável. A vida é aquilo que resiste à codificação e às forças de previsão, regulação e sistematização. A vida é, portanto, devir. A vida é paradoxal: pode conservar e harmonizar, ao mesmo tempo que estraga. Onde ela se manifesta, algo se conserva e se harmoniza, algo se estraga. Sabor e dissabor. As hierarquias e o pensamento baseado em hierarquia se estragam: desbotam, perdem sua força e usos, se tornam desinteressantes e até mesmo ininteligíveis, fazem água e giram no vazio. Os do

184 Evangelho de Lucas capítulo 5, versos 37 e 38.

regime da "ordem" se sentirão ofendidos. Os loucos, os hereges e os deslocados se sentirão em casa.

É possível perceber que a ideia de um pastorado cristão como "modelo, como matriz de procedimentos de governo dos homens"[185] está implícita na forma como Kuyper imagina a igreja e a sociedade. Quando se trata de questões relativas ao governo, seja na igreja ou na esfera pública, o corpo de ministros na igreja e os magistrados no Estado devem agir como pastores que receberam autorização e poder da parte de Deus para cuidarem do "rebanho"; a ideia de um poder benfazejo, de governo como a arte de conduzir condutas, uma *governamentalidade*.

O ponto central e mais problemático em relação ao pastorado cristão seria que, a partir da institucionalização da fé cristã em Igreja, ele ganha centralidade, essencializa-se e autonomiza-se em relação aos demais temas da vida cristã e às demais dimensões da relação do divino com os humanos. Assim observa Foucault:

> Em compensação, na Igreja cristã, vamos ver, ao contrário [em relação à história e organização do povo hebreu], esse tema do pastor adquirir de certo modo autonomia em relação aos outros, não ser simplesmente uma das dimensões ou um dos aspectos da relação entre Deus e os homens. Vai ser a relação fundamental, essencial, não apenas uma ao lado das outras, mas uma relação que envolve todas as outras; e, em segundo lugar, vai ser, claro, um tipo de relação que vai se institucionalizar num pastorado que tem as suas leis, as suas regras, as suas técnicas, os seus procedimentos. Portanto o pastorado vai se tornar autônomo, vai se tornar globalizante e vai se tornar específico. De alto a baixo da Igreja, as relações de autoridade são baseadas nos privilégios e, ao mesmo

185 Michel Foucault, *Segurança, Território, População*. São Paulo: Martins Fontes, 2008, p. 196.

> tempo, nas tarefas do pastor em relação ao seu rebanho. Cristo, claro, é pastor, e é um pastor que se sacrifica para trazer de volta a Deus o rebanho perdido, que chega a se sacrificar não apenas pelo rebanho em geral, mas por cada uma das ovelhas em particular. Encontramos aí o tema mosaico, como vocês sabem, do bom pastor que aceita sacrificar todo o seu rebanho para salvar a única ovelha que está em perigo. Mas o que não passava de um tema na literatura mosaica vai se tomar agora a pedra angular de toda a organização da Igreja.[186]

É evidente que a relação pastor-ovelhas era tema frequente na literatura do povo hebreu. Mas a ideia de pastorado "tal como se institucionalizou, se desenvolveu e foi pensado essencialmente a partir do século III" seria, para Foucault, "bem diferente da pura e simples retomada, transposição ou continuação" do que ele identificava como um tema principalmente hebraico e oriental. O aspecto completamente novo consistia em que "o tema pastoral no cristianismo deu lugar – o que não havia sido, em absoluto, o caso na civilização hebraica – *a toda uma imensa rede institucional que não encontramos em outra parte*"[187]. É claro que o Deus dos hebreus era um Deus-pastor, mas "não havia pastores no interior do regime político e social dos hebreus", exceto sob Davi, único rei que fora chamado de pastor na Bíblia.

Assim é que "o pastorado deu lugar, no cristianismo, a uma rede institucional densa, complicada, compacta, *rede institucional que pretendia ser, que de fato foi coextensiva à Igreja inteira*, logo à cristandade, a toda a comunidade do cristianismo".[188]

O cerne do problema, então, com o pastorado cristão, é precisamente quando ele assume a forma de uma relação que se sobrepõe,

186 Idem, pp. 201-202.
187 Idem, pp. 218.
188 Idem, ibidem.

ofusca e organiza todas as demais relações que existem dentro de uma comunidade de fé, a ponto de orientar e determinar quase que por completo as relações de autoridade na igreja, fundamentando-se nos "privilégios e, ao mesmo tempo, nas tarefas do pastor em relação ao seu rebanho".

Vamos nos valer de exemplos práticos de como essa centralidade da relação pastor-ovelha se expressa, no cotidiano das igrejas, em justificações de privilégios e prerrogativas do pastor em relação aos demais membros da comunidade.

Afinal, o que é um pastor? A definição mais comumente encontrada na maioria das igrejas diz que pastor é um cristão vocacionado (por Deus) para uma tarefa específica: a de cuidar de um grupo de outros cristãos, o rebanho. Argumento funcional. Em termos de estatuto perante Deus, não haveria diferença alguma entre o pastor e os demais cristãos. A diferença seria puramente funcional. Mas como a vocação pastoral, como toda delegação de autoridade e de tarefas, envolve um momento futuro de prestação de contas, essa forma de pensar o pastorado leva a uma conclusão lógica: se eu recebi diretamente de Deus uma convocação, um "chamado" específico, para ser responsável pelas vidas de outras pessoas, a fim de conduzi-las à salvação, é razoável que eu tenha a prerrogativa da última palavra, do poder de veto e do voto minerva, quanto a tudo que possa impactar significativamente as vidas que estão sob minha tutela. Esse pastor não poderá ser cobrado por Deus ou receber elogios de Deus – "servo bom e fiel!" – quanto ao que acontece com as vidas das ovelhas se ele não tiver pleno controle sobre todas as decisões que possam, de alguma forma, afetar, positiva ou negativamente, essas vidas. Ele precisa agir como um soberano na sua esfera. Dito dessa forma, parece fazer todo sentido, não?

Na ciência da Administração, tem-se a seguinte regra básica: o administrador ou gestor só pode ser responsabilizado por quem lhe delegou autoridade e poder na medida em que lhe forem dadas as condições efetivas para que decida, em última instância, sobre os administrados. Justo, não?

Acontece que se confrontamos essa forma de pensar o pastorado com os modelos que encontramos no registro bíblico para a vida coletiva em igreja, e se cotejamos também com a realidade factual do que ocorre dentro das comunidades de fé, vamos nos deparar com uma distância qualitativa enorme.

Primeiramente, o registro bíblico. Quando a Bíblia quer falar sobre como deve ser a vida comunitária entre cristãos, ela costuma lançar mão de algumas metáforas, sendo uma das mais fundamentais e conhecidas a do corpo humano. O aspecto do corpo humano mais enfatizado na Bíblia não é, por suposto, que cada parte, cada órgão, tem uma função específica, mas a *interdependência* entre as partes, a necessária cooperação dos diversos órgãos, a fim de que todo o corpo se desenvolva de forma saudável.

Se na medicina existe a noção de *órgãos vitais*, ela não encontra lugar na forma como o Novo Testamento utiliza a metáfora do corpo humano para falar sobre como deveria ser a vida em comunidade na igreja. Ou melhor, o único órgão vital reconhecido na metáfora bíblica do corpo é a cabeça, que é o próprio Cristo. Para os demais órgãos, embora diferenciados em função, todos têm a mesma importância, o mesmo estatuto. Como nos certifica a linguagem bíblica, é a cooperação entre todas as partes que produzirá o efeito agregado de um corpo bem desenvolvido e sadio: "de quem todo o corpo, bem-ajustado e consolidado pelo auxílio de toda junta, *segundo a justa cooperação de cada parte*, efetua o seu próprio aumento para a edificação de si mesmo em amor"[189].

189 Carta aos Efésios, capítulo 4, verso 16.

Dito de outra maneira, a vida cristã em comunidade deveria ser um trabalho cooperativo onde cada um contribui, a partir de sua singularidade e capacidades, para o crescimento geral do corpo. Não se encontra na metáfora, nem em sua aplicação, nenhuma parte, exceto a cabeça (Cristo), que tenha por atribuição a gestão e coordenação geral do corpo.

O pastorado cristão, portanto, como relação fundamental e globalizante, com regras, privilégios e procedimentos próprios, autonomizado das outras dimensões da vida cristã, e que orienta e determina as demais relações no seio da comunidade, é, antes de tudo, a versão desfigurada da metáfora original do corpo, pelos desejos de controle e dominação, próprios desse "corpo estranho" chamado *poder pastoral*.

Uma estrutura de governo hierarquizada, de tipo presbiteriana, é o canal através do qual esse poder pastoral, centralizado e autônomo, vai ser exercido. Como resultado, o que escorre pelos ramos dessa estrutura de governo não é o "bom perfume de Cristo", nem o "Maná dos céus", mas a substância malcheirosa do poder despótico, frequentemente dissimulado em piedades banais e caricaturadas, que asfixia a vida.

Em segundo lugar, a cotidianidade das igrejas. A ideia não é elaborar nenhum dossiê de práticas abusivas por parte de lideranças eclesiásticas, mas indicar, muito rapidamente, não somente o volume e a incidência desses abusos, mas sua grande variedade. Decisões arbitrárias, assédios morais, psicológicos e sexuais; uso da posição de poder associada à função pastoral para explorar, humilhar e dominar adultos e crianças; para auferir ganhos pessoais: dinheiro, bens materiais, *status* social e bem-estar para si e para sua família, conhecida como "família pastoral"; as gratificações e o gozo, de ordem libidinal e psicológica, conferidas pelo exercício do domínio sobre outras pessoas.

Poderíamos acrescentar à lista: relações familiares desfeitas como consequência de perseguições e difamações engendradas por pastores e outros tipos de lideranças eclesiásticas, por não admitirem o contraditório, por estarem dispostos a fazer o que for preciso para preservar a "harmonia" interna da comunidade e a "verdade do evangelho". Também o monopólio da fala, principalmente da "fala autoritativa"; as restrições impostas à atuação das mulheres, elitismos na escolha do corpo auxiliar de pastores – diáconos e diaconisas, presbíteros, responsáveis pela educação de adultos, jovens e crianças etc. Enfim, qualquer olhar atento para o cotidiano das práticas dentro das comunidades de fé deveria identificar, sem muito esforço, uma série de problemas diretamente relacionados à atuação de pastores que encarnam, de forma consciente ou não, a noção problemática de pastorado que estamos a tratar aqui.

Mesmo os reformadores protestantes do século XVI não questionaram a centralidade e autonomia relativa do pastorado. A Reforma protestante não propôs nenhuma transformação significativa na forma de governo na igreja, limitando-se a criticar aquilo que na estrutura do governo eclesiástico da época pudesse representar uma afronta ao princípio soteriológico[190] da *salvação somente pela fé (sola fide)* e ao *sacerdócio universal dos crentes.*

Por isso é que Foucault, a meu ver de forma acertada, vai dizer que "nunca houve uma revolução antipastoral", uma Reforma antipastoral. Tanto a Reforma protestante quanto a Contra-Reforma católica preservaram, cada uma a seu modo, a centralidade e autonomia do pastorado cristão. Sobre isso, ouçamos Foucault:

190 De *soteriologia*, o estudo da salvação humana. A palavra é formada a partir de dois termos gregos σωτήριος [Soterios], que significa "salvação" e λόγος [logos], que significa "palavra", "princípio" ou "ensino".

Porque, embora seja verdade que a Reforma foi sem dúvida muito mais uma grande batalha pastoral do que uma grande batalha doutrinal, embora seja verdade que o que estava em jogo com a Reforma era a maneira como o poder pastoral era exercido, o que saiu da Reforma, ou seja, um mundo protestante ou um mundo de igrejas protestantes e a Contra-Reforma, esses dois mundos, essa série de mundos, não eram mundos sem pastorado. Ao contrário, foi um prodigioso fortalecimento do poder pastoral que saiu dessa série de agitações e de revoltas que se inicia no século XIII e se estabiliza, grosso modo, nos séculos XVII e XVIII. Saiu delas um formidável fortalecimento do pastorado de dois diferentes tipos: o tipo, digamos, protestante ou das diferentes seitas protestantes com um pastorado meticuloso, porém tanto mais meticuloso quanto mais flexível era hierarquicamente, e, ao contrário, uma Contra-Reforma com um pastorado inteiramente controlado, uma pirâmide hierarquizada, dentro de uma Igreja católica fortemente centralizada. Como quer que seja, dessas grandes revoltas – eu ia dizendo antipastorais, não, dessas grandes revoltas em torno do pastorado, em torno do direito de ser governado e do direito de saber como se vai ser governado e por quem, todas essas revoltas estão efetivamente ligadas a uma reorganização em profundidade do poder pastoral. Direi que, afinal de contas, o poder político de tipo feudal sem dúvida conheceu revoluções ou, em todo caso, defrontou com uma série de processos que acabaram liquidando-o de fato e varrendo-o da história do Ocidente, salvo alguns vestígios. Houve revoluções antifeudais, nunca houve uma revolução antipastoral. O pastorado ainda não passou pelo processo de revolução profunda que o teria aposentado definitivamente da história. [191]

Que a Reforma protestante preservou e, em boa medida, fortaleceu o poder pastoral, fica evidente pelo tratamento dispensado

191 Michel Foucault, *Segurança, Território, População*. São Paulo: Martins Fontes, 2008, pp. 198-199.

pelos reformadores luteranos e calvinistas aos "hereges", aqueles que acreditavam numa Reforma que fosse além de reformulações meramente doutrinárias, mas que buscasse alterar a forma de governo na Igreja e suas estruturas de poder e autoridade. Na Alemanha, Lutero se junta aos príncipes para esmagar o movimento dos camponeses liderado por Thomas Müntzer. Em Genebra, Calvino e outras autoridades perseguem *libertinos* e *anabatistas*, considerados hereges, ameaçando-os de morte, fazendo-os provar do poder da chibata e banindo-os das cidades, como vimos em capítulo anterior.

Esse mesmo poder pastoral, já no Brasil da segunda metade do século XX, foi responsável pela instauração de processos inquisitoriais e perseguição política a cristãos que discordavam ou faziam resistência ao regime da ditadura militar dos anos 60. Várias lideranças cristãs foram entregues à tortura pelos próprios companheiros de fé. Muitos foram mortos, a exemplo do presbiteriano e político Paulo Stuart Wright, assassinado em 1973 pelos órgãos de repressão do regime.

Mas o poder pastoral não se expressa apenas através desses casos extremos. Há expressões mais "inofensivas" e corriqueiras desse poder. Creio não estarmos nos afastando da noção foucaultiana de poder pastoral ao afirmar que, além de um dispositivo de poder, ele é também um tipo de racionalidade, uma forma de pensar o mundo e a humanidade.

Mesmo pastores evangélicos que podem ser considerados democratas e progressistas parecem ter dificuldade de escapar da influência dessa racionalidade, dessa ideia-força que é o pastorado cristão.

O pastorado cristão, como analisado por Foucault, pode estar na raiz da grande dificuldade demonstrada pelo corpo clerical, politicamente de esquerda e, muito mais, ainda, da direita conservadora e fundamentalista, em incorporar em suas práticas pessoais e na organização e governo das comunidades de fé noções substantivas de democracia, deliberação e participação nas decisões que afetam a coletividade.

OBEDIÊNCIA PURA E DEPENDÊNCIA INTEGRAL

Nos seus estudos sobre o poder pastoral, Foucault traça um paralelo entre o cristianismo dos primeiros séculos e a civilização grega. Enquanto o cidadão grego não se deixava dirigir, exceto pela lei ou pela persuasão, isto é, "pelas injunções da cidade ou pela retórica dos homens", sob o pastorado cristão surge uma "instância de obediência pura", uma obediência "como tipo de conduta unitária, conduta altamente valorizada e que tem o essencial da sua razão de ser nela mesma"[192].

Entre os gregos as relações de obediência eram de tipo finalística, "no sentido de que, quando o grego se confia aos cuidados de um médico, de um mestre de ginástica, de um professor de retórica ou mesmo de um filósofo, é para alcançar certo resultado".[193]

Enquanto entre os gregos obedecia-se para respeitar as leis, as decisões da assembleia ou porque havia sido convencido a agir de certa maneira – "o orador, por exemplo, convencerá seu auditório, o médico persuadirá seu paciente a seguir este ou aquele tratamento, o filósofo persuadirá aquele que o consulta a fazer esta ou aquela coisa para alcançar a verdade, o domínio de si, etc."[194] -, sob o pastorado cristão, todavia, se existe um fim em obedecer, esse consistiria em atingir um "estado de obediência" e em renunciar definitivamente à vontade própria.

192 Idem, p. 230.
193 Idem, p. 234.
194 Idem, p. 230.

> Ora, na obediência cristã, não há finalidade, porque aquilo a que a obediência cristã leva é o que? É simplesmente a obediência. Obedece-se para ser obediente, para alcançar um estado de obediência. Creio que essa noção de estado de obediência também é algo totalmente novo, totalmente específico, que não encontraríamos de forma alguma antes.[195]

Essa *obediência pura* conduz a uma dependência integral na relação pastor-ovelha, caracterizada por "uma relação de submissão, não a uma lei, não a um princípio de ordem, nem mesmo a uma injunção racional ou a alguns princípios ou conclusões extraídos pela razão", mas "uma relação de submissão de um indivíduo a outro indivíduo", e isso porque "a relação estritamente individual, o correlacionamento entre um indivíduo que dirige e um indivíduo que é dirigido, é não apenas uma condição mas o princípio mesmo da obediência cristã"[196]. Pôr-se "inteiramente na dependência de alguém por ser alguém" seria, para Foucault, um princípio fundamental da obediência cristã.

Assim dizia São Bento, no capítulo V da sua *Regra*[197], para descrever os bons monges:

> Eles não vivem mais por seu livre-arbítrio, ambulantes alieno judicio et imperio, caminhando sob o juízo e o imperium de outro, eles sempre desejam que alguém os comande.[198]

---

195 Idem, p. 234.
196 Idem, p. 232.
197 A *Regra* de São Bento (em latim, *Regula Benedicti*), escrita por Bento de Núrsia no século VI, é um conjunto de preceitos destinados a regular a vivência de uma comunidade monástica cristã, regida por um abade.
198 Michel Foucault, *Segurança, Território, População*. São Paulo: Martins Fontes, 2008, p. 235.

É o que acontecia na vida monástica cenobita a partir do século IV, onde todo indivíduo que entrava numa comunidade monástica era "posto nas mãos de alguém, superior, mestre de noviços, que se encarrega inteiramente dele e lhe diz a cada instante o que ele pode fazer". A vida inteira devia ser "codificada pelo fato de que cada um dos seus episódios [dos noviços], cada um dos seus momentos deve ser comandado, ordenado por alguém".[199] Isso estava bem ilustrado por uma série de histórias sobre "provas da boa obediência" que existia na vida monástica, e que Foucault encontra relatadas nas obras *Instituição Cenobítica* de João Cassiano e *História Lausíaca* de Paladio de Galacia. As provas da boa obediência podiam ser de dois tipos: "prova de irreflexão" e "prova do absurdo". A prova de irreflexão é assim resumida:

> Assim que uma ordem é dada a um monge, ele deve imediatamente cessar toda ocupação que atualmente o absorve, interrompê-la no mesmo instante e executar a ordem sem se perguntar por que lhe deram essa ordem e se não seria melhor continuar a ocupação a que está dedicado.[200]

Quanto à prova do absurdo:

> A perfeição da obediência consiste em obedecer a uma ordem, não por ela ser razoável ou por lhe confiarem uma tarefa importante mas, ao contrário, por ser absurda.[201]

199 Idem, p. 232.
200 Idem, p. 233.
201 Idem, ibidem.

A prova do absurdo era frequentemente exemplificada com a história de um certo monge João "a quem foi dada a ordem de ir regar, bem longe da sua cela, uma vara seca que tinha sido plantada no meio do deserto e que ele tinha que regar duas vezes por dia". Por óbvio, a vara não floresceu, "mas a santidade de João, em compensação, foi assegurada".[202]

Voltando-se, por um instante, à cena sociopolítica brasileira dos últimos anos, a identificação de milhares de cristãos (e congêneres) com a figura pública de Jair Bolsonaro e a adesão ao bolsonarismo como ideologia, podem ser vistas como expressões contemporâneas dessas provas de irreflexão e do absurdo, que se mostraram com força singular durante a pandemia do Covid-19, quando uma massa de evangélicos e tradicionalistas atendeu aos apelos negacionistas e mergulhou de cabeça nas teorias da conspiração difundidas pelo então Presidente da República, entupindo-se de Ivermectina e Hidroxicloroquina como suposto tratamento precoce contra o vírus. As novas provas de irreflexão e do absurdo incluíram também a rejeição às vacinas e a sabotagem aberta a medidas de controle da pandemia como o uso de máscaras em locais fechados. Agiam contra seus próprios interesses materiais e imediatos. Não por acaso, as cidades com maiores concentrações de apoiadores de Bolsonaro nas eleições de 2018 tiveram as maiores taxas de mortalidade por Covid-19.[203]

Retornando para os estudos de Foucault, outro fato igualmente interessante e instrutivo diz respeito ao sentido que se deu sucessivamente à palavra *Apátheia*.

202 Idem, ibidem.

203 Ver https://g1.globo.com/saude/coronavirus/noticia/2022/03/16/cidades-que-mais-apoiaram-bolsonaro-em-2018-tiveram-as-piores-taxas-de-mortalidade-por-covid-em-2021-aponta-estudo-na-lancet.ghtml

> Quando um discípulo grego vai ter com um mestre de filosofia e se põe sob sua direção e sob seu governo, é para chegar a uma coisa chamada apátheia, ausência de páthe, ausência de paixões. Mas em que consiste essa ausência de paixões, o que ela significa e em que ela consiste? Não ter paixão é já não ter passividade. Quero dizer, é eliminar de si mesmo todos esses movimentos, todas essas forças, todas essas tempestades de que você não é senhor e que o expõem assim a ser escravo seja do que acontece em você, seja do que acontece no seu corpo, seja eventualmente do que acontecesse no mundo.[204]

Se para os gregos atingir a *Apátheia*, através da obediência circunstancial e temporária ao mestre filósofo, significava "já não ter passividade", no cristianismo, contudo, *Apátheia* vai assumir um sentido bem diverso e oposto.

> A palavra apátheia, transmitida dos moralistas gregos, greco-romanos, ao cristianismo, vai adquirir um sentido totalmente diferente, e a renúncia aos prazeres do corpo, aos prazeres sexuais, aos desejos da carne vai ter um efeito totalmente diferente no cristianismo. Nada de páthe, nada de paixões, quer dizer o quê, para o cristianismo? Quer dizer essencialmente renunciar a esse egoísmo, a essa vontade singular que é a minha. E o que se vai recriminar aos prazeres da carne, não é que eles tornam passivo – era esse o tema estoico e inclusive epicurista –, o que se recrimina aos prazeres da carne é que, ao contrário, neles se desenrola uma atividade que é uma atividade individual, pessoal, egoísta... Por conseguinte, o páthos que deve ser conjurado por meio das práticas da obediência

204 Michel Foucault, *Segurança, Território, População*. São Paulo: Martins Fontes, 2008, p. 235.

> não é a paixão, é antes a vontade, uma vontade orientada para si mesma, e a ausência de paixão, a apátheia, vai ser a vontade que renuncia a si mesma e que não pára de renunciar a si mesma.[205]

A *Apátheia* cristã, portanto, já não mais tinha a ver com ausência de passividade, mas com a vontade que renuncia a si mesma. No novo *Ethos* cristão, inaugurado pela institucionalização da fé cristã em *Igreja* e pela introdução da ideia do pastorado, a virtude estaria na obediência em si, para se chegar a um "estado de obediência" onde a vontade própria seria definitivamente renunciada.

Até mesmo a existência e vocação pastoral seria justificada com base nessa ideia de recusa ou renúncia das vontades singulares. Se o pastor comanda, é simplesmente porque recebeu a ordem para comandar, pois recusar a ordem, a vocação que recebe de Deus, seria "a afirmação de uma vontade singular". De sorte que ele "tem de renunciar à sua recusa, obedecer e comandar".

Tem-se, portanto, "uma espécie de *campo generalizado de obediência* que é característico do espaço em que vão se desenvolver as relações pastorais". Um campo "de obediência generalizada, fortemente individualizado em cada uma das suas manifestações, sempre instantâneo e limitado, *e tal que mesmo os pontos de domínio nele presentes ainda são efeitos de obediência*"[206].

A obediência tornou-se um ambiente, um meio onde a vida cristã se desenvolve. Tudo na comunidade, todas as relações que ali existem encontram sua justificação na ideia de obediência. O cristão-ovelha, que se sujeita ao pastor, à sua autoridade e aos seus comandos, o faz como quem renuncia à sua própria vontade para dar lugar à vontade de Deus. De modo semelhante, o pastor que exerce domínio sobre o

205 Idem, p. 236.
206 Idem, pp. 236-237.

rebanho a pretexto de cuidar dele, o faz renunciando à própria vontade para atender à vocação divina.

A DIREÇÃO DE CONSCIÊNCIA

Outro aspecto abordado por Foucault, em conexão com os anteriores, é a *direção de consciência*, uma das tarefas do pastor junto com o ensino da verdade. Como fez em relação ao tema da obediência, trata também da direção de consciência por meio de uma comparação entre a Antiguidade greco-romana e o cristianismo dos primeiros séculos.

A *direção de consciência* é parte do tema maior da *verdade*. Foucault reconhece, ao estudar os escritos dos Pais da Igreja, a centralidade do ensino da verdade na atividade pastoral, chegando a dizer que "é sua tarefa primeira e principal"[207]. Contudo, essa tarefa não se limita ao ensino verbal de certos conteúdos, mas que o pastor "deve ensinar por seu exemplo, por sua própria vida"[208] para que suas lições verbais não caiam em descrédito. Sobre isso, Foucault cita São Gregório, em seu *Livro Pastoral*:

> Os pastores que ensinam a boa doutrina mas dão mau exemplo são mais ou menos como pastores que bebessem a água limpa, mas que, tendo os pés sujos, corromperiam a água em que fazem beber as ovelhas que tem a seu encargo.[209]

Porém, o pastorado cristão teria introduzido algumas novidades. Em primeiro lugar, "o fato de que esse ensino deve ser uma direção

207 Idem, p. 238.
208 Idem, ibidem.
209 Idem, ibidem.

da conduta cotidiana", ou seja, "trata-se não nas de ensinar o que se deve saber e o que se deve fazer", mas de "ensiná-lo não apenas por princípios gerais, mas *por uma modulação cotidiana*"[210]. O ensino teria também que passar "por uma observação, uma vigilância, uma direção exercida a cada instante e da maneira menos descontínua possível, sobre a conduta integral, total, das ovelhas". Tem-se, portanto, "um ensino integral que implica, ao mesmo tempo, um olhar exaustivo do pastor sobre a vida das suas ovelhas"[211].

O segundo aspecto, a segunda novidade introduzida pelo pastorado cristão, seria justamente um tipo peculiar de direção de consciência. A direção de consciência na Antiguidade possuía três características: era voluntária, episódica e visava o controle de si. Sobre a primeira característica, "na Antiguidade, a direção de consciência é voluntária, ou seja, é quem quer ser dirigido que vai ter com alguém e lhe diz: dirija-me". Em suas formas primitivas, inclusive, "a direção de consciência era paga" e os sofistas "tinham barracas de direção de consciência nas praças públicas. A consulta era paga"[212].

Depois, a direção de consciência na Antiguidade era circunstancial, isto é, "ninguém se deixava dirigir a vida inteira e a respeito de todos os aspectos da vida, só quando passava por um mau momento, por um episódio duro e difícil, é que ia consultar um diretor de consciência". Assim, a direção de consciência era "voluntária, episódica, consoladora, e passava, em certos momentos, pelo exame de consciência"[213], sendo que esse exame, prática imanente à direção de consciência, tinha essencialmente um objetivo: "que a pessoa que se examinava pudesse assumir o controle de si mesma, tornar-se senhora de si, sabendo exatamente o que tinha feito e em

210 Idem, ibidem.
211 Idem, p. 239.
212 Idem, ibidem.
213 Idem, p. 240.

que ponto estava do seu progresso". Era, portanto, "uma condição do controle de si".

Na prática cristã, contudo, a direção e o exame de consciência eram totalmente diferentes. Primeiramente, a direção de consciência não era exatamente voluntária. Nos casos dos monges, por exemplo, "a direção de consciência é absolutamente obrigatória, não se pode deixar de ter um diretor de consciência". Depois, não era episódica, circunstancial. "Não se trata de responder a uma desgraça, ou a uma crise, ou a uma dificuldade. A direção de consciência é absolutamente permanente, é a propósito de tudo e a pessoa vai ser dirigida durante toda a vida"[214]. Por último, o exame de consciência

> não tem por função assegurar ao indivíduo o controle de si, compensar de certo modo por esse exame a dependência em que se encontra em relação ao diretor. Vai ser, ao contrário, a coisa inversa. Você só examina a consciência para poder ir dizer ao diretor o que você fez, o que você é, o que sentiu, as tentações a que foi submetido, os maus pensamentos que deixou em si, ou seja, é para melhor marcar, para ancorar melhor ainda a relação de dependência ao outro que se faz o exame de consciência. O exame de consciência na Antiguidade clássica era um instrumento de controle, aqui vai ser ao contrário um instrumento de dependência.[215]

Contradizendo certo senso comum, Foucault não vê nas relações com a salvação, com a lei e com a verdade a característica fundamental do pastorado cristão, mas o fato de ser uma forma de poder que, "pegando o problema da salvação em sua temática geral, vai introduzir no interior dessa relação global toda uma

214 Idem, p. 241

215 Idem, ibidem.

economia, toda uma técnica de circulação, de transferência, de inversão dos méritos".

E complementa:

> Tal como em relação à lei, o cristianismo, o pastorado cristão não vai simplesmente ser o instrumento da aceitação ou da generalização da lei, o pastorado cristão, de certo modo tangenciando a relação com a lei, vai instaurar um tipo de relação de obediência individual, exaustiva, total e permanente. É bem diferente da relação com a lei. E, enfim, em relação à verdade, embora o cristianismo, o pastor cristão, de fato ensine a verdade, embora obrigue os homens, as ovelhas, a aceitar certa verdade, o pastorado cristão inova absolutamente ao implantar uma estrutura, uma técnica, ao mesmo tempo de poder, de investigação, de exame de si e dos outros pela qual certa verdade, verdade secreta, verdade da interioridade, verdade da alma oculta, vai ser o elemento pelo qual se exercerá o poder do pastor, pelo qual se exercerá a obediência, será assegurada a relação de obediência integral, e através do que passará justamente a economia dos méritos e deméritos. Essas novas relações dos méritos e deméritos, da obediência absoluta, da produção das verdades ocultas, é isso que, a meu ver, constitui o essencial, a originalidade e a especificidade do cristianismo, e não a salvação, não a lei, não a verdade.[216]

A pretensão da "modulação cotidiana" das condutas dos cristãos por intermédio do trabalho contínuo de observação e de vigilância vai aproximar a prática do ensino no cristianismo do *panóptico* de Jeremy Bentham. Controlar, supervisionar, para criar e manter a dependência dos dirigidos e dos apascentados em relação aos "diretores de consci-

216 Idem, p. 242.

ência" (o pastor, o professor, o líder); fabricar os corpos e subjetividades dóceis necessários à reprodução da barbárie como insensibilidade, indiferença, desresponsabilização e passividade.

INDIVIDUALIZAÇÃO E SUBJETIVAÇÃO

O exercício do poder pastoral teria inaugurado e assegurado também um modo particular de individualização, definida já não mais "pelo estatuto de um indivíduo, nem por seu nascimento, nem pelo brilho das suas ações", mas, primeiro, "por um jogo de decomposição que define a cada instante o equilíbrio, o jogo e a circulação dos méritos e dos deméritos". Não seria "uma individualização de estatuto, mas de identificação analítica"[217].

Seria também uma individualização por sujeição, que

> vai se dar não pela designação, pela marcação de um lugar hierárquico do indivíduo. Ela não vai se dar, tampouco, pela afirmação de um domínio de si sobre si, mas por toda uma rede de servidões, que implica a servidão geral de todo mundo em relação a todo mundo, e ao mesmo tempo a exclusão do egoísmo como forma central, nuclear do indivíduo.[218]

Ainda, uma individualização "que não vai ser adquirida pela relação com uma verdade reconhecida, mas que, ao contrário, vai ser adquirida pela produção de uma verdade interior, secreta e oculta".[219]

Identificação analítica, sujeição e subjetivação caracterizam "os procedimentos de individualização efetivamente utilizados pelo

217 Idem, ibidem.
218 Idem, p. 243.
219 Idem, ibidem.

pastorado cristão e pelas instituições do pastorado cristão". Constituição de um sujeito "cujos méritos são identificados de maneira analítica, de um sujeito que é sujeitado em redes contínuas de obediência, de um sujeito que é subjetivado pela extração de verdade que lhe é imposta"[220].

DÉSPOTA DE TIPO NOVO

Alexis de Tocqueville era um jovem francês de 31 anos quando embarca, em 1831, para os Estados Unidos. Recebera da monarquia francesa uma missão para examinar prisões e penitenciárias na Nova Inglaterra. Enquanto visitava prisões, viajou pelos Estados Unidos e tomou nota sobre suas observações e reflexões acerca da nascente democracia norte-americana. Ficou nove meses por lá e após retorno à França, publicou em 1935 o primeiro volume de sua obra mais conhecida, *A Democracia na América*. Em 1940, um segundo volume seria publicado.

No primeiro volume, vemos um Tocqueville entusiasmado com as possibilidades da nova civilização em formação e sua forma de governo. No segundo volume, contudo, muda radicalmente de entonação e transparece uma grande preocupação com o futuro das sociedades democráticas, a partir de uma tendência que identificava já naquela época nos Estados Unidos. Mais para o final do segundo volume, que recebe o título *Sentimentos e Opiniões*, Tocqueville conclui que as revoluções serão raras nas sociedades democráticas porque o verdadeiro risco das democracias seria o surgimento do que chamou de *déspota de tipo novo*. O título do capítulo que trata desse assunto é "*Que espécie de despotismo as nações democráticas devem temer*".

220 Idem, ibidem.

O que seria, então, esse *déspota de tipo novo*? Tocqueville vai dizer:

> Parece que, se o despotismo viesse se estabelecer entre as nações democráticas de nossos dias, teria outras características: seria mais extenso e mais doce, e degradaria os homens sem os atormentar.[221]

Primeira característica: um despotismo "mais extenso e mais doce". Se o déspota clássico comporta-se como um vampiro, sugando, na base da violência, os recursos e as energias de uma população, apropriando-se desses recursos e da força de trabalho para seu próprio benefício, o déspota de tipo novo que Tocqueville antevê seria fundamentalmente uma figura paterna, mas uma figura paterna de tipo pervertido, pois infantiliza os sujeitos. E essa infantilização dos sujeitos seria uma segunda característica:

> Acima desses se ergue um poder imenso e tutelar, que se encarrega sozinho de assegurar o proveito e zelar pela sorte deles. É absoluto, detalhado, regular, previdente e doce. Ele se pareceria com o poder paterno se, como este, tivesse por objetivo preparar os homens para a idade viril; mas, ao contrário, procura tão-somente fixá-los de maneira irreversível na infância.[222]

Também um déspota que *cuida*, que não usa da coação e da violência. *Benfazejo*, como diria Foucault sobre o poder pastoral. Esse déspota de tipo novo descrito por Tocqueville no século XIX nos remete à relação do pastor e suas ovelhas. É, de certa maneira, uma espécie de antecedente histórico do que Foucault identificaria, um sé-

221 Alexis de Tocqueville, *A Democracia na América: sentimentos e opiniões*. São Paulo: Martins Fontes, 2000, p. 388.

222 Idem, p. 389.

culo depois, como poder pastoral nos seus estudos genealógicos sobre o Estado moderno.

É notável como Tocqueville, um jovem pertencente à aristocracia francesa, portanto com formação conservadora, em vez de expressar uma posição negativa e refratária em relação à democracia, como era comum entre aristocratas daquela época, a percebe como uma tendência irresistível e, por isso, no lugar de simplesmente opor-se a ela, seria melhor, mais estratégico e inteligente, tratar de orientá-la, de governá-la.

Enquanto o déspota clássico, tirano por definição, poderia ser combatido de maneira relativamente fácil, violência contra violência, o déspota de tipo novo, por outro lado, se revela ainda mais capcioso e perigoso, pois quando os cidadãos pedem para ser governados, e governados cada vez mais – porque querem uma vida confortável sem a fadiga de ter que pensar em cada detalhe –, quando o poder se mostra como um bom pastor que cuida, existe uma tendência para uma progressiva animalização política, uma perda progressiva daquilo que faz de um ser humano um ser humano.

Para o filósofo italiano Sandro Chignola, "o poder pastoral não se mostra um poder tirano, mas essencialmente administrativo. Um produto do desejo de ser administrado, da infantilização permanente do sujeito de direito"[223]. Etimologicamente, a palavra "infância" tem origem no latim *infantia*, do verbo *fari* = falar, onde *fan* = falante e *in* constitui a negação do verbo. Portanto, *infans* refere-se ao indivíduo que ainda não é capaz de falar, que não sabe se expressar por conta própria. "*Quanto mais tutela o poder pastoral, mais descapacita*"[224]. Essa tendência a uma perda gradativa de autonomia do sujeito, perda do

223 Ver https://www.ihu.unisinos.br/categorias/185-noticias-2016/560575-o-poder-democratico-administrativo-e-o-despota-de-tipo-novo-sandro-chingola-analisa-o-poder-pastoral-e-a-governamentalidade

224 Idem, ibidem.

controle de si, é também um dos traços da subjetivação sob o despotismo de tipo novo.

> Trabalha [o déspota de tipo novo] de bom grado para a felicidade deles; mas quer ser o único agente e o único árbitro dela; provê à segurança deles, prevê e garante suas necessidades, facilita seus prazeres, conduz seus principais negócios, dirige sua indústria, regra suas sucessões, divide suas heranças; por que não lhes pode tirar inteiramente o incômodo de pensar e a dificuldade de viver?
> Assim, todos os dias ele torna menos útil e mais raro o emprego do livre-arbítrio; encerra a ação da vontade num espaço menor e defrauda pouco a pouco cada cidadão até mesmo do uso de si.[225]

Aqui vemos, mais uma vez, a semelhança entre a noção foucaultiana de poder *pastoral* e o *despotismo de tipo novo* de Tocqueville. Da mesma forma que, sob o pastorado cristão, a direção e o exame de consciência não tinham por função assegurar ao indivíduo o controle de si, mas "ancorar melhor ainda a relação de dependência ao outro que se faz o exame de consciência [o diretor de consciência]", produzindo a dependência, o tipo de subjetivação própria ao despotismo de tipo novo, nas sociedades liberais e democráticas, também vai produzir dependência.

Sujeitos dessensibilizados, extremamente individualizados, atomizados. Para funcionar, o despotismo de tipo novo necessita de um trabalho de pulverização dos liames sociais e de uma humanidade pós-histórica, solitária e apolítica. Nas palavras de Tocqueville:

225 Idem, p. 390.

> Quero imaginar sob que novos traços o despotismo poderia produzir-se no mundo: vejo uma multidão incalculável de homens semelhantes e iguais que giram sem repouso em torno de si mesmos para conseguir pequenos e vulgares prazeres com que enchem sua alma. Cada um deles, retirado à parte, é como que alheio ao destino de todos os outros: seus filhos e seus amigos particulares formam para ele toda a espécie humana; quanto ao resto de seus concidadãos, está ao lado deles, mas não os vê; toca-os mas não os sente – cada um só existe em si mesmo e para si mesmo e, se ainda lhe resta uma família, podemos dizer pelo menos que pátria ele não tem.[226]

Dessensibilização, sentir-se e portar-se "como que alheio ao destino de todos os outros" é essencialmente "a" característica do que estamos a chamar, seguindo sugestão de Theodor Adorno, de *barbárie*. O poder pastoral é também um poder individualizante. Não podemos deixar de perceber, no desenvolvimento histórico da doutrina reformada do sacerdócio universal dos santos (crentes), a atribuição de um sentido individualizado e individualizante ao que se passou a entender como "vida cristã" ou "vida espiritual", quando a relação pessoal e individual que cada cristão mantém com Deus ganha centralidade e se autonomiza em relação às demais dimensões e relações que envolvem a fé e práticas cristãs.

Embora a nascente sociedade norte-americana que Tocqueville conheceu estivesse marcada pela presença dos puritanos calvinistas que emigraram da Europa, ele não está a tratar de religião, mas do despontar de um novo tipo de poder e de um processo de subjetivação que lhe corresponde, em democracias liberais, à semelhança da que estava nascendo nos Estados Unidos na primeira metade do século XIX.

226 Idem, p. 389.

De igual modo, Foucault situa o poder pastoral como semente e antecedente para a governamentalidade que viria ser característica do Estado moderno. Uma arte de governar que, embora inicialmente circunscrita à esfera do cristianismo, transborda para o mundo dos governos civis no Ocidente.

Nessa arte de governar, os governantes passam a atuar como pastores e os cidadãos, como ovelhas. Um poder, portanto, que "não quebra as vontades, mas amolece-as, submete-as e dirige-as"; que "raramente força a agir, mas opõe-se sem cessar a que se aja". Um poder que não tiraniza, mas "incomoda, oprime, desvigora, extingue, abestalha e reduz enfim cada nação a não ser mais que um rebanho de animais tímidos e industriosos, de que o governo é o pastor".[227]

O despotismo de tipo novo se aloja, como um parasita, à "sombra mesma da soberania do povo", combinando, de forma paradoxal e esquisita, centralização de poder com soberania popular, numa solução de compromisso que lhe permita exercer uma "espécie de servidão regrada, doce e calma" que convive relativamente bem com formas externas da liberdade.[228]

É digno de nota como no século XIX, no nascedouro, portanto, das democracias modernas, Tocqueville consegue discernir premonitoriamente o que viria a ser denominado muito tempo depois de "crise das democracias liberais", algo que despontaria com força e de forma mais explícita somente a partir do século XX, com o surgimento de formas mais avançadas do capitalismo. Uma crise caracterizada por um distanciamento cada vez maior entre representantes e representados, com esses últimos perdendo paulatinamente o controle social sobre os primeiros; crise de uma época em que a igualdade política expressa pela injunção "um homem um voto" se torna letra morta.

227 Idem, p. 390.
228 Idem, ibidem.

Talvez o resultado mais saliente desse processo histórico de desgaste e corrosão das democracias eleitorais e liberais seja a impotência dos cidadãos. As democracias liberais se transformam num grande teatro, num enorme jogo de cena, um faz de conta onde uma plutocracia perpetua seus privilégios e poderes político e econômico sobre uma massa tutelada e sem capacidade efetiva de exercer o controle social.

Tocqueville anteviu, de certa forma, esse momento de crise das democracias liberais.

> Nossos contemporâneos são incessantemente trabalhados por duas paixões inimigas: sentem a necessidade de ser conduzidos e a vontade de permanecer livres. Não podendo destruir nem um nem outro desses instintos contrários, esforçam-se para satisfazer ambos ao mesmo tempo. Imaginam um poder único, tutelar, onipotente, mas eleito pelos cidadãos. Combinam a centralização com a soberania do povo, o que lhes proporciona certa trégua. Eles se consolam de estar tutelados pensando terem eles próprios escolhido seus tutores. Cada indivíduo suporta que o prendam, porque vê que não é um homem nem uma classe, mas o próprio povo que segura a porta da cadeia.
>
> Nesse sistema, os cidadãos saem um momento da dependência para indicar seu senhor e voltam a entrar nela.
>
> Há em nossos dias muita gente que se acomoda facilmente com essa espécie de compromisso entre o despotismo administrativo e a soberania do povo e que pensa ter garantido a liberdade dos indivíduos quando a entregam ao poder nacional.
>
> Quando o soberano é eletivo ou vigiado de perto por uma legislatura realmente eletiva e independente, a opressão que ele faz os indivíduos suportar às vezes é maior; mas é sempre menos degradante porque cada cidadão, quando o constrangem e o reduzem à impotência, ainda

> pode imaginar que, ao obedecer, está se submetendo a si mesmo e que é a uma de suas vontades que sacrifica todas as outras.[229]

Tocqueville protesta:

> Isso não me basta. A natureza do senhor me importa muito menos do que a obediência.[230]

Está clara, contudo, sua perspectiva política liberal, quando se refere quase que exclusivamente ao Estado, que ele chama de "poder nacional" e "poder central", como o inimigo que ameaça as liberdades individuais. Mas o ponto que quero destacar é como Tocqueville antecipa um momento futuro que seria marcado por um modo de vida no qual o cidadão seria um sujeito que é levado, cada vez mais, "a renunciar ao uso de sua vontade".

> É inútil encarregar esses mesmos cidadãos, que foram tornados tão dependentes do poder central, de escolher de vez em quando os representantes desse poder; esse uso tão importante, mas tão curto e tão raro, de seu livre-arbítrio, não impedirá que percam pouco a pouco a faculdade de pensar, de sentir e de agir por si mesmos, e que caiam assim gradualmente abaixo do nível da humanidade.[231]

A visão de Tocqueville é completamente pessimista em relação às possibilidades das democracias, onde os cidadãos são tão assim dependentes. "É inútil". Não há futuro para as democracias se o sujeito não se emancipa, não recobra, de fato, sua soberania sobre sua von-

229 Idem, pp. 390-391.
230 Idem, p. 391.
231 Idem, p. 392.

tade. É perda de tempo. Mais ainda, é inútil pensar em democracia e em liberdade quando o homem foi reduzido a algo que está "abaixo do nível da humanidade", quando se torna um morto-vivo, quando perde sua sensibilidade. Em outras palavras, quando se barbariza.

As conclusões a que chega Tocqueville depois de nove meses de imersão na nascente sociedade norte-americana da primeira metade do século XIX reverberam com conclusões a que chegaram mais tarde, nos anos 1940, Theodor Adorno e seus colegas da Universidade de Berkeley com os *Estudos sobre a Personalidade Autoritária*. Partindo da questão, "seria possível um fenômeno análogo ao nazifascismo em um país democrático como os Estados Unidos?"[232], chegam à surpreendente e angustiante conclusão de que a barbárie é mais um traço distintivo e imanente do modo de existência da civilização ocidental do que um atributo de uma personalidade individual: "Se a barbárie encontra-se no próprio princípio civilizatório, então pretender se opor a isso tem algo de desesperador".

Experimentar vários sistemas eleitorais, diferentes formas de governo, seria, diria Tocqueville a Adorno numa conversa imaginada, buscar respostas no lugar errado.

> Depois de ter esgotado todos os diferentes sistemas de eleição, sem encontrar um que lhes convenha, se espantam e continuam procurando – como se o mal que notam não decorresse muito mais da constituição do país do que da constituição do corpo eleitoral.[233]

O que Tocqueville está a dizer poderia ser assim resumido: o problema está do lado do sujeito, dos cidadãos, que ele cha-

232 Theodor W. Adorno, Estudos sobre a personalidade autoritária. São Paulo: Editora Unesp, 2019, p. 18.

233 Alexis de Tocqueville, *A Democracia na América: sentimentos e opiniões*. São Paulo: Martins Fontes, 2000, p. 392.

ma coletivamente de "corpo eleitoral". O problema é a cabeça, a mentalidade das pessoas, seus valores, como elas sentem, como experimentam o mundo. É no mínimo curioso como Foucault e Tocqueville, um filósofo militante e politicamente de esquerda do século XX e um aristocrata liberal do século XIX, têm a atenção voltada para o mesmo objeto: o sujeito e sua constituição.

Tocqueville, talvez movido pela paixão da juventude, se vale de palavras bem duras para se referir a esse sujeito tutelado, sem autonomia, infantilizado e abestalhado. Refere-se à "imbecilidade dos governados"[234] que está destinada a arruinar qualquer governo liberal que adotasse uma constituição republicana.[235]

A INVERSÃO DAS MONSTRUOSIDADES

O filósofo francês Frédéric Gros escreveu um livro extraordinário intitulado *Desobedecer*[236]. Nele, Gros reconta a história, presente na obra *Os irmãos Karamázov* de Dostoiévski, sobre a volta de Jesus ao mundo.

Na história que o personagem Ivan conta a seu irmão Aliócha, "Cristo volta, mas poderíamos quase dizer: às escondidas".

> Sem trombeta de apocalipse, delicadamente ele se introduz numa manhã de verão entre os sevilhanos. Estamos no século XVI, na Espanha, no tempo da Inquisição. A brisa da manhã ainda revolve as cinzas restantes das fogueiras nas quais, na véspera, foram queimados os hereges. Cristo volta, caminha, transita entre os pedestres, os habitantes. Mudo, mas sua presença, seu sorriso, seu olhar por si sós já revelam o essencial

234 Idem, p. 393.

235 Theodor W. Adorno, Educação e Emancipação. São Paulo: Paz e Terra, 2011, p. 120.

236 Frédéric Gros, *Desobedecer*. São Paulo: Ubu, 2018.

> e sua identidade: todos o reconhecem de pronto. E o povo, imediatamente reunido em torno do Filho do Homem regressado aos seus, forma uma coorte alegre, cantante, esperançosa. Lá estão eles na praça de Sevilha, no adro da catedral. Cristo caminha com suavidade, dispensa a sua volta o milagre de sua presença, enquanto em torno dele todos choram de alegria e dão graças.

Na mesma praça, Ivan percebe uma "silhueta magra". Um velho espia, "vê a cena, um velho de noventa anos, encurvado, face cinza lavrada de rugas, olhos esbraseados, um surrado hábito de aniagem". É o Inquisidor. E ele compreende.

> Ele reage imediatamente, dá ordens. Um pelotão fende a multidão, e o povo, que um segundo antes aclamava e louvava, súbito se cala, tranca-se num silêncio temeroso, abre passagem aos esbirros que imediatamente procedem à segunda detenção de Cristo por ordem do velho dominicano, o "Grande Inquisidor". O Filho do Homem é conduzido às prisões do Santo Ofício.

À noite, o Inquisidor vai até o cárcere. Entra. "A porta torna a se fechar atrás dele, o dominicano examina o rosto de seu prisioneiro, articula a pergunta: És tu? Que logo denuncia: Não respondas. Em seguida interroga diretamente: Por que vieste nos atrapalhar?".[237]

Dá-se, então, o discurso do Grande Inquisidor:

> Discurso do Grande Inquisidor, monólogo interminável – pois Cristo permanecerá mudo até o fim. Se Cristo ameaça "atrapalhar" de novo

237 Idem, pp. 21-22.

– e é uma autoridade da Igreja quem o acusa! –, é porque certa tranquilidade e conforto tinham finalmente sido instalados na e pela Igreja Católica contra a própria mensagem crística. E isso para preencher uma brecha de angústia que ele teria provocado, para corrigir um erro infeliz que teria cometido!

Mas que erro?

Ele está, denuncia o Inquisidor, em três evitações, três recusas dirigidas ao próprio Diabo, a Satã. O episódio, sabe-se, encontra-se em São Lucas e em São Mateus. E o Inquisidor não para de dizer a Cristo: "Lembra-te, recorda-te do que recusaste ao Tentador".

O Diabo tinha se apresentado perante um Cristo enfraquecido por um longo jejum no deserto e lhe propusera o poder de transformar as pedras em pão, ao que o Filho de Deus respondeu: "Não, nem só de pão vive o homem". O Diabo, mais uma vez, tendo levado Jesus ao alto do templo, pediu-lhe que se atirasse daquela altura, pois está escrito que anjos o susterão para evitar a queda. E, desse modo, ele verificará que é exatamente aquele que diz ser. Ao que Jesus retorquiu: "Não, pois está escrito para não tentar seu Senhor Deus". Por fim, de uma montanha com vista para o planalto e as colinas, o Diabo lhe mostrou todos os reinos do mundo e lhe propôs o poder universal com a condição de se prosternar diante dele. E Cristo lhe responde: "Não, pois só sirvo e adoro a Deus".

Três recusas, portanto, três "não" a três tentações que o Inquisidor relê como produções de obediência que Cristo desdenha, despreza, rejeita como contrárias ao que ele exige da parte de cada um: uma fé autenticamente livre.

A primeira das três tentações, a dos pães, é "a da produção de obediência pelo estômago: a humanidade tem fome, a humanidade só conhece a gratidão da barriga".

> Ora, tu, continua o Inquisidor no poema de Ivan, tu querias uma fé pura, uma adesão que não estivesse vinculada à necessidade. Exigias que eles te amassem livremente, que preferissem o pão celeste! Desse modo, os mergulhaste na angústia. Nossa tarefa, nós que sabemos que os homens querem ser antes de tudo saciados, foi pôr a humanidade a trabalhar: foram eles que transformaram as pedras em pão. Trabalharam duro. Por seu esforço fizeram crescer o trigo em terras áridas. Nós nos apossamos do fruto de seu trabalho e lhes redistribuímos uma ínfima parte. E eles nos agradeceram. Primeiro porque, ao nos instituir senhores da redistribuição, pusemos um termo a suas intrigas, às brigas, aos ciúmes. Eles nos agradeceram. E era preciso ver como estavam felizes em adorar essa mão que, no entanto, não fazia mais que restituir uma parte ínfima do que lhes havíamos roubado! Mas eles só viam isto: a mão estendida para eles. E esqueciam que o pão tinha sido feito por eles. Desde que pudessem adorar um benfeitor e se fartar de obediência.

A segunda tentação é a "da verificação objetiva, definitiva, válida para todos": o diabo o coloca na parte mais alta do templo e diz: "Se você é o Filho de Deus, jogue-se daqui para baixo. Pois está escrito: 'Ele dará ordens a seus anjos a seu respeito, para lhe guardarem'". Se Jesus salta, produz "a prova objetiva, material, visível para todos" de que é mesmo o Eleito, o Anunciado.

> E mais uma vez Cristo recusa, como se fosse ainda demais, como para dizer que a fé autêntica exige um trabalho interminável de aprofun-

damento e superação das inquietações, que é preciso verificar interiormente, e não se basear em certezas autenticadas, "garantias verdadeiras" que outros forneçam. O Inquisidor se enfurece: será realmente responsável fazer com que cada indivíduo carregue o peso do verdadeiro, exigir de um povo ignorante e medroso que verifique sua fé, esse povo já oprimido pelas preocupações diárias? Por isso a Igreja institui, nomeia especialistas, "verificadores". Aqueles que podem se dirigir às massas e lhes dizer: eis no que é preciso crer e não crer, o que é preciso pensar e não pensar, já efetuamos a verificação, certamente não precisam fazer por vocês mesmos. E o povo aqui de novo agradece, livre do peso de ter de julgar por si mesmo.

E a última tentação: "o Diabo promete a Cristo o poder temporal, o Império universal".

E mais uma vez Cristo recusa: ele não poderia reinar sobre um povo de escravos, ele exige crentes livres. Mas qual o quê, replica o Inquisidor, será preciso ser assim tão duro, desumano, inconsciente para recusar ao povo a alegria imensa, insubstituível de serem todos submissos ao mesmo senhor? Haveria outra maneira de estar realmente juntos senão na submissão, na adoração comuns?

Com tudo isso, chega-se à lição "demasiada humana":

É só na obediência que nos agrupamos, que nos assemelhamos, que não nos sentimos mais sós. A obediência faz comunidade. A desobediência divide. Não há outro meio de nos saber e nos sentir unidos a não ser sujeitarmo-nos ao mesmo jugo, ao mesmo chefe: doçura infinita, calor aconchegante do rebanho que se acerca de um pastor único. Cristo parece ignorar a que ponto ser livre nos torna desesperadamen-

> te sós. Mas eis que esse Cristo altivo, idealista, elitista recusou enfaticamente as tentações do Diabo. Ele preferiu "oferecer" à humanidade a liberdade. Presente envenenado, carga mortal, dádiva dolorosa.
>
> Cristo recusa constituir-se como Mestre de Justiça na partilha dos bens, como Mestre de uma Verdade garantida para todos e objetivamente verificada e como Mestre de Poder subjugante e agregador. Em suma, Cristo não quer produzir obediência; ele exige de cada um essa liberdade na qual acredita que esteja a dignidade humana.
>
> Mas, vejam, essa liberdade – como se diz: honra da condição humana, essência inalienável –, essa liberdade ninguém quer, pois o que é ela senão uma vertigem insustentável, um fardo insuportável? Ter na consciência a carga de nossas decisões, sentir nos ombros o peso de nossos julgamentos, pensar que cabe a nós, a cada um, na solidão de sua consciência, escolher, ter de contar apenas consigo mesmo, sempre, em caso de fracasso ou de derrota, é muito penoso. Pode-se pedir razoavelmente à multidão ignorante e covarde, ao povo embrutecido e inocente que carregue esse peso? Essa exigência é inconsiderada, esse elitismo é irresponsável, inútil. Cristo pede em demasia. A tal ponto que nós nos perguntamos se ele sabe com quem está lidando: a humanidade.

E arremata o Inquisidor:

> Nós – a elite séria e responsável – amamos realmente os homens, assumimos o encargo de sua liberdade. E eles a depositaram a nossos pés com entusiasmo, alívio, gratidão. Contaram conosco para dizer a verdade, para decretar as regras de justiça, para designar um objeto comum de adoração. Sabiam que, aceitando simplesmente obedecer, submetendo-se, conheceriam a doçura, o conforto de não ser mais responsáveis – será preciso reconsiderar esse nó que ata obediência e desresponsabilidade. E nós, homens de Igreja, traímos sua mensagem

> por amor a eles, por piedade aos humildes, porque sabíamos que eles eram incapazes, impotentes, frágeis, e sabíamos que pediam sobretudo a segurança de saber que decidíamos por eles. Amar de verdade é proteger, e não exigir o impossível. Amar de verdade é privar de liberdade aqueles que são decididamente incapazes de usufruí-la.

E em desfecho enigmático, após o velho Inquisidor terminar o seu discurso "Cristo continua mudo. Ele olha demoradamente seu "servidor", dirige-se lentamente para ele e deposita um beijo nos lábios exangues do ancião".[238]

O Cristo veio. Rejeitado e acusado novamente pelos homens da religião. Múltiplas acusações, que podem ser assim sintetizadas: Cristo, idealista, pede em demasia por não conhecer e não amar, de verdade, a humanidade. Basicamente, seu problema é não querer "produzir obediência", mas exigir "de cada um essa liberdade na qual acredita que esteja a dignidade humana". Que essa humanidade incompreendida e pressionada pelo Cristo dos ideais encontre alívio e descanso nos braços acolhedores do pastor cristão, de déspotas de tipo novo! Diria o Inquisidor.

Depois de nos fazer imaginar com *Dostoiévski*, Gros chama nossa atenção para uma ruptura histórica.

> Em seu Denktagebuch [Diário de pensamento], na data de maio de 1967, Hannah Arendt copia uma frase de Peter Ustinov que ela leu na edição de 7 de fevereiro da New Yorker: "Durante séculos, os homens foram punidos por desobedecer. Em Nuremberg, pela primeira vez, homens foram punidos por terem obedecido. As repercussões desse precedente estão começando a se fazer sentir"[239].

238 Idem, pp. 22-26.
239 Idem, p. 27.

A frase de Peter Ustinov aponta para uma transição, que Hannah Arendt designa de "banalidade do mal" e Gros prefere chamar de "a inversão das monstruosidades"[240].

No início, argumenta Gros, "haveria a posição que consiste em colocar a desobediência do lado das formas da rusticidade selvagem, da bestialidade incontrolável. Desobedecer é manifestar uma parte em nós de animalidade estúpida e rude"[241]. Tradicionalmente, o ato de desobedecer esteve ligado à ideia da manifestação de uma parte animal, bestial no ser humano; àqueles que eram tidos como anormais ou incorrigíveis, gente "incapaz de se submeter às normas do coletivo, de aceitar as regras sociais, de respeitar as leis públicas". De acordo com essa visão pré-Nuremberg, a desobediência "constituiria nosso primeiro estado", no qual seríamos, por natureza, "refratários à regra"[242].

Em outras palavras, "se é o animal em nós que nos faz desobedecer, então obedecer é afirmar nossa humanidade"[243].

Até mesmo Immanuel Kant acreditava que a disciplina, marcada pela docilidade e obediência incondicional, era necessária para se chegar a um estágio posterior de "autonomia, aquisição de juízo crítico". Gros cita Kant (em *Sobre a pedagogia*), acerca das obediências voluntária e absoluta:

> Esta última, a voluntária, é importantíssima; mas a primeira [a obediência absoluta] é absolutamente necessária, porque prepara a criança para o respeito às leis que deverá seguir certamente como cidadão, ainda que não lhe agradem[244].

240 Idem, ibidem.
241 Idem, ibidem.
242 Idem, p. 30.
243 Idem, p. 28.
244 Idem, p. 30.

Assim, a obediência cega prepararia "o futuro sujeito político para a aceitação das leis com as quais ele não concordaria. Educa-o para a resignação política"!

A partir da primeira modernidade, na contraposição do homem civilizado com a selvageria, "a obediência é pensada como o que nos humaniza – e a desobediência é monstruosa"[245].

Após a experiência dos regimes totalitários do século XX e seus genocídios, contudo, opera-se uma inversão cultural e um deslocamento na ideia de monstruosidade, que passa a ser relacionada à obediência. Talvez o exemplo mais emblemático dessa *monstruosidade de tipo novo* seja *Eichmann*, burocrata da máquina de morte nazista. Perante o tribunal de Jerusalém, ele não compreende porque estava sendo julgado e condenado por ter obedecido ordens, por ter feito "seu trabalho técnico". Em suas palavras: "Não posso ser responsabilizado, pois não vejo por que eu seria punido por ter assassinado seguindo ordens recebidas"[246].

> A experiência totalitária evidenciou uma monstruosidade inédita: a do funcionário zeloso, do executor impecável. Monstros de obediência. Refiro-me aqui à "segunda modernidade" porque a razão que regula sua conduta não é mais a dos direitos e dos valores, do universal e do sentido. É a razão técnica, eficaz, produtora, útil. A razão da indústria e das massas, da administração e dos escritórios. A razão gestora, a racionalidade fria, anônima, glacial, impessoal do cálculo e da ordem. Não se trata mais da antiga utopia: escutar e seguir a voz da razão universal em vez de permanecer na servidão dos instintos primitivos. Não; trata-se aí de se fazer autômato.[247]

245 Idem, p. 31.
246 Idem, ibidem.
247 Idem, p. 32.

A partir dessa segunda modernidade, "a oposição já não é entre o homem e o animal, mas entre o homem e a máquina". Então, de súbito, agora "é a desobediência que humaniza".

Como nunca houve no desenvolvimento histórico do cristianismo uma Reforma ou revolução antipastoral, as relações no interior da maioria das comunidades de fé, ainda hoje, se dão num ambiente social modulado pelo poder pastoral, onde o pastorado cristão organiza tudo o mais a partir de sua centralidade. Sob a relação pastor-ovelha, os cristãos continuam a experimentar um processo de infantilização, de abestalhamento, como diria Tocqueville, de crescente perda de autonomia.

Submetido diuturnamente a um discurso despolitizador por parte de lideranças eclesiásticas, que reafirmam, exemplificando seus argumentos com textos bíblicos retirados de contexto, que a política é uma esfera pertencente à ordem decaída e hostil a Deus e, por conseguinte, proibida a todo cristão piedoso, esse indivíduo tenderá a assumir posturas de passividade, de indiferença em relação aos problemas sociais mais candentes da sociedade, como a fome, as desigualdades, as violações dos direitos humanos, a exploração dos trabalhadores, as restrições à liberdade de expressão, de imprensa e de cátedra. Como tudo isso foi posto, por meio de teologias que se hegemonizaram no meio cristão, no plano "do mundo", aquele ou aquela que se envolve com essas questões seria um cristão incauto e carnal, que se deixou levar por ideologias políticas, que se desvia daquilo que deveria ser sua única preocupação: a salvação de sua alma e a evangelização.

O saldo de todo esse processo é a manifestação de uma barbárie "cristã", fundamentada de alguma maneira na doutrina e na teologia, cuja marca principal é uma brutal insensibilidade que prepara o cristão assim subjetivado a encarar com bastante naturalidade as mais abjetas violências e atrocidades produzidas pela espécie humana.

CAPÍTULO IV

A GENITÁLIA

Tudo agora é pandemia. Tem que acabar com esse negócio, pô! (...) tem que deixar de ser um país de maricas*!*[248]

No dia 7 de setembro de 2022, durante a celebração dos 200 anos de independência do Brasil, o então presidente da República Jair Bolsonaro, acompanhado da esposa, puxava do palanque o coro: "Imbrochável! Imbrochável! Imbrochável!". Não seria a primeira vez que ele utilizaria o termo. Em maio de 2018, ainda como pré-candidato ao cargo de presidente, disse em discurso na Federação das Indústrias do Rio Grande do Norte (FIERN): "Tenho certeza, eu sou imbrochável, não vou sair de combate". Em setembro de 2019, já presidente, Bolsonaro diria para apoiadores na entrada do Palácio da Alvorada: "Eu sou imbrochável". Em fevereiro de 2020, disse a jornalistas: "Não estou preocupado com reeleição (...) Não vou brochar para atender vocês pensando em reeleição. Eu sou imbrochável". Novamente em maio de 2021: "Fique tranquilo. Já falei que sou imorrível, imbrochável e também sou incomível". Em agosto desse mesmo ano ele ostentava uma medalha que trazia sua imagem com os seguintes dizeres: "Clube Bolsonaro – Imorrível, imbrochável e incomível".

A linguagem hiperssexualizada, utilizada à exaustão por Jair Bolsonaro, é, além de sintoma de uma masculinidade frágil,

248 Jair Bolsonaro, em 10 de novembro de 2020.

manifestação do ideal de hombridade viril, compartilhado por tradicionalistas e neoconservadores, entre os quais vários segmentos dos evangélicos. Bolsonaro representa, na retórica, esse ideal do macho alfa, da masculinidade viril e bruta, enfim, do homem "como deve ser".

JOHN WAYNE

À semelhança de Donald Trump nos Estados Unidos, no Brasil, Bolsonaro encarna no nível retórico o ideal de hombridade, de masculinidade, valorizado pela maioria dos evangélicos. Muita gente o elegeu como "mito" não porque tenha corpo de fisioculturista e exale testosterona pelos poros, mas por sustentar em discurso o ideal compartilhado do homem agressivo que protege a fé, a família e a nação cristã. Como acontece com Trump, pouco importa se Bolsonaro, em sua vida pessoal, seja a antítese da moralidade cristã tradicional: múltiplos casamentos, histórico de vida sexual desregrada e uso frequente de linguagem chula.

A historiadora Kristin Du Mez estudou nos Estados Unidos o processo de simbiose entre cultura secular e cultura evangélica[249]. Em seu livro *Jesus e John Wayne* ela destaca o papel do ideal militarista de masculinidade cristã no movimento de aproximação e identificação de evangélicos brancos com a figura de Donald Trump. Deus é retratado como um Deus guerreiro e o homem, sendo feito à sua imagem e semelhança, deve refletir esse traço da divindade. "Precisamos de um líder forte, de um homem robusto e cheio de testosterona!", assim se expressavam os evangélicos brancos que apoiavam Donald Trump em 2016. Trump era visto pelos evangélicos como aquele que tinha a

249 Kristin Kobes du Mez, *Jesus e John Wayne*. Rio de Janeiro: Thomas Nelson Brasil, 2022.

agressividade e a coragem necessárias para proteger a fé, a família e a nação. O próprio Trump já havia prometido proteger o cristianismo, proteger os conservadores evangélicos brancos e seus valores. Trump era o homem perfeito para a tarefa, precisamente por ser alguém que não estava limitado e constrangido pelas "virtudes cristãs" tradicionais, sendo impiedoso e inescrupuloso o suficiente para fazer o que precisava ser feito, como Bolsonaro no Brasil.

Uma observação sobre a tradução brasileira do livro da Kristin Du Mez. O subtítulo da edição original em inglês é "How White Evangelicals Corrupted a Faith and Fractured a Nation" (Como evangélicos brancos corromperam uma fé e fraturaram uma nação). Estranhamente, a edição brasileira trouxe a seguinte tradução para o subtítulo: "Como o evangelho foi cooptado por movimentos culturais e políticos". Essa tradução altera substancialmente o sentido original dado pela autora. Na frase original, quem corrompe a fé e fratura a nação são os "evangélicos brancos"; na tradução, o sujeito da ação de "cooptar" são os "movimentos culturais e políticos", o que deixa a impressão de que Du Mez estaria sustentando a tese de uma contradição fundamental e geral entre o evangelho e movimentos culturais e políticos, o que não é verdade. Quando se lê a obra da autora, fica evidente que o grande vilão da história – aquele que corrompe a fé cristã – são os evangélicos brancos, e não os movimentos culturais e políticos em geral. Em entrevista ao *The Dispatch Podcast*, quando perguntada sobre a razão de tanto enfatizar no seu livro o qualificativo "branco" – quando fala sobre o homem branco, evangélicos brancos e evangelicalismo branco –, Du Mez responde: "É importante para mim tornar a brancura visível neste livro, porque para muitos evangélicos brancos a brancura é absolutamente invisível". O tradutor da edição brasileira do livro, de forma intencional ou involuntária, não sabemos, acaba dando expressão à crença, muito comum entre evangélicos conservadores no Brasil, em um incontornável antagonismo entre evangelho e cultura.

Du Mez rejeita a tese de que os evangélicos brancos e conservadores norte-americanos que apoiaram a candidatura de Donald Trump o tenham feito contra seus valores ou apesar de seus valores, mas precisamente por causa dos valores que abraçam.

> O apoio evangélico a Trump não se tratava apenas de uma aberração ou de uma escolha meramente pragmática. Tratava-se, antes, do ápice evangélico de uma masculinidade militante, de uma ideologia que consagra a autoridade patriarcal e tolera demonstrações insensíveis de poder, no próprio país e fora dele. Quando Trump entra em cena, proclamando a si mesmo salvador, os evangélicos brancos e conservadores já haviam trocado uma fé que privilegia a humildade e eleva "o menor dos meus irmãos" por uma crença que ridiculariza a gentileza, relegando-a a uma província de covardes. Em vez de dar a outra face, escolheram defender sua fé e sua nação, confiantes em sua crença de que os fins justificam os meios. Após substituírem o Jesus dos evangelhos por um Cristo-guerreiro vingativo, não causa admiração que muitos tenham passado a pensar em Trump dessa maneira. Em 2016, diversos observadores ficaram perplexos com a aparente traição evangélica de seus próprios valores. Contudo, na realidade, os evangélicos não votaram a despeito de sua fé, mas justamente por causa dela.[250]

Muitos analistas no Brasil, tomados pela perplexidade de ver milhares de evangélicos apoiando Bolsonaro nas eleições de 2018, procuraram descrever o fenômeno simplesmente como um caso de manipulação da opinião pública por meio de maciça disseminação de *fake news* em redes sociais ou como resultando de processos de

250 Idem, p. 27.

lavagem cerebral levados a termo por pastores inescrupulosos no contexto das igrejas. As teses sobre o recente protagonismo político dos evangélicos, que pareciam mais plausíveis, pelo menos num primeiro momento, eram as do engano, da ignorância e do pragmatismo. Ou os apoiadores evangélicos de Bolsonaro foram ludibriados pelas mentiras bolsonaristas ("O comunismo de esquerda ameaça nossa democracia e nossa liberdade religiosa"; "Se o Partido dos Trabalhadores ganhar as eleições, as igrejas serão fechadas"; "A esquerda está aliciando nossas crianças"; "O governo do PT distribuiu o Kit Gay nas escolas") ou se comportaram daquela maneira porque são burros ou porque agiram com pragmatismo no segundo turno das eleições, votando no único candidato que poderia impedir mais um governo "ateu".

Poucas foram as análises que identificaram problemas mais fundamentais com o tipo de cristianismo e visão de mundo "cristã" que se hegemonizaram nesse segmento religioso, e que poderiam explicar de forma mais precisa e apropriada o recente protagonismo político dos evangélicos conservadores. Poucos ainda são os pesquisadores evangélicos do campo progressista que se arriscam a mergulhar nas raízes de sua tradição religiosa, para escavar os substratos de práticas e ideias, a fim de encontrar respostas.

Depois de algumas escavações, acredito que o recente protagonismo político da maioria dos evangélicos brasileiros é mesmo um caso de identificação (com o pacote ideológico do bolsonarismo), e menos de traição de valores "cristãos", à semelhança do que concluiu Kristin Du Mez acerca dos evangélicos brancos e conservadores norte-americanos.

Para Du Mez, o nacionalismo cristão norte-americano está vinculado à ideia de uma masculinidade militarizada e viril. De acordo com ela, com a formação da Associação Nacional dos Evangélicos, em 1942, houve um grande investimento em comunicação de massa – rádio, publicação de livros, programas de TV, etc. – para difusão da cultura cristã evangélica. O evangelista Billy Graham, face do novo evangelicalismo daquele momento, se tornaria figura fundamental nesse movimento de difusão cultural. O período da Segunda Guerra Mundial se mostrava um momento propício para a combinação entre evangelismo e nacionalismo cristão. Billy Graham sintetiza em si as "qualidades" de um líder eclesiástico pró-guerra e pró-cristianismo. Naquele período do pós-guerra, o comunismo era visto como uma ameaça real para o país, por ser um regime e uma ideologia anti-América, e para o cristianismo, por sua natureza anti-Deus e anti-família. É nesse contexto de Guerra Fria que os evangélicos conservadores buscam afirmar sua posição na cultura e sociedade americanas, levando-os a uma aproximação do *mainstream* cultural. É quando um segmento relativamente marginalizado até então, os evangélicos brancos, passa a ter acesso a espaços de poder como a Casa Branca, principalmente através da pessoa de Billy Graham.

As coisas caminhavam muito bem para os evangélicos conservadores brancos, até estourarem, nos anos 1960, os movimentos por direitos civis, feminista e de contestação da Guerra do Vietnã, um desafio para o *status quo* racista do Sul dos EUA, composto em boa medida por evangélicos brancos. O movimento feminista desafiava os valores tradicionais cristãos. A guerra do Vietnã levou muitos norte-americanos a questionar a ideia de bondade e grandiosidade da América. É quando os evangélicos conservadores, considerando-se o "remanescente fiel", dobram a aposta: mais pró-guerra, mais pró-militar e com Billy Graham como um dos principais porta-vozes do movimento.

Neste momento de tensão social, os evangélicos se mobilizam como um movimento partidário. Não era incomum ver pastores, especialmente batistas do Sul, à frente de um movimento realmente partidário, com a migração do partido Democrata para o partido Republicano. Líderes religiosos estavam na base do processo de construção de um movimento político.

Du Mez toma emprestada a figura de John Wayne, ícone do cinema hollywoodiano entre os anos de 1927 e 1976, como um símbolo dessa masculinidade viril e militarizada. Nas décadas que atuou como ator, Wayne fazia filmes do gênero Western. Ele acabou por se tornar uma referência em termos de padrão masculino. De aparência forte, rude e sempre empunhando um rifle, era defensor das moças frágeis e desamparadas e dos fracos e oprimidos, principalmente no oeste norte-americano.

John Wayne (Marion Robert Morrison) era, na vida real e nas telas do cinema, pró-guerra, anti-hippie e explicitamente racista. Nos seus filmes, sempre representava o herói que traz a ordem por meio da violência, geralmente subjugando alguma população não branca. O oeste selvagem contra os americanos nativos: Green Berets (forças especiais do Exército dos Estados Unidos) contra os vietnamitas e Álamo contra os mexicanos. John Wayne se coloca como símbolo para os conservadores seculares, mas seus valores também foram abraçados, particularmente a afirmação da autoridade do patriarcado branco, por conservadores evangélicos. A solução para todas aquelas "desordens" (direitos civis, liberalização feminina e cultura hippie anti-guerra) dos loucos anos 1960 estaria na afirmação da autoridade do patriarcado branco.

Avançando no tempo, o atentado às torres gêmeas em 11 de setembro de 2001 foi determinante para transformar a conhecida expressão "todo homem precisa de uma batalha para lutar", de mera metáfora em convocação para engajar-se na guerra do bem contra o mal, civilização contra barbárie. Os evangélicos brancos norte-americanos tinham, enfim, sua batalha. Após o 11 de setembro acontece uma explosão de literatura e sermões sobre como ser um homem cristão, uma idealização extremamente militarista da masculinidade. Vinculava-se explicitamente o 11 de setembro com a ameaça do Islã radical.

LÍDER FORTE

Além da centralidade que passou a assumir a figura do pastor, nas comunidades cristãs, desde os séculos III e IV, durante o século XX as palavras *líder* e *liderança* passaram a povoar a linguagem e o imaginário cristãos. Segundo o historiador Yves Cohen[251], a emergência da figura do *chefe* teria acontecido quase que simultaneamente em vários países no final do século XIX e início do século XX. "Em cada um deles [dos países] formou-se, no final do século dezenove e início do século vinte, um novo discurso sobre o comando, sobre o chefe, sobre a autoridade, sobre o domínio das massas, acompanhando a construção de formas hierárquicas novas em todos os domínios".[252] Cohen observou que não se tratava apenas da questão da autoridade dos grandes chefes, mas "do aumento do valor operacional e simbólico de todos os títulos intermediários de portadores de alguma parcela de autoridade, mesmo nos níveis mais baixos das fábricas, exércitos, administrações ou mesmo da família e da escola"[253].

Hoje esse fenômeno pode ser facilmente observado em instituições as mais diversas: empresas privadas, órgãos públicos, universidades e igrejas. Há uma verdadeira pandemia de chefes, de figuras de autoridade.

251 Yves Cohen, *Le siècle des Chefs*. Paris: Amsterdam, 2013.
252 Revista *Sociologia & Antropologia*. Rio de janeiro, v.05.03: 963-981, Dezembro, 2015.
253 Idem, p. 963.

A emergência do *chefe* veio acompanhada de uma *mudança linguística*, ocorrida em cada um dos países estudados por Cohen (Alemanha, França, Estados Unidos e Rússia). Nos Estados Unidos, por exemplo, "a palavra *leadership* (liderança) mal existia no final do século XIX. É só nesse novo momento que o termo começa a ser usado na política, na educação, na indústria, na ação moral e na psicologia".[254]

Sendo o protestantismo brasileiro tributário do protestantismo norte-americano, a linguagem utilizada nos seminários teológicos, na literatura cristã, nas homilias e no cotidiano das igrejas não poderia deixar de ser marcada pela presença, cada vez mais frequente, dos termos *liderança* e *líder*. Um jargão que se popularizou nos círculos evangélicos dirá: "E o Senhor te porá por cabeça, e não por cauda", uma referência ao livro de Deuteronômio no Antigo Testamento. Diz-se também: "Somos filhos do Rei". Mobiliza-se trechos da Bíblia para legitimar e reforçar a ideia de que Deus teria reservado para o cristão um lugar de liderança no mundo.

Numa pregação de alguns minutos, realizada por um pastor de uma igreja batista em 2021[255], intitulada "A fidelidade do cristão", o número de vezes em que a palavra "líder" é dita atinge a marca impressionante de cinquenta e uma vezes! Moisés é descrito como um *líder* que funcionava como um farol, que aponta a direção: "Moisés é responsabilizado por Deus pra ser líder. Moisés é responsabilizado por Deus pra apontar a direção". Para o pregador, Moisés, um "líder forte", recebe a oposição de "líderes fracos", que "perderam a visão".

Referindo-se ao episódio em que Moisés sobe ao monte Sinai para receber a tábua com os dez mandamentos, o pregador diz que

254 Idem, ibidem.
255 Ver https://youtu.be/dDLgI1cz2V8

"Moisés tem um imediato", Aarão, que era irmão de sangue de Moisés. Além de "imediato", o pregador se refere a Aarão como o "segundo líder", o "subcomandante" e "copiloto" de Moisés, uma mistura de linguagens militar e empresarial, remetendo às noções de hierarquia e de delegação de autoridade.

Depois de retratar Moisés como um líder forte, a quem Deus confiou a missão de conduzir os israelitas pelo deserto, o pregador desfere um ataque direto à ideia de democracia:

> Mas Aarão, o imediato de Moisés, se mostra um líder fraco e um líder que é facilmente influenciável pela opinião da maioria. Ouçam bem o que estou falando aqui. Porque o que eu tô dizendo aqui é absolutamente contra a lei da democracia. A liderança que um homem recebe da parte de Deus não pode ser submetida à voz de todo mundo. Porquanto a voz do povo... [o pregador aguarda que a audiência complete a frase] não é a... voz de Deus.
>
> Aarão se mostra, portanto, esse líder fraco, influenciável, e consente que seja construído um bezerro de ouro. Pior ainda do que construir um bezerro de ouro, foi atribuir ao bezerro de ouro a libertação do povo de Israel. Eles se inclinaram diante daquele objeto, aquele objeto que é a conclusão da democracia momentânea.

Nota-se a referência recorrente ao tema do homem forte (Moisés) em contraposição aos homens fracos e influenciáveis, representados no texto por Aarão. É possível identificar semelhanças entre a visão de mundo expressa pelo pregador batista e aquela sustentada pelo neocalvinista holandês Abraham Kuyper. Ambos compartilham do mesmo darwinismo social. Para Kuyper, o mundo seria composto por duas categorias de pessoas: de um lado, "pessoas fracas e bitoladas", que ele compara a "pardais comuns" e, de outro, "pessoas abertas e imponentes" com "voos como os da águia". Estes últimos seriam aqueles que governam em sua própria esfera e que "geralmente tornam-se tanto mais fortes quanto maior a oposição". São os "líderes fortes", a exemplo de Moisés, que não era "facilmente influenciável pela opinião da maioria", que exercia a liderança de um homem de Deus que "não pode ser submetida à voz de todo mundo". Alguém que age como um verdadeiro soberano. É impermeável, inacessível. Não dá satisfação a ninguém, exceto, por suposto, a Deus.

O *modus operandi* do líder forte é "absolutamente contra a lei da democracia" porque a "lei da democracia" equivale à soberania popular, que se expressa por um método específico: a livre escolha pelo povo de seus representantes. Moisés, em contraste, havia sido escolhido pelo próprio Deus.

Na história bíblica mencionada pelo pregador, Moisés sobe o monte Sinai para se encontrar com Deus, mas o povo, lá embaixo, achando que Moisés demorava demais a retornar do monte, e temendo que algo tivesse acontecido a ele e que não retornasse mais, vai até Aarão e pede: "faze-nos deuses".[256] Aarão vai e fabrica um bezerro de ouro. Embora no texto a reprovação de Deus indique a corrupção e o desvio do povo como as razões para o ocorrido – "Então disse o Senhor a Moisés: Vai, desce; porque o teu povo, que fizeste subir do Egito, se tem corrompido, e depressa se tem desviado do caminho que eu lhe tinha ordenado"[257] –, o pregador conclui que a raiz de todo o problema teria a ver com o exercício de uma espécie de democracia primitiva. O pregador deve ter "esquecido" outras partes da Bíblia que deixam claro que a democracia nunca foi o problema. Como, por exemplo: "Não havendo sábios conselhos, o povo cai, mas *na multi-*

256 Livro de Êxodo capítulo 31 verso 1.
257 Livro de Êxodo capítulo 32, versos 7 e 8.

dão de conselhos há segurança"[258]. Esqueceu de mencionar um trecho extremamente elucidativo do livro de Atos, no Novo Testamento, que descreve o processo eleitoral, com eleições livres e diretas, que resultou na eleição dos primeiros diáconos:

> Ora, naqueles dias, crescendo o número dos discípulos, houve uma murmuração dos gregos contra os hebreus, porque as suas viúvas eram desprezadas no ministério cotidiano. E os doze, convocando a multidão dos discípulos, disseram: Não é razoável que nós deixemos a palavra de Deus e sirvamos às mesas. Escolhei, pois, irmãos, dentre vós, sete homens de boa reputação, cheios do Espírito Santo e de sabedoria, aos quais constituamos sobre este importante negócio. Mas nós perseveraremos na oração e no ministério da palavra. E este parecer contentou a toda a multidão, e elegeram Estêvão, homem cheio de fé e do Espírito Santo, e Filipe, e Prócoro, e Nicanor, e Timão, e Parmenas e Nicolau, prosélito de Antioquia; e os apresentaram ante os apóstolos, e estes, orando, lhes impuseram as mãos.[259]

Está tudo aqui. Primeiro, um conflito social: os gregos reclamavam que suas viúvas eram desprezadas no ministério cotidiano (em outra tradução, "estavam sendo esquecidas na distribuição diária de alimento"). Conjugado ao conflito social, um problema de ordem prática: não seria razoável que os doze apóstolos tivessem que deixar de se ocupar com a palavra de Deus, isto é, com a tarefa do ensino e da anunciação das Boas Novas, para se dedicarem à mediação desses conflitos e à tarefa de distribuição dos alimentos. A solução democrática encontrada foi eleger representantes retirados do meio do povo, num total de sete pessoas,

258 Livro de Provérbios capítulo 11 verso 14.
259 Livro de Atos capítulo 6, versos 1 a 6.

para dedicarem-se às tarefas de distribuição dos alimentos e de mediação de eventuais conflitos. Então uma "multidão de discípulos", livremente, de acordo com suas consciências, elegeu os sete representantes, os quais foram devidamente empossados nos seus respectivos cargos pelos apóstolos, através do ato simbólico da imposição de mãos. Eleições livres e diretas. Neste caso, a voz do povo representou a voz de Deus. No caso do bezerro de ouro, não. Portanto, na Bíblia o problema nunca foi a democracia enquanto método de escolha de representantes, como processo de escolha de governantes baseado na vontade popular. O problema estaria não no processo, mas no lado dos eleitores, no grau de consciência e compromisso do povo com os preceitos de amor, verdade e justiça estabelecidos por Deus.

A associação deliberada e arbitrária da democracia com a rebelião contra Deus, com a idolatria, é uma expressão de uma cultura cristã autoritária que sistematicamente desvaloriza e desprestigia processos e instituições da democracia, desencorajando os cristãos a se envolverem com a vida pública. Os frequentes ataques à ideia de democracia, perpetrados por líderes eclesiásticos, é parte de um trabalho de demonização da Política.

O viés autoritário do pregador se mostra também por sua extrema intolerância ao contraditório e pela prática da censura: "e esta é a principal razão pela qual eu, aqui na [nome da igreja], digo sempre que *eu não aceito que líderes falem de líderes*"; e "*Digo sempre aqui que líderes não podem falar de líderes*, porque quando líderes falam de líderes eles estão minando a base da confiança de toda a organização". Toda crítica aos líderes da igreja estaria de antemão interditada. Todo aquele que pretenda participar da liderança da igreja deve estar ciente de que não lhe será permitido expressar livremente sua opinião acerca de outros líderes.

Mobilizando o medo e a ameaça, o pregador lembra aos ouvintes que no episódio do bezerro de ouro Deus "tira a vida de alguns deles, que encabeçaram aquele movimento contra Moisés" e menciona o que Deus disse acerca daqueles que se opuseram ao líder Moisés: "Como, pois, vocês não tiveram medo de falar contra o meu servo, contra Moisés? Como é que vocês não tiveram medo?". Lembra também como Deus castigou Miriã (irmã de Moisés): "E a ira do Senhor se acendeu contra eles; e ele se retirou. Quando a nuvem se afastou de sobre a tenda, eis que Miriã estava?... leprosa, branca como a neve. Aarão olhou para Miriã, e eis que ela estava coberta de lepra".

Nas palavras do pregador, Miriã teria sido a grande mentora do conluio contra Moisés. Essa teria sido a razão para Deus a ter punido e ter poupado a Aarão:

> Miriã foi tomada de inveja da posição de Moisés e ela queria estar no lugar dele. Resultado? Ficou leprosa. Ficou doente. Teve que ficar sete dias fora do arraial. E Deus a curou, e ela foi trazida de volta, mas se você parar e observar bem: nunca mais se ouviu falar de Miriã na Bíblia.

Com tais palavras, a mensagem do pregador para sua audiência estava clara: vocês devem obedecer aos líderes da igreja. Caso queiram questionar suas decisões e suas condutas, como fez Miriã, poderão, de igual modo, ser punidos por Deus. E lembrem que Miriã recebeu uma dupla punição: a lepra e o ostracismo. Qualquer contraposição a um líder aqui da igreja será considerada motivada por inveja à posição do líder, como aconteceu com Miriã.

E para que ninguém tivesse dúvidas de que o pastor estava fazendo um paralelo entre Moisés e ele, entre o ocorrido na história com Moisés e o que poderia ocorrer em sua igreja, diz: "Eu admiro muito Moisés como líder, você sabe disso, *é um dos líderes que mais me inspira, eu busco olhar pra ele e retirar da experiência dele a minha inspiração para missão que Deus tem me dado*". Assim como Moisés recebera de Deus a missão de conduzir os israelitas, ele, o pastor da igreja, teria recebido de Deus a missão de conduzir aquelas pessoas, e sua autoridade e atitudes não deveriam ser questionadas, a exemplo da autoridade e atitudes do "líder forte" Moisés. O recado estava dado.

Logo no início da pregação, o pastor havia feito a leitura de um trecho da carta aos Hebreus, no Novo Testamento, que afirma que Moisés, a exemplo de Jesus, foi "fiel em toda a casa de Deus"[260]. No final da pregação ele retoma esse ponto da seguinte forma:

> Você é fiel à casa de Deus? Se você é fiel, você nunca se levantará contra a casa de Deus. Não importa as circunstâncias [...] Se você é fiel, você vai ser parceiro e não opositor. Se você é fiel à casa de Deus, você vai ser cooperador e não aquele que atrasa a missão. Se você é fiel à casa de Deus, você será efetivo e não um peso.

Está claro que, para o pastor, a expressão "ser fiel à casa de Deus" significaria nunca se levantar "contra a casa de Deus", isto é, "nunca se opor aos seus líderes", "não importa as circunstâncias"! Cheque em branco para os líderes. O membro da igreja deveria seguir as pegadas de Moisés e também ser "parceiro, e não opositor", "cooperador, e não aquele que atrasa a missão", "efetivo", e não "um peso". Em português claro, os questionadores, os refratários, os que levantam contrapontos à opinião e escolhas dos líderes da igreja serão tratados como opositores, um peso sobre os ombros da comunidade, levando-a a atrasar a missão.

Esse exemplo mostra a operação daquilo que Michel Foucault chamou de *poder pastoral*. O uso de textos bíblicos e a mobilização

260 Livro de Hebreus capítulo 3, versos 1 a 6.

do medo e da culpa para legitimar e defender a posição de poder do pastor; para produzir o sujeito obediente, amedrontado, dependente e passivo, necessário ao funcionamento da comunidade de fé como uma sociedade bem-ordenada e estabilizada.

QUEM PRECISA DE JOHN WAYNE QUANDO SE TEM JAVALIS?

Alguns evangélicos "criativos" foram buscar no reino animal seu referente para o ideário de uma masculinidade agressiva e viril. Uma igreja presbiteriana de Brasília criou um grupo de homens, batizado com o "simpático" nome de *Javalis do Senhor*, que o pensamento colonial, típico dos círculos evangélicos conservadores no Brasil, logo tratou de traduzir para *Lord's Boards*.

Trata-se de uma confraria de homens, um espaço reservado para o aperfeiçoamento e para o encorajamento mútuo, tendo como objetivo a "masculinidade bíblica". O grupo tem atividades para homens adultos e para crianças. Obviamente, as atividades são aquelas associadas ao ideário da masculinidade viril, conquistadora e competitiva: pescaria no Rio Araguaia, futebol, motociatas e artes marciais (Jiu-jitsu). Tem o JavaFut (futebol para os meninos), o JavaMoto, para "aqueles que gostam da aventura sobre duas rodas" e o JavaJitsu para os esportistas. Nesse aspecto, os homens do *Javalis do Senhor* estão muito afinados com o ex-presidente de extrema direita, Jair Bolsonaro, e suas frequentes aparições públicas em motociatas e montado sobre um jet-ski, em "lanchaciatas", produzindo a imagem do "homem forte" com "corpo de atleta".

A estética do *Javalis do Senhor* é constituída por camisas pretas com logomarca amarela, copiando no formato e nas cores a camisa da Polícia Rodoviária Federal. No centro da logomarca, a imagem intimidadora de um javali macho, com grandes dentes caninos, dá o recado: estamos aqui para proteger nossos valores. E a melhor defesa é o ataque.

Num dos cultos celebrados pelos *Javalis do Senhor*, a liturgia era conduzida por um homem musculoso que usava uma boina verde, típica das forças militares. Toda linguagem verbal e corporal remete à agressividade. A estética é militar, guerreira.

Não sabemos, mas talvez o nome do grupo seja uma referência ao reformador protestante Martinho Lutero, chamado de "javali selvagem" pelo papa Leão X, que o excomungou em janeiro de 1521. É mais provável, porém, que o nome tenha sido escolhido em razão das características do animal javali: agressivo, que vive em bandos liderados por um macho dominante.

É curioso que os *Javalis do Senhor* tenham surgido dentro de uma igreja presbiteriana, pertencente ao grupo de igrejas cristãs conhecidas como "históricas". Os protestantes históricos de tradição reformada gostam de se apresentar como a ala séria e razoável dos evangélicos, que não compartilham das "esquisitices"e heterodoxias dos neopentecostais. "Esquisitice" como os Gladiadores do Altar, jovens da Igreja Universal do Reino de Deus, que se apresentam uniformizados, encenando – com palavras de ordem, continência e formação – movimentos característicos da disciplina militar. Eles ficaram conhecidos em 2015, quando vídeos do grupo viralizaram nas redes sociais. Na época, um texto publicado numa página do *Facebook*, que levava o nome "Gladiadores do Altar", dizia o seguinte: "(...) Destruiremos cada religião enganosa até que desapareça do nosso país! Essas religiões pagãs e de origens africana e asiática ou muçulmana não serão toleradas em nosso país! Nem o Homossexualismo! Faremos o trabalho que o governo não teve competência pra fazer! Junte-se a nós!".

Passados alguns anos, vê-se surgir, agora entre as igrejas "sérias", um grupo de homens com semelhante estética militar.

O arquétipo do homem cristão para evangélicos como os Javalis do Senhor e os Gladiadores do Altar é o Capitão Nascimento do filme Tropa de Elite. A boina com a insígnia do Batalhão de Operações Policiais Especiais (BOPE), o pesado coturno, a calça preta de brim liso, a gandola militar, o distintivo e o pesado armamento: iconografia de sua masculinidade patriótica.

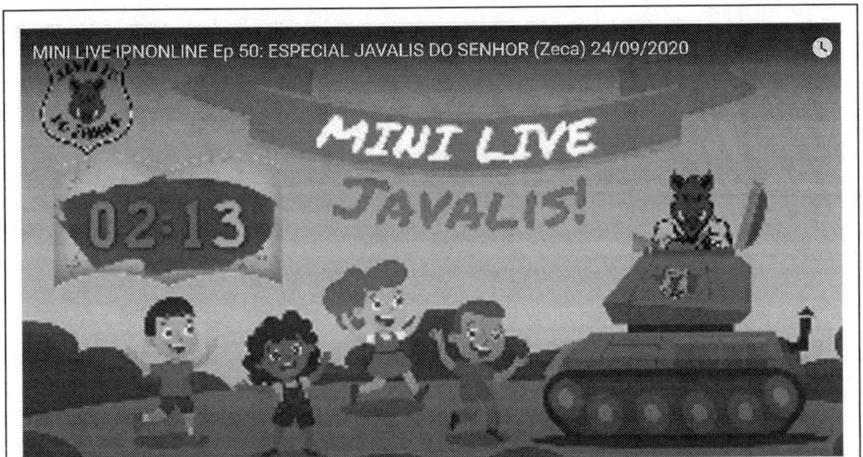

Os Javalis do Senhor desenvolvem também programações voltadas ao público infantil. Numa de suas transmissões ao vivo, realizada no dia 24 de setembro de 2020 pelo *Youtube,* intitulada "Mini Live Javalis!", programação do departamento infantil da igreja, a imagem de abertura era um desenho colorido onde um javali, pilotando um tanque de guerra, é saudado efusivamente por algumas crianças.

No meio da transmissão, um personagem de nome Zeca, um boneco tipo fantoche, entrevista um "javali adulto". À pergunta "o que é um javali?", o adulto responde:

> Vejam vocês crianças que também Jesus, todo mundo quando olha pra ele vê aquela serenidade, aquela paz, mas quando as coisas vão erradas Jesus entrou no templo e saiu derrubando tudo, e com certa violência. As pessoas até se assustaram. Ou seja, a surpresa é um fator extremamente importante. É quando você surpreende alguém, né? Ainda mais num conflito, né? Você já sai na frente. E ser javali é ser exatamente o que o pastor [nome do pastor] já começou a dizer. É ser o quê? É ser um homem semelhante a Cristo.

O entrevistado completa: "O javali é extremamente forte, é bruto, protege a família". Ao dizer simplesmente que Jesus entrou no templo e "saiu derrubando tudo", sem explicar para as crianças o contexto no qual o episódio ocorreu, sem explicar que o gesto violento de Jesus naquele momento era uma resposta indignada contra aqueles que estavam mercadejando a fé, transformando o templo, local destinado à adoração e ao encontro com Deus, em casa de negócio, o entrevistado afirma a violência pela violência, um gesto intransitivo, um valor em si mesmo. A violência e a brutalidade como modo de existência, como *modus operandi* dos seguidores de Cristo. Na fala do entrevistado não há nenhum propósito claro para o gesto violento. Tudo o que se diz para as crianças é que Jesus "entrou no templo e saiu derrubando tudo". Por que ele teria feito o que fez? Não é dito às crianças que acompanhavam a transmissão. O gesto violento de Jesus fica, portanto, suspenso no ar, deixando a criança livre para erigir a violência como algo bom e desejável por ela mesma, porque Jesus era aquele que botava pra quebrar.

O gesto violento é "um fator extremamente importante" como estratégia de um lutador que surpreende seu adversário. A surpresa da violência dá uma vantagem competitiva ao lutador, fazendo-o "sair na frente".

Desde tenra idade, os filhos e filhas dos cristãos vão aprendendo a admirar e a servir um Deus e um Jesus guerreiros. Estão crescendo num ambiente social marcado por linguagem beligerante e povoado por imagens de força e agressividade. Estão submetidas a processos de formação e de socialização que as levarão a perceber a realidade a partir da ideia de que "todo homem precisa de uma batalha para lutar". Estão sendo subjetivadas para assumir no futuro o lugar deixado pelos adultos agressivos e intolerantes de hoje.

Cristãos adultos como o teólogo e pastor Augustus Nicodemus, da Igreja Presbiteriana do Brasil, que declarou durante uma conferência para jovens evangélicos em 2018: "Se for para defender minha família, meus filhos, minha mulher, ou minha própria integridade, havendo risco, eu atiro pra matar mesmo [risos da plateia]. Né na perna, não". O evento tinha o propósito de debater o direito de cristãos usarem armas. Perguntado se o cristão pode usar da violência para se defender, Nicodemos responde: "Nesse ponto eu não tenho a menor dificuldade [risos da plateia]. Eu não tenho arma em casa e não ando armado porque eu entendo que isso no Brasil é complicado, e tem leis que restringem bastante e tudo mais, mas se eu morasse nos Estados Unidos, num daqueles Estados que permite, eu já tava com uma 45 na cintura há muito tempo [risos da plateia]. E se entrar um cara em casa e eu sentir que minha família está sendo ameaçada, é no meio dos olhos o primeiro [risos da plateia, e Nicodemos faz o gesto de soprar o cano da arma de fogo após o disparo do tiro]".[261]

Ou adultos como o pastor e ex-ministro da Educação do governo Bolsonaro, Milton Ribeiro, que entrou armado no aeroporto de Brasília, no dia 25 de abril, e feriu uma funcionária da companhia aérea Gol depois de disparar acidentalmente.[262]

Nicodemos e Ribeiro fazem parte do grupo demográfico religioso composto por pessoas que, a exemplo do que acontece nos Estados Unidos, "são mais propensos do que os membros de outros grupos religiosos a possuir uma arma, a acreditar que os cidadãos devem ter permissão para o porte de armas na maioria dos lugares e a se sentir seguros com uma arma de fogo nas mãos".[263]

VEIO PARA OS SEUS, MAS OS SEUS NÃO O RECEBERAM

Que contraste entre o Jesus manso e humilde de coração, o servo sofredor do livro de Isaías, e o Jesus guerreiro dos evangélicos conservadores!

O Novo Testamento conta que, certa vez, Jesus planejava ir a Jerusalém, mas antes enviou mensageiros que o antecedessem. Indo eles, entraram numa aldeia de samaritanos para lhe preparar pousada, mas os samaritanos não receberam a Jesus, pois seu jeitão era de alguém que ia para Jerusalém e os judeus e samaritanos não se davam bem naquela época. Vendo o tratamento hostil dos samaritanos para com o Mestre, os discípulos Tiago e João perguntaram: "Senhor, queres que façamos cair fogo do céu para destruí-los?".

261 Ver https://youtu.be/55j9wgeDnSQ

262 Ver https://apublica.org/2022/04/pastores-usam-a-biblia-para-defender-posse-de-armas-de-fogo-no-brasil/

263 Kristin Kobes du Mez, *Jesus e John Wayne*. Rio de Janeiro: Thomas Nelson Brasil, 2022, p. 27.

Mas Jesus, voltando-se, deu uma bronca neles, dizendo: "Vocês não sabem de que espécie de espírito são, pois o Filho do homem não veio para destruir a vida dos homens, mas para salvá-los".[264] Tiago e João projetavam sobre Jesus a ideia que tinham de Deus como guerreiro e vingador, como aquele que sai "derrubando tudo" quando é contrariado. Qual não deve ter sido a decepção de Tiago e João ao serem duramente repreendidos por Jesus e ao saberem que seu Senhor não compartilhava da mesma visão de mundo, e não era movido, como eles, pelo desejo de vingança e não tinha a agressividade como modo de existência. Como deve ser constrangedor para os *Javalis do Senhor* esse Cristo!

O Cristo que preferiu descumprir a lei de Moisés, um fora da lei, negando-se a aderir à política de tolerância zero instituída pelos religiosos para com mulheres pegas em adultério: "Mulher, onde estão seus acusadores? Ninguém a condenou?". "Ninguém, Senhor", disse a mulher. "Eu também não a condeno".[265]

O Cristo que nos chama a amar nossos inimigos, a fazer o bem aos que nos odeiam, a abençoar os que nos amaldiçoam e a orar por aqueles que nos maltratam; o Cristo que recomenda oferecer a outra face para quem nos golpeia no rosto; esse Cristo "fraco" e gentil não cabe na cultura bélica dos Javalis do Senhor.

Existiram ao longo da história do cristianismo momentos de disputas acirradas, e muitas vezes sangrentas, em torno da autenticidade e origem de movimentos e expressões religiosas. Muitas dessas disputas foram resolvidas em concílios, do "Concílio de Jerusalém" descrito no livro de Atos dos Apóstolos, passando pelos concílios de Niceia (325), Constantinopla (381), Latrão (1123), até Trento (1545-1563) e Vaticano II (1962-1965). Em muitos desses concí-

264 Evangelho de Lucas capítulo 9, versos 51 a 55.
265 Evangelho de João capítulo 8, versos 10 e 11.

lios, as questões tinham a ver com polêmicas sobre se determinado movimento, certas condutas ou proposições doutrinárias, poderiam ser consideradas resultantes da ação do Espírito Santo. Problema da autenticidade, que se conecta ao problema da autoridade. Quais textos poderiam compor o cânone sagrado? Que movimentos, religiosos e políticos, poderiam ser colocados na categoria dos movimentos do Espírito? Quais seriam, então, as "marcas" distintivas da ação de Deus na história e na Igreja?

Uma das principais referências para lidar com essas questões (autenticidade e autoridade) encontra-se num trecho da carta que o apóstolo Paulo escrevera (provavelmente no ano 55 d.C.) aos cristãos da região da Galácia: "Mas o fruto do Espírito é amor, alegria, paz, paciência, amabilidade, bondade, fidelidade, mansidão e domínio próprio".[266] Paulo apresenta uma espécie de lista contendo algumas marcas de originalidade e autenticidade quanto à ação do Espírito de Deus. Como faço para saber se Deus está a produzir e inspirar esse ou aquele movimento? Como posso discernir os tempos e os espíritos? São perguntas legítimas para todo cristão que sinceramente deseja algum tipo de orientação e diretriz para nortear suas escolhas e comportamento em situações concretas da vida.

A lista paulina dos frutos do Espírito é de deixar qualquer Javali do Senhor ou qualquer evangélico branco e conservador norte-americano, no mínimo, extremamente deslocado e desconfortável: amor, alegria, paz, paciência, amabilidade, bondade, fidelidade, mansidão e domínio próprio. Nenhum traço de agressividade. Nenhuma demonstração de força. Nada intimidador. Pelo contrário. Tudo na lista aponta para uma personalidade caracterizada pela abertura, disponibilidade, inclusão, compreensão, aces-

266 Carta aos Gálatas capítulo 5, versos 22 e 23.

sibilidade, generosidade e gentileza. Ou seja, um líder desprezível aos olhos do evangélico conservador médio, adepto da ideologia do "líder forte", da masculinidade viril e da cultura "cristã" do Deus guerreiro e vingativo.

Não há malabarismo teológico nem truques retóricos que consigam conciliar armas, tanques de guerra e javalis, com amor, paz, amabilidade, bondade e mansidão!

Não tenho dúvidas de que se o Cristo "fraco" da lista de Paulo viesse uma segunda vez à terra, em carne e osso, seria novamente rejeitado e perseguido pelos cristãos mais fervorosos dentre os evangélicos conservadores. O *Logos* de Deus estaria mais uma vez no mundo, mas não seria reconhecido por javalis e afins. Viria novamente para os seus, mas os seus não o receberiam.[267]

267 Evangelho de João capítulo 1, versos 10 e 11.

PARTE II DESBAR-BARIZAR

CAPÍTULO V

UM MODO PROFANO DE EXISTÊNCIA

As pessoas religiosas falam de Deus quando o conhecimento humano acaba... ou quando as forças humanas falham – trata-se, a rigor, sempre do deus ex machina *mobilizado por elas como solução aparente para problemas insolúveis ou como força para cobrir a falha humana.*[268]

What if God was one of us?
Just a slob like one of us
Just a stranger on the bus
Tryin' to make his way home?[269]

O que poderia haver de comum entre Dietrich Bonhoeffer, teólogo e pastor protestante morto pelo regime nazista, e Giorgio Agamben, filósofo que nasceu em 1942 na cidade de Roma? Ambos entendem que o aspecto mais fundamental da religião é a realização de uma operação de separação, de subtração. Bonhoeffer dizia que interpretar a realidade numa perspectiva religiosa teria a ver com um falar *metafísico* e individualista. Agamben oferece a seguinte definição de religião: "Pode-se definir como religião aquilo que subtrai coisas,

268 Dietrich Bonhoeffer, *Resistência e Submissão: cartas e anotações escritas na prisão.* São Leopoldo: Sinodal, 2015, p. 373.

269 "E se Deus fosse um de nós? Apenas um desajustado como um de nós. Apenas um estranho no ônibus. Tentando ir para casa" (tradução livre). Trecho da canção *One of Us* de Eric Bazilian, de 1995, interpretada por Joan Osborne.

lugares, animais ou pessoas ao uso comum e as transfere para uma esfera separada".[270] Vai um pouco além ao afirmar que "*não só não há religião sem separação, como toda separação contém ou conserva em si um núcleo genuinamente religioso*".[271]

Subtração que carrega o sentido de retirar "coisas, lugares, animais ou pessoas" de seu uso comum, transferindo-os "para uma esfera separada", realizando, portanto, o ato de consagrar (*sacrare*) que "era o termo que designava a saída das coisas da esfera do direito humano".[272]

O dispositivo que realiza e regula essa separação e subtração é o *sacrifício*, que "através de uma série de rituais minuciosos, diferenciados segundo a variedade das culturas, [...] estabelece, em todo caso, a passagem de algo do profano para o sagrado, da esfera humana para a divina".

Neste sentido, teologias dualistas, liberalismos e capitalismos seriam religiões sacrificiais, com as seguintes particularidades em relação ao capitalismo, segundo o filósofo alemão Walter Benjamin: (1) é uma religião puramente cultual, na qual "todas as coisas só adquirem significado na relação imediata com o culto", não possuindo "nenhuma dogmática, nenhuma teologia"; (2) a duração do culto é permanente, sendo o capitalismo "um culto *sans rêve et sans merci* [sem sonho e sem piedade]", no qual "não existem 'dias normais', não há dia que não seja festivo no terrível sentido da ostentação de toda a pompa sacral, do empenho extremo do adorador"; e (3) seu culto é culpabilizador, sendo "o primeiro caso de culto não expiatório, mas culpabilizador".[273]

O movimento contrário à consagração é a *profanação*. O ato de profanar significa restituir ao livre uso dos homens o que havia sido consagrado, isto é, subtraído desse uso comum.

270 Giorgio Agamben, *Profanações*. São Paulo: Boitempo, 2007, p. 65.
271 Idem, ibidem.
272 Idem, ibidem.
273 Walter Benjamin, *Capitalismo como religião*. São Paulo: Boitempo, 2013, p. 21.

Uma das formas mais simples de profanação, comenta Agamben, "ocorre através de *contato* (*contagione*)". No contexto dos ritos sacrificiais,

> Uma parte dela [da vítima sacrificada] (as entranhas, exta: o fígado, o coração, a vesícula biliar, os pulmões) está reservada aos deuses, enquanto o restante pode ser consumido pelos homens. Basta que os participantes do rito toquem essas carnes para que se tornem profanas e possam ser simplesmente comidas.[274]

Neste caso, haveria "um contágio profano, *um tocar que desencanta e devolve ao uso aquilo que o sagrado havia separado e petrificado*".[275]

A ciência moderna teria realizado um ato de profanação ao *desencantar o mundo*.

É preciso fazer uma observação de caráter cautelar. Alguns cristãos filiados ao campo da esquerda política demonstram a preocupação, que me parece legítima e razoável, de que, por estarmos familiarizados e aderentes a uma concepção de mundo inspirada, em boa medida, no materialismo histórico, que com o tempo venhamos a perder de vista a "mística" da vida, incluindo aí a mística cristã, isto é, o gosto e o valor de práticas como a oração, a contemplação, a meditação e a adoração. Temor de que nos tornemos racionalistas contumazes, perdendo contato com o lado "místico" da vida, lugar do belo, do lúdico, da arte, da poesia e dos *mistérios* de Deus.

Quando digo que essa preocupação me parece razoável, é pelo fato de que, em geral, teorias que inspiram o campo da esquerda política nasceram como uma reação ao predomínio da religião na conformação do mundo pré-moderno, marcado por dogmas e obscurantismos. As teorias e as novas maneiras de conceber o mundo

274 Giorgio Agamben, *Profanações*. São Paulo: Boitempo, 2007, p. 66.
275 Idem, ibidem.

que se desenvolveram na Modernidade tinham o objetivo comum de realizar uma operação de *desencantamento do mundo* por meio de leituras concretas da realidade concreta, pautando-se na empiria para eliminar camadas de senso comum, a fim de interromper processos de naturalização que tenderiam a falsear a realidade. Buscava-se combater os dogmas, os irracionalismos, os pontos cegos e ideologias que produzem a falsa consciência.

Acontece que nessa reação científica ou modernizadora existe o risco de cairmos na armadilha de um racionalismo que absolutiza a razão humana, ignorando suas contradições internas e seu caráter contingencial, e ao mesmo tempo desconsidera os sentidos estéticos, poéticos e lúdicos da vida, tornando-a sem brilho, sem poesia, sem humor e totalmente impessoal.

Não é esse tipo de "desencantamento" que o ato de profanar buscaria produzir. Ao contrário. Na medida em que profanar significa voltar a ter contato com aquilo que havia sido retirado de nosso convívio pelo ato da consagração, quanto mais profana a existência, mais significativa, mais plena ela deve ser; mais integrados estaremos a tudo que diz respeito à vida e menos fragmentados e departamentalizados seremos.

Por isso mesmo, por seu potencial integrador, é que a profanação assume um caráter contracultural em relação a todos os sistemas de pensamento e todos os modos de existência que tendem a departamentalizar o mundo em esferas, como no neocalvinismo, ou a dividir a realidade em pares dicotômicos – sagrado/profano, puro/impuro, espiritual/carnal –, como faz o luteranismo do próprio Lutero, e, por consequência, a conceber um ser humano igualmente rachado, fragmentado. Como visto, Lutero chega a definir o ser humano como a soma de um cristão com um ser mundano, cada um pertencendo e vivendo segundo as regras de seus respectivos "mundos".

De forma semelhante, a profanação emerge também como contraponto ao modo de existência que se hegemonizou nas sociedades capitalistas ocidentais, na medida em que, sob o regime do capital, experimentamos uma tripla e crescente alienação: de nós mesmos, de outros humanos e dos seres não humanos (orgânicos e inorgânicos). Os religiosos acrescentariam ainda um quarto tipo de alienação: em relação ao Divino. Existe um tipo mais fundamental de alienação, de separação, de consagração, portanto, que é aquele operado pela racionalidade científica moderna, que transformou a relação homem/natureza em uma relação do tipo sujeito-objeto, criando um distanciamento que, embora tenha sido necessário para ampliação do conhecimento racional do mundo (pré-requisito para o desenvolvimento tecnológico), nos conduziu à barbárie própria da modernidade ocidental, marcada pela transformação de todas as relações em relações de domínio e exploração, próprias de uma relação do tipo sujeito-objeto.

Mas a consagração, nos diz Agamben, não só separa, mas também *petrifica*, imobiliza. E algo ou alguém que está num estado de petrificação tem como características a suspensão dos sentidos e a impossibilidade de participação, de conexão.

Existe em praticamente todas as religiões a ideia de consagração, ou a Deus, no caso das religiões monoteístas, ou a um ideal de vida plena ou, ainda, a um estado elevado de consciência, em outras expressões religiosas. No cristianismo, o consagrar-se a Deus coincide com um processo de purificação e santificação, no qual o cristão busca se aproximar cada vez mais de um ideal de vida que agrada a Deus, enquanto procura se afastar o máximo que puder de uma existência "carnal", apegada à materialidade.

Em geral, no cristianismo, o ideal de uma vida consagrada a Deus, significa levar uma vida asceta, com algum grau de austeridade para consigo, evitando os "prazeres da carne". Como na maioria das teologias cristãs o mal e o pecado estão localizados ou derivam da matéria, dos corpos, o cristão é estimulado o tempo todo a se afastar do mundo físico, da corporeidade. Inicia-se, portanto, dentro do cristão um processo de dualização progressiva da realidade, levando-o a uma interpretação religiosa da vida, como indicou Bonhoeffer, fazendo-o adotar uma linguagem metafísica e individualizada que, pelo poder de enunciação da linguagem, retorna como criação e conformação de *um mundo-para-si,* um "aqui dentro" que lhe possa ser familiar.

Nesse *mundo-para-si,* o cristão viverá com linguagem, papéis, identidades, éticas e verdades peculiares e relativamente estáveis e imunes ao caos do "lá de fora". No "lado de cá", ele (o seu lado cristão) poderá desfrutar de um estado de liberdade (assim ele crê). Desse lado da realidade, ele é filho de Deus, sacerdote e pertence a um povo. Do "lado de lá", na "Cidade dos homens", sua outra metade, o homem sujeito às paixões, ainda precisa estar "no mundo", de onde retira o ganha-pão. Como a sua verdadeira cidadania é celestial, sua cidade é a Nova Jerusalém, e ele não se interessa muito pelas querelas e negócios da cidade terrena, onde o pecado graça. Por isso, o cristão delega à sua metade mundana o dissabor de ter que "participar" do mundo decaído. Estamos provisoriamente "no mundo", ele adota a estratégia que o seu Senhor, assim ele acredita, adotou enquanto esteve por aqui em carne e osso: "sujeito às dominações, submisso aos príncipes, obediente às leis".[276]

Não é por acaso que a maioria dos cristãos se afina com opções ideológicas e figuras públicas que encarnam e vocalizam o rebaixa-

276 Lucien Febvre, *Martinho Lutero, um destino*. São Paulo: Três Estrelas, 2012, p. 261.

mento da Política, relativizando sua importância. A Política, vista pelo cristão médio como pertencente à ordem mundana, do "lado de lá", recebe o desprezo reservado a tudo que é próprio dessa ordem. Por isso o relativo, embora notório, desinteresse e desengajamento do cristão médio com a vida pública. Refiro-me ao cristão médio, à massa de cristãos "leigos". O fenômeno que cientistas sociais vêm estudando, cada vez mais noticiado pela impressa, do *boom* da participação de evangélicos na política brasileira, que coincide com o crescimento explosivo das igrejas neopentecostais, é protagonizado essencialmente por lideranças evangélicas, que, no conjunto, constitui grupo numericamente bem menor que a totalidade de cristãos e tem uma relação com a política bem diversa da massa de cristãos, demonstrando forte pragmatismo e engajamento.

Há uma relação de simbiose entre o grupo maior de cristãos "leigos" e o grupo seleto constituído pelas lideranças. Este último necessita, para sua sobrevivência política, alimentar o sentimento antipolítica no primeiro, de sorte que o engajamento e a ocupação dos espaços fiquem restritos aos líderes das igrejas, enquanto transformam os votos dos "leigos" em moeda de troca no momento de negociar benefícios e posições de poder. Mas, para que esse esquema funcione, tem que se ter o cuidado de estimular com muita parcimônia, na dosagem certa, o sentimento antipolítica na massa de cristãos, para que não desista completamente da política e anule seu voto, o que transformaria o ouro que a liderança tem nas mãos em cascalho sem valor algum. É preciso que o líder estimule também a ideia de que "cristão vota em cristão", aliás, ideia bem calvinista, a de que o Estado só cumprirá o papel que Deus mesmo lhe tem reservado quando e se os cristãos estiverem na condução desse Estado.

Para que o esquema funcione bem, o crente médio deve ser subjetivado de tal maneira que venha a ser a soma de um luterano (que quer distância da política, mas que está disposto a obedecer docilmente às autoridades) com um calvinista (que deseja um Estado cristão que "glorifique" a Deus, purifique a sociedade e a política). O espaço que Lutero libera, Calvino ocupa, e Lutero fica satisfeito.

Podemos concluir, pelo que vimos até aqui, que uma vida consagrada nos afasta de nós mesmos, nos afasta uns dos outros, e afasta tudo o mais da gente, enquanto a vida profana é feita de movimentos de aproximação, do encurtamento das distâncias, e de contato, com todos os ônus e bônus que a proximidade e o contato proporcionam, diga-se. Tudo que é *vivo* tem essa característica: se expressa de forma ambígua, em meio a contradições e tensionamentos.

Mas Agamben sugere, ainda, um sentido complementar para o ato de profanar, derivado de uma etimologia da palavra *religião* que não coincide com a etimologia que geralmente encontramos nos manuais de teologia e de filosofia.

> O termo religio, segundo uma etimologia ao mesmo tempo insípida e inexata, não deriva de religare (o que liga e une o humano e o divino), mas de relegere, que indica a atitude de escrúpulo e de atenção que deve caracterizar as relações com os deuses, a inquieta hesitação (o "reler") perante as formas — e as fórmulas — que se devem observar a fim de respeitar a separação entre o sagrado e o profano. Religio não é o que une homens e deuses, mas aquilo que cuida para que se mantenham distintos. Por isso, à religião não se opõem a incredulidade e a indiferença com relação ao divino, mas a "negligência", uma atitude livre e "distraída" — ou seja, desvinculada da religio das normas — diante das coisas e do seu uso, diante das formas da separação e do seu significado. Profanar significa abrir a possibilidade de uma forma

especial de negligência, que ignora a separação, ou melhor, faz dela um uso particular.[277]

A instituição do *sábado* no Antigo Testamento é um dos dez mandamentos (Decálogo): "Lembra-te do dia do sábado, para o santificar"[278]. Guardar (santificar) o sábado segue sendo um dever, tanto no judaísmo quanto em algumas tradições dentro do cristianismo. O sábado, portanto, deveria ser consagrado, isto é, subtraído do uso comum e transferido para uma esfera especial, espiritual. Aliás, a palavra "santificar" tem o sentido de "separar". Então, tudo na tradição judaica levava a crer que esse era o sentido que Deus teria dado ao instituir o *sábado*. E assim fizeram os israelitas por gerações e gerações, até que veio um judeu da Galileia dando outro sentido ao sábado, subvertendo o sentido primeiro da tradição dos Antigos. Não só subvertia nas palavras, como na prática, causando escândalo na sociedade judaica de sua época.

Se o primeiro significado, pilar da tradição judaica, era religioso, no sentido daquilo que "cuida para que se mantenham distintos" homens e deuses, a nova interpretação que inaugura o subversivo Galileu parece conter certa "negligência" em relação à "religio das normas"; parece propor uma forma mais descuidada, mais livre, em relação ao uso do sábado, sugerindo até a "heresia" de que deveríamos aproveitá-lo como aproveitamos qualquer outro dia: trabalhando, comendo, amando, se divertindo etc. Assim vivia o Galileu, aproveitando muito bem cada minuto dos seus sábados, em companhia de amigos e amigas.

Esse descuidado Galileu, que viria a ser assassinado por conta desse e de outros descuidos, profana o *sábado,* devolvendo-o e aproximando-o novamente das pessoas comuns, ignorando a separação,

277 Giorgio Agamben, *Profanações*. São Paulo: Boitempo, 2007, p. 59.

278 Livro de Êxodo capítulo 20, verso 8.

ou melhor, como sugere Agamben, fazendo dela "um uso particular". Questionado por religiosos sobre estar, junto com seus companheiros, colhendo espigas (provavelmente para comer milho assado com a turma, na beira de uma fogueira, curtindo a estação do inverno) em pleno dia de sábado, algo estritamente proibido pela religião judaica, replicou:

> Vocês nunca leram o que fez Davi [o rei] quando ele e seus companheiros estavam necessitados e com fome? Nos dias de Abiatar, o sumo sacerdote, ele entrou na casa de Deus e comeu os pães da Presença, que apenas aos sacerdotes era permitido comer, e os deu também aos seus companheiros.[279]

Não bem os religiosos começam a espumar de raiva, ele adiciona: "O sábado foi feito por causa do homem, e não o homem por causa do sábado". Inversão da ordem: nós é quem devemos nos servir do sábado, e não o contrário. Blasfêmia hedonista, antropocêntrica!, gritaram os zelosos de Deus.

O Galileu daria, dessa forma, um duro golpe na espiritualidade judaica de sua época. Basicamente, ele estava dedurando o grande e venerado rei David, aquele a quem Deus havia chamado de "um homem segundo o coração de Deus". É justamente esse David que, movido por desejo tão carnal e humano, demasiadamente humano, o desejo de matar sua fome, vai e profana o sacrifício, isto é, os pães consagrados a Deus. Pior: não satisfeito, ainda pegou dos pães consagrados e deu a seus companheiros! Um delito com agravantes.

Essa história retirada da Bíblia aponta para outra função do ato de profanar: a de destituir a "aura" de sacralidade com a qual costumamos envolver figuras de autoridade como líderes religiosos e políticos.

279 Evangelho de Marcos capítulo 2, versos 25 a 27.

É importante lembrar que o maior ato de profanação que encontramos na Bíblia, no sentido que estamos a considerar aqui, foi a própria encarnação do Verbo: o Deus que se fez carne e habitou entre nós. Movimento de aproximação.

Não por acaso o advento da descida de Deus até nós, a epifania do Filho do Homem, recebe na Bíblia o nome de *Emanuel*, que quer dizer *Deus conosco*. Deus, que estava separado de nós pela consagração operada pela religião, se aproxima; Deus, que havia sido subtraído de nós, nos é restituído. Esse Deus humano, encarnado, que vive como um de nós, que tem sede, fome, que trabalha, se cansa e deseja descansar; esse Deus profanado e acessível, sem a aura própria dos objetos consagrados, será um escândalo para o homem da religião, uma ofensa à sua sensibilidade religiosa. Por isso se juntaram para matar esse "falso Deus".

PROFANAR É SECULARIZAR?

Então, profanar envolve tudo isso: juntar o que havia sido separado, aproximar, integrar, entrar em contato, dessacralizar. Se a consagração separa e subtrai, a profanação integra, soma e restitui. Por isso mesmo é capaz de formar comunidade.

Profanar, porém, não é o mesmo que secularizar, alerta Agamben. A secularização seria "uma forma de remoção que mantém intactas as forças, que se restringe a deslocar de um lugar a outro". Então, "a secularização política de conceitos teológicos (a transcendência de Deus como paradigma do poder soberano) limita-se a transmutar a monarquia celeste em monarquia terrena, deixando, porém, intacto o seu poder". A profanação, por seu turno, implica "uma neutralização daquilo que profana", o que significa dizer que "depois de ter sido profanado, o que estava indisponível e separado perde a sua aura e acaba restituído ao uso [comum]". As duas operações são políticas, "mas a primeira [a secularização] tem a ver com o exercício do poder, o que é assegurado remetendo-o a um modelo sagrado; a segunda [a profanação] desativa os dispositivos do poder e devolve ao uso comum os espaços que ele havia confiscado".[280]

Para Max Weber, o cristianismo teria sido o impulso que deu início ao processo de secularização política de conceitos teológicos. Vimos em capítulo anterior como o neocalvinismo de Abraham Kuyper se utiliza da secularização política de conceitos teológicos para criar noções como *esfera mecânica do Estado* e *esfera orgânica dos círculos sociais*. No neocalvinismo, o governo secular seria um espelho do governo na Igreja, com Deus como fonte comum de autoridade para todas as esferas. Se, na Igreja, Deus delega sua autoridade diretamente aos ministros (pastores), nas esferas do Estado e dos círculos sociais (que no conjunto corresponderia mais ou menos ao que chamamos hoje de sociedade civil), Deus delegaria diretamente sua autoridade aos magistrados (governantes) e soberanos orgânicos em cada círculo social. Na concepção de mundo neocalvinista, o poder e a autoridade mantêm-se na transcendência.

DEMOCRACIA E ESTADO

Embora as teorias constitucionais afirmem que o poder e a soberania pertencem ao povo, na prática os mandatários se comportam como verdadeiros soberanos kuyperianos, isto é, autônomos em relação aos cidadãos, prestando contas, supostamente, somente a Deus, fonte última de toda autoridade.

Pode-se formular o problema contemporâneo da crise das democracias eleitorais e representativas da seguinte maneira: por serem

280 Giorgio Agamben, *Profanações*. São Paulo: Boitempo, 2007, p. 60.

fruto de processos de secularização, e não de atos de profanação, as democracias liberais permaneceram estruturadas em torno da ideia de um *arché* (do grego: fundamento, autoridade), que teria preservado do modelo sagrado sua natureza transcendente, própria dos conceitos de soberano e soberania.

A organização do Estado e do governo secular com base em *arché* transforma, na prática, os governantes em *arché-tipos* de Deus, continuando a exigir dos governados a *relegere*, isto é, uma "atitude de escrúpulo e de atenção que deve caracterizar as relações com os deuses, a inquieta hesitação perante as formas — e as fórmulas — que se devem observar em respeito à separação entre o sagrado e o profano". Essa estruturação, essa *arqui-tetura* do poder terá como efeito a produção de um distanciamento, cada vez mais acentuado, entre representantes e representados, tornando letra morta, para todo fim prático, a ideia de soberania popular.

É preciso profanar a democracia! Profanação da democracia significaria deliberada neutralização e negação do *cratos* (do grego: força, dominação, poder), para produção de uma condição de *a-cracia*, de ausência de dominação e de coerção. O ato de profanação envolveria ainda um novo princípio organizativo para a Política e o Estado que partisse de um fundamento (a*rché) totalmente imanente à comunidade dos humanos,* não mais baseado no modelo sagrado da transcendência. O resultado sendo um movimento de passagem da democracia, poder do povo, para uma *demo-arquia* ou *demarquia*, fundamento popular. Uma demarquia seria a expressão do objeto já profanado, após o apagamento da "aura", a restituição ao povo daquilo que havia sido consagrado, subtraído dele, inicialmente pela religião e, depois, pela maquiagem da secularização.

Note-se que a *an-arquia*, a negação de qualquer fundamento, não caminha necessariamente na direção do ato de restituição (profanação) ao povo daquilo que lhe foi roubado pelas consagrações da religião e da secularização, mas criaria apenas um "nada", uma condição de pura negação, sem mexer na relação fundamental transcendente-imanente, local de tensionamentos entre o sagrado e o profano, o terreno onde é travada a verdadeira batalha entre consagradores e profanadores.

O problema da crise das democracias eleitorais, que é o problema da representação política ou, em outros termos, o problema da impotência do cidadão frente à colonização da política pelo poder econômico, poderia ser abordado também, nas pistas deixadas por Georges Bataille, em referência à relação sujeito-objeto. A transcendência é a condição de existência da relação sujeito-objeto. Enquanto a imanência pressupõe a semelhança, a transcendência pressupõe a diferença qualitativa, e, portanto, a superioridade de um ser em relação a outro. Bataille faz as seguintes observações:

> A distinção exige uma posição do objeto como tal. Não existe diferença apreensível se o objeto não foi posto.
> Nada há na vida animal que introduza a relação do senhor com aquele que ele comanda, nada que possa estabelecer de um lado a autonomia e do outro a dependência. Os animais, já que se comem uns aos outros, são de força desigual, mas nunca há entre eles mais que essa diferença quantitativa. O leão não é rei dos animais: ele é apenas, no movimento das águas, uma onda mais alta que derruba as outras, mais fracas. [281]

Em outras palavras, a transcendência interrompe o contínuo da imanência e do reconhecimento mútuo entre seres qualitativamente

281 Georges Bataille, *Teoria da religião*. Belo Horizonte: Autêntica, 2016, pp. 23-24.

semelhantes, e introduz as posições de sujeito para si e de objeto para o não-eu, sobre o qual o primeiro age como senhor e comandante. Todo plano de transcendência é povoado por relações do tipo sujeito-objeto, isto é, relação de dominação, de comando e obediência, e de subordinação.

Como as noções modernas de Estado e Governo estão fundamentadas (*arché*-adas) sobre um plano de transcendência importado das antigas teocracias, aspecto que a secularização manteve intacto, as relações governantes-governados, representantes-representados, tendem a ser do tipo sujeito-objeto, onde os mandatários, os soberanos *de fato*, se autonomizam em relação aos mandantes, os soberanos de direito. Nessa relação, a dessemelhança qualitativa entre as partes é instaurada e se expressa por meio da linguagem, dos signos, dos códigos e da assimetria de armas.

Enquanto o regime democrático não for profanado – com versões completamente imanentes para as noções de Estado e Governo –, dificilmente haverá possibilidade de um Estado laico *de fato*. Permaneceremos com um Estado religioso, para todos os efeitos práticos, em trajes seculares, com mera aparência de laicidade.

Na verdade, pode-se dizer que, uma vez que a sequência histórica, pelo menos nas civilizações ocidentais, tem sido de teocracias seguidas de monarquias, seguidas de democracias liberais, a rigor nunca houve um período em que a vida em coletividade estivesse sob um regime *profano*, no sentido que está sendo dado aqui, onde o poder tenha sido, de fato, exercido pelo povo. Não haveria, portanto, que se falar em restituição, por profanação, daquilo que nunca nos pertenceu.

Talvez possamos buscar referências em alguns povos "primitivos" que experimentaram outras formas de vida em coletividade, a exemplo do que o antropólogo francês Pierre Clastres chamou de "sociedades contra o Estado"[282]. Depois de estudar de perto os modos de existência desses povos, Clastres conclui que a presença ou a ausência do Estado não é um bom critério para se avaliar a evolução de uma sociedade. Talvez tenhamos que aprender com essas "sociedades contra o Estado" novos significados para o governo e a política que não estejam vinculados às noções de coerção e subordinação, isto é, que escapem à relação sujeito-objeto.

282 Pierre Clastres, *A sociedade contra o Estado*. São Paulo: Ubu, 2017.

CAPÍTULO VI

ANTIPASTORAL

Ninguém vos domine a seu bel-prazer, com pretexto de humildade e culto dos anjos. [283]

A expressiva adesão de evangélicos ao projeto autoritário e neofascista do bolsonarismo serviu, dentre outras coisas, para mobilizar cristãos do campo democrático, fazendo-os vir a público para marcar posição em relação a conservadores e fundamentalistas. Seria preciso deixar claro para a sociedade que nem todo cristão evangélico compartilha da visão de mundo profundamente regressiva da extrema direita brasileira. Alguns poucos e corajosos pastores entraram em campo para combater e denunciar a conduta antidemocrática e anticivilização do governo Bolsonaro, fazendo coro com tantos outros, religiosos ou não, engajados na luta pela defesa de tudo que havíamos conquistado – com muita luta, dor e sofrimento – após a ditadura empresarial-militar dos anos 1960: Estado laico e de direito, direitos humanos, políticos e sociais etc.

Podemos situar os embates entre cristãos progressistas e fundamentalistas, respectivamente opositores e apoiadores do governo de extrema direita, no plano mais familiar e evidente da macropolítica, no qual democratas e libertários saem em defesa dos direitos das minorias, denunciam o racismo estrutural, as injustiças sociais,

283 Carta aos Colossenses, capítulo 2, verso 18.

publicam notas de repúdio contra os ataques sistemáticos à liberdade de impressa, contra a degradação do meio ambiente, contra a perda da autonomia universitária e saem em defesa da demarcação de terras indígenas contra o avanço de grileiros e madeireiros.

Tudo isso no plano que nos habituamos a chamar simplesmente de *política*.

O poder pastoral, contudo, sendo fundamentalmente da ordem dos *micropoderes*, se infiltra e se instala com facilidade nas relações, não respeitando taxonomias e marcadores tradicionais como esquerda-direita, democrático-autoritário, liberal-conservador. Processos *moleculares* (em contraste com processos molares), como os microfascismos, desenvolvem-se frequentemente no interior de entidades e grupos sociais, que no plano maior da política seriam facilmente situados, e de forma correta, no campo democrático e progressista; grupos e entidades que estão, podemos dizer, na vanguarda das lutas por emancipação. Pelo efeito de micropoderes, contudo, não é incomum que líderes sindicais transfigurem-se em verdadeiros tiranos; partidos políticos de esquerda, conhecidos adversários do fascismo histórico, se apresentem como substitutos eficazes das tradicionais idealizações fascistas da Pátria e da Família.

Em 1977, ainda sob a ressaca de um Maio de 68 que se esvaziou, que teve suas energias revolucionárias dissipadas, sem chegar a realizar seu extraordinário potencial de inauguração de novos modos de vida, o psicanalista Félix Guattari chama a atenção para uma espécie de processo de *molecularização*, de generalização da luta de classes:

> A luta de classes não passa mais simplesmente por um front delimitado entre os proletários e os burgueses, (...) ela está igualmente inscrita através de numerosos estigmas na pele e na vida dos explorados, pelas marcas de

autoridade, de posição, de nível de vida (...) A luta de classe contaminou, como um vírus, a atitude do professor com seus alunos, a dos pais com suas crianças, a do médico com seus doentes; ela ganhou o interior de cada um de nós com seu eu, com o ideal de status que acreditamos ter de adotar para nós mesmos. Já está mais do que na hora de se organizar em todos os níveis para encarar esta luta de classe generalizada.[284]

Essa generalização da luta de classes tem um movimento horizontal de ampliação do seu escopo, atingindo todas as áreas da atividade humana, mas também um movimento vertical de "ganhar o interior de cada um de nós": processos psicológicos, hábito social e fluxos afetivos que nos atravessam. Essa luta é travada também no plano da subjetivação. Expressa-se nas relações cotidianas que estabelecemos com outras pessoas. O inimigo se infiltrou por toda parte, fazendo com que militantes caiam em contradição ao encarnar em suas práticas as mesmas opressões que combatem no tabuleiro da *grande política*. Por isso exaspera-se Guattari:

> De que serviria, por exemplo, propor às massas um programa de revolucionarização antiautoritária contra os chefinhos e companhia limitada, se os próprios militantes continuam sendo portadores de vírus burocráticos superativos, se eles se comportam com os militantes dos outros grupos, no interior de seu próprio grupo, com seus próximos ou cada um consigo mesmo, como perfeitos canalhas, perfeitos carolas?[285]

Falando a seus pares do campo político de esquerda, Guattari põe o dedo na ferida. Como vamos seguir desse jeito, sendo, no plano

284 Félix Guattari, *Revolução Molecular: pulsações políticas do desejo*. São Paulo: Brasiliense, 1981, p. 15.
285 Ibidem.

dos macroprocessos sociais e políticos, vanguardistas dos movimentos libertários, antiautoritários, anti-imperialistas e, ao mesmo tempo, no interior dos nossos pequenos mundos – na família, no sindicato, na universidade, na igreja, na fábrica – como cães de guarda que vigiam e como "o homem forte" que domina e que intimida? Infelizmente, em muitas instituições historicamente ligadas às lutas de trabalhadores e trabalhadoras – no partido, no sindicato, na ONG, no coletivo –, com belos e louváveis serviços prestados ao avanço das causas de minorias excluídas e oprimidas, vale, quando focamos nas relações internas, a máxima bolsonarista: "As minorias têm que se curvar para as maiorias!".

Com o poder pastoral ocorre algo semelhante. É perfeitamente possível, até mesmo frequente, que lideranças eclesiásticas engajadas, no plano dos macroprocessos sociopolíticos, em movimentos libertários e em lutas por emancipação, participem e até encabecem, no cotidiano dos "pequenos mundos", processos de dominação e opressão.

Como ocorre com o racismo estrutural, onde o preconceito está inscrito na ordem "normal" da vida em sociedade, há também um sentido de "normalidade" no exercício do poder pastoral. O pastorado, autonomizado em relação a tudo mais que pode envolver a vida de uma comunidade de fé, age como uma força que organiza e estrutura o dia a dia da comunidade, as relações no seu interior, a partir desse centro de decisão. A centralidade e autonomia do pastorado cristão é justificada por um conjunto de interpretações de alguns trechos da Bíblia, que poderiam ser resumidas assim: o(a) pastor(a) teria recebido da parte de Deus uma vocação especial e específica em relação aos demais cristãos, que incluiria a tarefa exclusiva de conduzir o rebanho que lhe foi confiado pelo próprio Deus, visando seu bem. Consequência direta dessa compreensão do pastorado, a última palavra sobre qualquer assunto concernente à vida em comunidade deve ser do(a) pastor(a). Cria-se, portanto, espaço para acomodação de hierarquias, de cadeias de autoridade, de dimorfismos do tipo clérigos-leigos e para toda uma divisão de papéis no interior da comunidade. Em outras palavras, organiza-se e governa-se a vida comunitária a partir da vocação pastoral e suas supostas prerrogativas.

Para exemplificar, vamos observar um dos indicadores de processos de centralização de poder: o monopólio da fala, o uso da palavra. Na tradição cristã, a pregação, a homilia é um dos principais instrumentos para a formação do cristão. Por isso mesmo há toda uma atenção especial, um esforço deliberado por parte de lideranças eclesiásticas em controlar quem pode e quem não pode, e o quanto pode, realizar essa atividade.

Para ter uma medida, mesmo que grosseira, do monopólio do uso da palavra, coletei dados sobre a utilização do púlpito das igrejas no momento da liturgia reservado à entrega da mensagem para a comunidade. Foram analisados um total de 149 cultos, realizados no primeiro semestre de 2022, para um conjunto de quatro igrejas evangélicas, duas de perfil conservador e duas que poderíamos situar, com base nos conteúdos produzidos e veiculados pela igreja, no campo progressista. Para o conjunto das quatro igrejas, em média, em 93,91% das vezes a pregação esteve a cargo de um(a) pastor(a). Realidade que permanece praticamente inalterada quando separamos as igrejas em conversadoras e progressistas. Nas duas igrejas conservadoras analisadas (uma igreja presbiteriana em Brasília e uma igreja batista em Salvador), em 96,32% de um total de 80 cultos celebrados a pregação esteve a cargo de um pastor (não se viu nenhuma pastora). Nas duas igrejas progressistas, duas igrejas batistas, uma em São Paulo e outra em Maceió, em 91,50% de um total de 69 cultos celebrados, a pregação esteve a cargo de um pastor ou uma pastora.

Essas estatísticas contrariam a intuição de que haveria maior democratização no uso da fala e maior revezamento no uso do púlpito em igrejas mais progressistas. Em uma das igrejas do grupo *progressistas*, por exemplo, o(a) pastor(a) se opõe abertamente ao governo Bolsonaro e defende pautas consideradas de esquerda, como o casamento homoafetivo e os direitos das mulheres. No entanto, quando analisamos a ocupação do púlpito no momento da pregação, observamos que em 92,31% de um total de 26 cultos celebrados, a pregação esteve a cargo do pastor ou da pastora. Praticamente não houve revezamento do uso da fala durante um dos principais momentos na liturgia cristã, o momento da pregação, momento de ouvir "o que Deus tem a dizer" aos irmãos e às irmãs da comunidade.

Depois de décadas de participação ativa em igrejas evangélicas de tradição reformada essa estatística não chega a surpreender-me. Em minhas memórias daquele longo período, a centralidade do pastorado sempre foi uma constante em todas (sem exceção) as igrejas por onde passei, com variações aqui e acolá no grau de concentração das decisões (as que importam, obviamente) nas mãos dos pastores e na ocupação do púlpito.

Evidências como o monopólio da palavra, mesmo em igrejas politicamente progressistas, dão conta de que o poder pastoral não parou de se infiltrar e de determinar a experiência social no interior da maioria das comunidades de fé, e de produzir formas de vida bem adaptadas às estratificações, a relações de dominação, de comando e obediência, às hierarquias. Tudo leva a crer que essa forma de vida inaugurada, mantida e administrada pelo pastorado cristão está na raiz da identificação da massa de evangélicos com o pacote ideológico extremamente antidemocrático e regressivo do bolsonarismo no Brasil, e com variantes antidemocráticas da extrema direita mundo afora.

Não é o caso de negar o importante papel exercido pelas *fake news* no processo de aproximação e identificação crescentes de evangélicos à figura de Bolsonaro e seu discurso antidemocrático. Contudo, as estratégias utilizadas pela extrema direita bolsonarista para "seduzir" e "conquistar" esse segmento da população não teriam obtido êxito se a mensagem não encontrasse, do lado do receptor, um terreno já adubado, arado, preparado para receber a semente da barbárie, fazendo-a germinar. Esse terreno é o próprio tecido sociocultural no qual a vida cristã institucionalizada acontece. Sua topografia e as condições de seu solo, isto é, a forma de organização e governo, as relações que se constituem no interior das comunidades cristãs, produziram essa fantástica receptividade do evangélico médio às ideias e visões de mundo da extrema direita política.

Nas análises elaboradas por cristãos progressistas sobre o apoiamento de irmãos e irmãs de fé ao bolsonarismo, o pastorado raramente é mobilizado na realização da crítica. Fala-se da religião como ópio, sobre ideologia, sobre posição de classe; sobre manipulação da opinião pública, fundamentalismos e conservadorismo, mas dificilmente o pastorado cristão é utilizado como chave interpretativa. Quando o pastorado aparece, é para fazer a contraposição entre "maus" e "bons" pastores. Em geral, não se vê nenhum problema fundamental com a própria ideia de pastorado cristão nem com sua expressão prática na realidade das igrejas. A denúncia fica restrita aos maus pastores, que deturpam o "bom uso" da autoridade da função para dominar o rebanho, a fim de obter algum tipo de benefício, material ou simbólico. O pastorado cristão em si é um não-problema.

A crítica fácil e indolente recorrerá, invariavelmente, ao jogo do falso e do verdadeiro a fim de "explicar" a realidade social. Nos debates dentro dos círculos cristãos, reaparece a ideia do joio e do trigo. Como é articulada essa ideia? Em linhas gerais, se um cristão apoia intervenção militar, armamento da população, militarização das escolas; se apoia quem diz que negros são pesados em arrobas e quem defende que as minorias devem se curvar às maiorias; se um cristão participa de esquemas de corrupção, valendo-se de cargo público para praticar crimes como a advocacia administrativa e tráfico de influência para beneficiar igrejas; se o cristão "pisa na bola" nesse tanto, seria obra de *joio*, de falsos cristãos que frequentam as igrejas, que estão misturados no meio do verdadeiro povo de Deus, o *trigo*. Quando não dá para negar os fatos, mesmo com uso de *fake news*, lança-se mão de justificações conjunturais de tipo personalista: o argumento da "maçã podre" (*bad apple*). A maçã podre é aquele que cria problemas para os outros, um membro do grupo cujo comportamento afeta negativamente o restante do grupo. Esse tipo de justificação inibe, de antemão, a investigação de eventuais dimensões estruturais do problema.

Há três ou quatro semanas fiquei entusiasmado ao tomar conhecimento do lançamento de uma coletânea de textos que tinha como tema central a noção foucaultiana de poder pastoral. A coletânea intitulada "Michel Foucault e o poder pastoral", publicada por uma editora cristã progressista, traz textos escritos por doutores e mestres em teologia, em sua maioria, e por historiadores e filósofos ligados de alguma maneira à tradição cristã. Com avidez, comprei meu exemplar e comecei a devorar os textos. A empolgação logo deu lugar à frustração. Embora tenha encontrado ali trabalhos interessantíssimos do ponto de vista acadêmico e teológico, nenhum dos autores fez qualquer vinculação da noção de poder pastoral à realidade sociopolítica brasileira dos últimos quatro anos. Absolutamente nada!

Como seria isso possível? Como alguém no Brasil, no ano de 2022, poderia falar acerca do tema *poder pastoral* sem estabelecer nenhuma ponte com a realidade sociopolítica, com a decisiva participação de cristãos e igrejas no desenvolvimento de fatos políticos tão marcantes, que produziram múltiplas e profundas crises, como jamais visto na história do país? Não percamos de vista que estamos falando basicamente de intelectuais do campo progressista! A leitura da coletânea foi para mim uma inequívoca indicação de uma tenaz resistência à autocrítica, tendência geral nos círculos da intelectualidade cristã e progressista, de não tocar nas estruturas que mantêm de pé o edifício da fé cristã institucionalizada, esse verdadeiro vespeiro.

Parece-me evidente o desinteresse de boa parte dos intelectuais vinculados à tradição cristã – a maioria exerce a função pastoral ou, ao menos, recebeu formação teológica para o exercício da função sacerdotal – em realizar a crítica do pastorado tendo como pano de fundo o recente protagonismo político dos evangélicos no Brasil. Esse desinteresse pode ser um eco de pudores históricos de certos segmentos da cristandade em submeter ao escrutínio do pensamento crítico elementos da fé cristã considerados irretocáveis e intocáveis, como o pastorado. Isso nos remete à afirmação de Foucault (de 1978) de que "nunca houve uma revolução antipastoral", de que o pastorado "ainda não passou pelo processo de revolução profunda que o teria aposentado definitivamente da história"[286]

Richard Shaull, teólogo estadunidense que viveu no Brasil durante as décadas de 1950 e 1960, parece concordar com Foucault ao assinalar que "os reformadores do século dezesseis tiveram a visão de uma *ecclesia reformata semper reformanda*, mas falharam ao organizar a vida das igrejas que eles estabeleceram para que isso pudesse acontecer"[287]. Se a teologia passou por um processo de renovação, a organização e o governo nas igrejas permaneceram praticamente

286 Michel Foucault, *Segurança, Território, População*. São Paulo: Martins Fontes, 2008, p. 199.
287 Richard Shaull, *A Reforma Protestante e a Teologia da Libertação*. São Paulo: Pendão Real, 1993, p. 100.

inalterados. As igrejas reformadas continuaram a ser organizadas e estruturadas com base numa hierarquia onde a figura do pastor ocupa um lugar central, com a manutenção, na prática, da distinção entre clero e leigos. A noção de sacerdócio universal dos santos ficou restrita aos assuntos espirituais, à dimensão da salvação individual de cada crente.

O pastorado cristão vai exercer um papel decisivo na construção dessa receptividade, dessa prontidão a ideias e concepções de mundo reacionárias e antidemocráticas. Abertura a discursos e práticas autoritárias, fascistizantes e desumanas, de um lado; indiferença e fechamento a ideias libertárias e a projetos de transformação social, do outro.

É curioso notar que grande parte das tentativas de resistência ao poder pastoral surgiu de dentro do próprio cristianismo, na forma de crises internas, de contracondutas. No curso *Segurança, Território, População,* ministrado no Collège de France em 1977-1978, Michel Foucault apresenta a noção de poder pastoral e introduz o tema das *contracondutas.* Buscava ele saber em que medida as contracondutas que ele analisou "puderam, até certo ponto, pôr em questão, trabalhar, elaborar, erodir o poder pastoral (...), isto é, como uma crise interna do poder pastoral teria sido, depois de muito tempo, aberta na Idade Média pelo desenvolvimento de tais contracondutas".[288]

A que se contrapunham esses movimentos de contestação? Essencialmente, àquilo que fora produzido, durante séculos, como consequência de uma profunda e sistemática institucionalização do pastorado: (1) ao dimorfismo que opunha o clero aos leigos e (2) ao poder sacramental dos sacerdotes.

Quanto ao dimorfismo clero-leigos, a queixa dos revoltosos tinha a ver com a "existência de clérigos que têm não apenas privi-

288 Idem, pp. 265-266.

légios econômicos e civis, mas também privilégios espirituais, que estão via de regra mais próximos do paraíso, do céu e da salvação que os outros".[289]

Identificava-se, através de um movimento de retorno às Escrituras, que "os presbíteros, ou o bispo, ou o pastor das primeiras comunidades cristãs não tinha de modo algum um poder sacramental", poder de operar sacramentos, isto é, "de ter uma eficácia direta por seu próprio gesto, por suas palavras, uma eficácia direta na salvação das ovelhas".[290] E essa memória das primeiras comunidades cristãs, que se tornara popular, seria usada para pôr em questão o pastorado na Idade Média.

A partir dos séculos XI e XII introduz-se no pastorado um *modelo judicial*, passando a ser obrigatória a prática da confissão, que funcionaria como um "tribunal permanente perante o qual cada fiel deve se apresentar regularmente". Junto com a obrigatoriedade da prática da confissão, desenvolve-se a crença no purgatório, "um sistema de pena modulada, provisória, em relação ao qual a justiça, enfim, o pastorado poderia desempenhar certo papel". Esse papel será desempenhado precisamente no sistema de indulgências, "a possibilidade do pastor e da Igreja atenuar, mediante a satisfação de certas condições, essencialmente financeiras, as penas que estavam previstas".[291]

Todos esses produtos da crescente centralidade e institucionalização do pastorado – dimorfismo, poder sacramental e confissão/purgatório/indulgência – vão provocar o surgimento de uma série de movimentos de contestação e de ruptura no interior do cristianismo, que Foucault chama, em seu conjunto, de *lutas antipastorais*.

289 Idem, p. 267.
290 Idem, pp. 267-268.
291 Ibidem.

Apesar da grande diversidade das lutas antipastorais na Idade Média, elas tinham como característica comum e fundamental "uma nova atitude, (...) um novo comportamento religioso, (...) uma nova maneira de fazer e de ser, (...) uma nova maneira de se relacionar com Deus, com as obrigações, com a moral, com a vida civil também".[292]

Acredito que cristãos de hoje, especialmente aqueles comprometidos com movimentos libertários e democráticos e com lutas por transformação social, podem aprender com o exemplo histórico das lutas antipastorais da Idade Média, em como atualizar a imaginação política e as estratégias de combate a formas de dominação ancoradas na organização e na autoridade, dedicadas a sufocar a vida abundante (o bem-viver), a estragar o vinho novo, negando o desejo, e a fazer sumir a salinidade do sal, pela redução da vida à função, num mundo reticulado pela divisão social do trabalho.

Onde, então, os cristãos medievais encontraram inspiração para se contrapor ao poder pastoral? Nos elementos da própria fé cristã. Ressignificando-os ou recuperando sentidos esquecidos no passado dos primórdios da Igreja, formaram uma plataforma de onde puderam lançar sua contestação, expressar sua recusa e iniciar um movimento de subversão da ordem para renovação do imaginário, da linguagem e das práticas cristãs.

Foucault identifica cinco formas principais de contraconduta na Idade Média que "tendem a redistribuir, a inverter, a anular, a desqualificar parcial ou totalmente o poder pastoral" nos três domínios que formam seu campo de intervenção: "uma *economia da salvação*, uma *economia da obediência* e uma *economia da verdade*".[293]

292 Idem, p. 269.
293 Idem, pp. 269-270.

CONTRACONDUTAS

A primeira contraconduta: o *ascetismo*. Em que medida uma vida ascética poderia se contrapor ao poder pastoral ou, nas palavras de Foucault, "o que haveria no ascetismo que seria incompatível com a obediência ou o que haveria na obediência que seria essencialmente antiascético"?[294] A ascese é "um exercício de si sobre si mesmo, uma espécie de corpo a corpo que o indivíduo trava consigo mesmo e no qual a autoridade de um outro, a presença de um outro, o olhar de um outro é, se não impossível, ao menos não necessária". O ascetismo também tenderia a produzir um estado "de tranquilidade, de apaziguamento, um estado de *apatheia*", que é "o domínio que ele [asceta] exerce sobre si mesmo, sobre seu corpo, sobre seus sofrimentos". Neste sentido, o ascetismo seria incompatível com a estrutura do pastorado, que implica "uma obediência permanente, uma renúncia à vontade, e somente à vontade". Nunca haveria, na estrutura do pastorado, um "acesso a um estado de beatitude ou a um estado de identificação com Cristo, a uma espécie de estado terminal de domínio perfeito, mas, ao contrário, um estado definitivo, adquirido desde o início, de obediência às ordens dos outros".[295]

Foucault conclui, então, que

> O cristianismo, na medida em que o que o caracteriza, quanto às suas estruturas de poder, é o pastorado, o cristianismo é fundamentalmente antiascético, e o ascetismo é, ao contrário, uma espécie de elemento tático, de peça de reversão pela qual certo número de temas da teologia cristã ou da experiência religiosa vai ser utilizado contra essas estruturas de poder, (...) há um excesso próprio do ascetismo,

294 Idem, p. 271.
295 Idem, pp. 271-273.

> um algo mais que assegura precisamente sua inacessibilidade por um poder exterior.[296]

Segunda contraconduta: *formação de comunidades*. Na história do cristianismo, a atividade de formação de comunidades esteve motivada, em geral, por algumas questões doutrinais-teológicas. Primeiro, o problema do pastor em estado de pecado. Indagava-se:

> O pastor deve o privilégio do seu poder ou da sua autoridade a uma marca que teria recebido de uma vez por todas e que seria indelével? (...) será porque ele é padre e porque recebeu a ordenação que ele detém um poder, um poder que não lhe pode ser retirado, a não ser quando eventualmente suspenso por uma autoridade superior? É o poder do pastor independente do que ele é moralmente, do que ele é interiormente, da sua maneira de viver, da sua conduta?[297]

Recusa, portanto, da "autoridade do pastor e das justificações teológicas ou eclesiológicas propostas para ela".[298]

Depois, o problema do poder sacramental do sacerdote (padre, pastor, bispo etc.). Poder que basicamente consistia em ser capaz de "fazer entrar na comunidade ao batizar, (...) de absolver ante o céu o que ele absolve na confissão na terra, (...) de dar o corpo de Cristo pela eucaristia".[299]

Como esse poder sacramental passa a ser questionado? Por exemplo, pela recusa à obrigatoriedade do batismo de crianças ou pela desconfiança em relação à prática da confissão, que até os séculos X-XI ainda podia ser realizada entre leigos, antes de ser reservada ex-

296 Idem, p. 274.
297 Idem, p. 275.
298 Ibidem.
299 Idem, p. 276.

clusivamente ao sacerdote. Grupos como os *anabatistas* e os *valdenses* assumem a vanguarda desse movimento de contestação da estrutura pastoral. Essas comunidades se caracterizariam por suprimirem ou tenderem a suprimir "o dimorfismo padres e leigos, que caracterizava a organização da pastoral cristã".[300]

O que é posto no lugar do dimorfismo clérigos-leigos? A "designação do pastor por eleição e de maneira provisória" e um dimorfismo de outra espécie, uma "distinção entre os que são eleitos e os que não são eleitos", que tende a anular a eficácia do sacerdote sobre a salvação, uma vez que quem já está eleito não precisa mais da mediação e dos serviços do sacerdote; e a adoção do "princípio da igualdade absoluta entre todos os membros da comunidade", o que significava, na prática, que "cada um é pastor, cada um é padre, ou seja, ninguém o é".[301] Ninguém o é no sentido de que nenhuma função deveria ter uma ascensão, uma autoridade sobre as demais funções distribuídas no corpo de Cristo, a comunidade dos cristãos. Propunha-se, portanto, uma desvinculação entre função e autoridade. Rejeita-se a estrutura de autoridade construída em torno e a partir da figura do pastor, sem, contudo, negar a função pastoral, entendida como uma das inúmeras funções distribuídas pelo próprio Deus para o desenvolvimento espiritual e material de sua Igreja.

E, por fim, encontram-se também nessas comunidades alternativas fenômenos de *inversão de hierarquias*, pois "embora o pastorado cristão diga que o pastor deve, é claro, ser o último dos servidores da sua comunidade, sabe-se perfeitamente – e tinha-se a experiência disso – que o último dos servidores da comunidade nunca se tornava pastor".

300 Idem, p. 277.
301 Ibidem.

Então, nessas novas comunidades que iam se formando escolhia-se "precisamente o mais ignorante ou o mais pobre, eventualmente o de pior reputação ou honra, o mais depravado, escolhe-se a prostituta para ser a responsável pelo grupo".[302]

A *mística*, enquanto "experiência que (...) escapa do poder pastoral", era outra forma de contraconduta. Com a mística, tem-se uma *economia da verdad*e completamente distinta daquela imanente à estrutura da pastoral cristã, a qual incluía um processo de subjetivação que ia do ensino de uma verdade ao exame do indivíduo (prática assistida do exame de consciência). Economia da verdade no pastorado que incluía uma verdade "transmitida como dogma a todos os fiéis" e a verdade "tirada de cada um deles como segredo descoberto no fundo da sua alma".[303]

Em que sentido a economia da verdade inaugurada pela mística se diferenciava da economia da verdade da pastoral da obediência? Por um jogo de visibilidade totalmente outro: a "alma não se mostra ao outro num exame, por todo um sistema de confissões. A alma, na mística, se vê a si mesma. Ela se vê a si mesma em Deus, e vê Deus em si mesma". Nesse sentido, a mística "escapa fundamentalmente, essencialmente, do exame". Depois, a mística, como revelação imediata de Deus à alma, também escapa da "estrutura do ensino e dessa repercussão da verdade, daquele que sabe àquele que é ensinado, que a transmite". Sendo assim, "toda essa hierarquia e essa lenta circulação das verdades ensinadas, tudo isso é curto-circuitado pela experiência mística". Finalmente, já que na mística "a ignorância é um saber, e o saber tem a própria forma da ignorância", ela se distancia da forma de ensino que caracterizava a pastoral, que ia "regularmente da ignorância

302 Idem, p. 279.
303 Idem, p. 280.

ao conhecimento pela aquisição sucessiva de um certo número de elementos que se acumulam".[304]

Também há na mística uma "comunicação imediata que pode estar na forma do diálogo entre Deus e a alma, na forma do chamado e da resposta, na forma da declaração de amor de Deus à alma, da alma a Deus", ao passo que na pastoral "era necessário haver uma direção da alma individual pelo pastor e, no fundo, nenhuma comunicação da alma com Deus podia ser feita se não fosse, ou relegada ou, pelo menos, controlada pelo pastor".[305]

Outra forma de contraconduta era expressa como um movimento de retorno à Palavra, às Escrituras. A invenção da imprensa por Gutenberg no século XV e a popularização da Bíblia entre os leigos permitiu um tipo de acesso direto às Escrituras. A leitura popular da Bíblia vai criando tensionamentos crescentes com o ensino doutrinário que chega pelas mãos do sacerdote. Nos movimentos de contraconduta desenvolvidos durante a Idade Média vai-se ter "precisamente, de certo modo para curto-circuitar o pastorado e a ser utilizado contra o pastorado, o retorno aos textos, o retorno à Escritura".[306] A leitura popular da Bíblia provoca um *bypass* do pastorado, negando-lhe o monopólio da interpretação bíblica.

A atividade de leitura popular da Bíblia se transforma, então, em ato revolucionário, já que a Escritura "é um texto que fala sozinho e que não necessita do mediador pastoral". O ato da leitura é um "ato espiritual que põe o fiel em presença da palavra de Deus e que encontra, por conseguinte, nessa iluminação interior, sua lei e sua garantia".[307]

304 Idem, pp. 280-281.
305 Idem, p. 281.
306 Ibidem.
307 Idem, pp. 281-282.

Por último, porém não menos importante, a contraconduta da *crença escatológica*, como "outra maneira de desqualificar o papel do pastor". Como? Afirmar "que os tempos se consumaram ou estão se consumando, que Deus vai voltar ou está voltando para reunir seu rebanho" implicava "dispensar os pastores, os pastores da história e do tempo".[308]

Uma crença escatológica que serviu para desqualificar ou, no mínimo, diminuir a importância do pastorado tinha a ver com a afirmação da chegada de uma nova era na história, marcada pela vinda do Espírito Santo, o qual "não se encarna num profeta, não se encarna numa pessoa", mas "se dissemina por todo o mundo, isto é, cada um dos fiéis terá em si mesmo uma parcela, um fragmento, uma centelha do Espírito Santo" e, portanto, "não necessitará mais de pastor"[309]. Pois, como diz o apóstolo João em uma de suas cartas aos primeiros cristãos, "Vocês, porém, receberam dele a unção, e ela permanece em vocês, *de modo que não precisam que alguém lhes ensine a verdade*. Pois o que a unção lhes ensina é verdade, e não mentira, e é tudo que precisam saber".[310]

A análise da hostilidade e da oposição da igreja institucional da época, tanto de reformadores protestantes quanto de contrarreformistas católicos, aos movimentos de contraconduta, leva Foucault a uma conclusão, no mínimo, surpreendente: "o cristianismo, na sua organização pastoral real, *não é uma religião ascética, não é uma religião da comunidade, não é uma religião da mística, não é uma religião da Escritura, claro, não é uma religião da escatologia*".[311] Afirmação contraintuitiva, pois o senso comum diria que o cristianismo é basicamente uma religião de ascetas (lembram de Max Weber e

308 Idem, p. 282.
309 Idem, p. 283.
310 Primeira Carta de João capítulo 2 verso 27 (Nova Versão Transformadora).
311 Michel Foucault, *Segurança, Território, População*. São Paulo: Martins Fontes, 2008, p. 283.

sua *Ética Protestante e o Espírito do Capitalismo*?), que se organiza em comunidades, com práticas devocionais e litúrgicas baseadas na centralidade das Escrituras e nas experiências pessoais (mística) de conversão e santificação, e que têm como horizonte teleológico a segunda vinda de Jesus para estabelecer "novos céus e nova terra", a esperança escatológica.

O senso comum acerca do que é o cristianismo está expresso na definição, talvez a mais conhecida, da Associação Nacional de Evangélicos (*National Association of Evangelicals* – NAE) sobre o que é um evangélico: ser evangélico é defender a Bíblia como autoridade suprema (uma religião das Escrituras), confessar a centralidade da expiação de Cristo, crer em uma experiência de conversão pautada no novo nascimento (uma religião da mística), acreditar na ressurreição dos cristãos (uma religião escatológica) e na unidade espiritual dos crentes (uma religião comunitária). Em sua "organização pastoral real", contudo, isto é, o cristianismo visto a partir de suas práticas concretas e submetido aos ditames da organização pastoral, se mostra a antítese do que é ser evangélico de acordo com a NAE.

Foucault não está a falar do valor de face do cristianismo, sua expressão mais aparente, mas quer destacar que, em sua "organização pastoral real", isto é, em suas formas de organização e de governo, desde uma ótica dos dispositivos de poder, o cristianismo é o contrário de tudo isso – da escatologia, da Escritura, da mística, da comunidade e da ascese. A hostilidade da Igreja, ao longo dos séculos de cristianismo, para com grupos minoritários de cristãos que buscaram radicalizar e dar corpo a esses elementos da fé cristã, encarnando-os na vida prática, é evidência de que os "guardiães da ordem" estão condenados a condenar qualquer forma de pensamento livre e toda inovação antirrepressiva.

Por isso que, para Foucault, tanto a Reforma quanto a Contrarreforma não acabaram com o pastorado. Em verdade, nunca o quiseram fazer. Ao contrário, promoveram uma "intensificação do pastorado religioso em suas dimensões espirituais e em suas extensões temporais", concedendo ao pastorado "um controle, uma apropriação da vida espiritual dos indivíduos muito maior que no passado: aumento das condutas de devoção, dos controles espirituais, intensificação da relação entre os indivíduos e seus guias".

> Nunca o pastorado havia sido tão interventor, havia exercido tanto controle sobre a vida material, sobre a vida cotidiana, sobre a vida temporal dos indivíduos: é a colocação sob o controle do pastorado de uma série de questões, de problemas concernentes à vida material, à propriedade, à educação das crianças.[312]

O saldo, portanto, dos movimentos da Reforma e Contrarreforma teria sido, do ponto de vista das tecnologias de poder, uma inaudita intensificação e capilarização do poder pastoral por todos os poros da vida individual e coletiva.

Bom, o tempo passou, muita água rolou por debaixo da ponte, e cá estamos nós, atordoados, dando braçadas descoordenadas para tudo que é lado, tateando no escuro, tentando de alguma maneira não submergir por completo no lodo de dejetos tóxicos que se espalha por todo o canto. Estamos aqui, no Brasil, vivendo nossa tragédia à Mariana: uma barragem com um volume assustador de preconceitos, de ignorância e de ódio se rompeu, destruindo tudo que encontra pelo caminho.

312 Idem, p. 308.

De repente, tivemos que dar um jeito de conviver, sem nos exasperar e sem cair na pura resignação e completa desesperança, com parentes e amigos falando na Novilíngua de velhos fascismos, reeditando a Revolta da Vacina, se entupindo de Ivermectina, decantando as vantagens do *homeschooling*, defendendo a militarização das escolas públicas, chamando de revolução a ditadura de 1964 e urgindo pelo fechamento da Suprema Corte.

Para cristãos democratas e progressistas, um adicional de pesar e de pesadelo em ver esse tenebroso espetáculo: milhares de cristãos identificando-se com Bolsonaro e seu discurso de ódio e autoritarismo, filiando-se a suas ideias e seu projeto de destruição generalizada. Vimos, horrorizados, em julho de 2022, em uma edição da *Marcha Para Jesus* na cidade de Vitória-ES, com a presença de Bolsonaro, uma réplica gigante de um revólver sendo transportada por um Camaro amarelo.[313] Nada aqui é sem significado: o Camaro (desejo de consumo das classes mais abastadas), o revólver gigante (apoteose ao ódio e à violência), a cidade de Vitória (uma das capitais do Brasil com maior concentração de evangélicos), a Marcha Para Jesus. Antes dessa marcha, em 2021, ficamos estarrecidos ao ver um pastor numa igreja evangélica de Curitiba fazendo uma oração com imposição de mãos sobre várias armas de fogo, ungindo-as com óleo, com a presença de delegados daquela cidade. Dizia o pastor enquanto ungia as armas: "Nós pedimos que o Senhor venha guardar, venha nos proteger através, Senhor Deus, dessas armas (...) que serão pra nossa proteção, para guardar a população, em nome de Jesus, contra os homens maus".[314] A cena me remeteu a outra, onde um pastor presbiteriano conhecido meu aqui de Brasília comemorava a eleição de Bolsonaro

313 Ver https://www.brasildefato.com.br/2022/07/23/ato-de-bolsonaro-no-es-tem-replica-de-arma-gigante-durante-marcha-para-jesus

314 Ver https://youtu.be/B46pgWvTv9k

em 2018 postando um vídeo no qual um tanque de guerra dava um cavalo de pau. Abaixo do vídeo, o seguinte comentário: "Bolsonaro em 1 de janeiro, chegando para tomar posse".

Enquanto, por vezes, na história, grupos de cristãos, animados por uma leitura popular da Bíblia, por um sentido comunal e movidos pela esperança escatológica, tiveram a coragem de descer até os subterrâneos escuros e malcheirosos do edifício da fé cristã institucionalizada, a fim de testar seus alicerces, para de lá intuir acerca de um dos problemas mais fundamentais e estruturais, o pastorado cristão, hoje, existe certo acanhamento, um excesso de pudor por parte de democratas e progressistas cristãos em elaborar críticas mais corajosas e perspicazes acerca da situação das comunidades de fé.

Não vejo possibilidade de mudanças significativas e relativamente duradouras na forma como o cristão médio vê o mundo, em suas afinidades e preferências políticas, sem que haja um movimento deliberado, da parte de cristãos democratas e progressistas, de contestação da *organização pastoral real*, do pastorado cristão como o conhecemos no cotidiano da vida em comunidade.

Há, como vimos, uma série de elementos da própria tradição cristã – a escatologia, a Escritura, a mística, a comunidade e a ascese – que poderiam, uma vez liberados das limitações impostas pela organização pastoral real, induzir processos de renovação do imaginário e das práticas cristãs.

CAPÍTULO VII

TELEMA E TEGEL

Eu queria reinventar as palavras. Porque as palavras, de tantas repetições, vão ficando gastas e, de repente, nada mais são que cascas de cigarra, vazias, agarradas aos troncos rugosos das árvores, testemunhos de um espaço onde esteve a vida. Era isto que eu sentia, em relação aos símbolos da minha tradição [protestante]: contas de vidro, opacas e sem brilho[315]

François Rabelais (1483?-1553), humanista e renascentista francês, foi contemporâneo de Lutero. Nascido em Chinon, cidadela medieval francesa, estudou direito, tornou-se monge franciscano e depois beneditino, publicou traduções de autores gregos e latinos, e formou-se em medicina, chegando a exercê-la. De acordo com Mikhail Bakhtin, "os especialistas europeus costumam colocar Rabelais – pela força de suas ideias e de sua arte, e por sua importância histórica – imediatamente depois de Shakespeare, por vezes mesmo ao seu lado"[316].

Rabelais escreveu duas obras fundamentais do Renascimento, *Pantagruel* (1532) e *Gargântua* (1534), consideradas, em conjunto, sua obra-prima. Obras de ficção que contam as aventuras e os feitos dos gigantes Gargântua e Pantagruel, pai e filho.

315 Rubem Alves, *Por uma teologia da libertação*. São Paulo: Editora Recriar, 2019, p. 37.

316 Mikhail Bakhtin, *A cultura popular na idade média e no renascimento: O contexto de François Rabelais*. São Paulo: Hucitec, 2010, p. 1.

No final da obra Gargântua encontramos a história da Abadia de Telema (*Thélème*, no original em francês). Na verdade, uma *antiabadia*. A palavra *telema* vem do grego e significa "vontade".

Depois de sair vitorioso da guerra contra o rei Picrócolo, que havia invadido o reino do pai de Gargântua, o rei Grandgousier, procurou recompensar seus companheiros de guerra. Faltava recompensar o monge João (*Jean*) por seus préstimos durante a guerra. Ofereceu algumas abadias – Seuilly, Bourgueil e Saint-Florent –, mas ele não quis. Não queria encargo nem governo "porque como é (dizia ele) que eu poderia governar outros, se não sei governar a mim mesmo?". A rejeição do monge João à generosa oferta de Gargântua, ser o manda-chuva em alguma abadia consolidada, seria como que um primeiro princípio, implícito, de Telema: a rejeição ao comando, à ideia de *liderança*. Nas demais abadias, quem está no comando é um abade; em Telema seria diferente.

Mas, então, disse o monge: "Se o senhor acha que fiz bem e que poderia no futuro cumprir um serviço agradável, me outorgue fundar uma abadia do meu gosto".[317] O pedido agradou a Gargântua, que concedeu terras onde deveria ser construída a abadia. O monge João pediu ainda a Gargântua autorização para que "instituísse sua ordem [religiosa] ao contrário de todas as outras".[318] Duas permissões: para construção de uma abadia a seu gosto e para que fundasse uma nova ordem religiosa.

Como seria, então, a abadia de Telema?

Primeiro, não teria muralhas, já que "as outras abadias são fortemente muradas". Se o sacrifício da religião separa, subtrai e cria a distância, entre a abadia de Telema e o mundo haveria um contínuo sem paredes nem fronteiras de qualquer espécie. A abadia seria

317 François Rabelais, *Pantagruel e Gargântua*. São Paulo: Editora 34, 2021, p. 413.
318 Idem, ibidem.

plenamente acessível. Nas outras ordens religiosas, os templos são murados e vigiados, como a vida que acontece no seu interior. Se a vida nos mosteiros e nos conventos é opaca aos danados de fora, a transparência seria a regra da abadia de Telema.

Em Telema se daria a seguinte inversão:

> Já que em alguns conventos desse mundo existe a praxe de, se alguma mulher entrar (falo das carolas e pudicas), limpam o lugar por onde elas passam, foi aqui ordenado que se um religioso ou religiosa ali entrasse fortuitamente, limpariam com esmero todos os lugares por onde passarem.

Na ordem dos telemitas, os religiosos são os impuros, não as mulheres, como era costume nas demais ordens religiosas.

Outra característica: o tempo e o espaço na vida da nova abadia não seriam estritamente regulados e organizados *a priori*, segundo algum *script*, de acordo com calendários. O tempo e o espaço seriam experimentados de outra forma: "já que em todas as religiões do mundo tudo é mesurado, limitado e regrado pelas horas, foi decretado que não teremos relógio nem quadrante algum. Mas a depender das ocasiões e oportunidades é que todas as funções serão divididas".[319] O reinado de *Cronos* não teria jurisdição nos limites da abadia de Telema.

Tomando emprestadas noções lançadas por Gilles Deleuze e Félix Guattari, diria que o tempo e o espaço em Telema se combinariam para formar um *espaço liso*, aberto, amorfo, informal, em contraposição ao *espaço estriado* – delimitado, fechado e formal – da experiência religiosa. O espaço liso "é direcional, e não dimensional ou métrico. O espaço liso é ocupado por acontecimentos ou hecceidades,

319 Idem, p. 414.

muito mais do que por coisas formadas e percebidas. É um espaço de afectos, mais que de propriedades". Ocasiões e oportunidades que a vida oferecesse gratuitamente e sem aviso prévio ditariam o ritmo em Telema, essa teia de afetos que envolve os telemitas quando estão distraídos, em conversas despretensiosas, desarmados enquanto brincam, inventam, experimentam. O espaço liso "é uma percepção háptica [tátil], mais do que óptica".

> Enquanto no espaço estriado as formas organizam uma matéria, no liso materiais assinalam forças ou lhes servem de sintomas. É um espaço intensivo, mais do que extensivo, de distâncias e não de medidas. Spatium intenso em vez de Extensio. Corpo sem órgãos, em vez de organismo e de organização. Nele a percepção é feita de sintomas e avaliações mais do que de medidas e propriedades. Por isso, o que ocupa o espaço liso são as intensidades, os ventos e ruídos, as forças e as qualidades tácteis e sonoras, como no deserto, na estepe ou no gelo.[320]

O *espaço liso*, então, implica experimentação, maneiras de estar no mundo. Telema seria esse experimento, a instauração de formas de vida a partir da libertação do tempo e do espaço dos grilhões de *Cronos*. Não ter relógio nem quadrante algum significa a possibilidade de resistir às teleologias que empobrecem o presente, escapar da organização total que encontramos nas ordens religiosas, onde tudo está de antemão mapeado.

O poder pastoral teria dado lugar "a toda uma arte de conduzir, de dirigir, de levar, de guiar, de controlar, de manipular os homens, uma arte de segui-los, de empurrá-los passo a passo, uma arte que tem a função de encarregar-se dos homens coletiva e individualmente

320 Gilles Deleuze, Félix Guattari, *Mil platôs: capitalismo e esquizofrenia 2, vol. 5*. São Paulo: Editora 34, 2012, pp. 197-198.

ao longo de toda a vida deles".[321] Segundo o *princípio da responsabilidade analítica*, outra característica do poder pastoral, "o pastor cristão deverá (...) prestar contas de todos os atos de cada uma das suas ovelhas, de tudo o que puder ter acontecido a cada uma delas, de tudo de bom e de mau que elas possam ter feito em cada momento".[322] São essas características do pastorado cristão que formam a base de legitimação para uma organização exaustiva do tempo e do espaço, para o controle estrito da vida dentro da comunidade de fé.

Então, por exemplo, em 2020, em meio à pandemia do novo coronavírus no Brasil, um pastor de uma igreja presbiteriana se vale de *pânico moral* para melhor controlar o rebanho:

> E já estão falando aí alguns profetas da atualidade de que depois que acabar a pandemia, daqui há uns dois anos, na perspectiva desse autor, que nós vamos ver um grande crescimento do hedonismo em nossa sociedade. Muita gente tá se segurando agora, segurando a promiscuidade, as baladas, as festas, as viagens, e quando finalmente ficar livre, aí ninguém segura mais.[323]

Alimenta-se o medo de uma iminente explosão de carnalidade, carnavais represados durante os anos de pandemia, que tomará conta da sociedade brasileira como uma avalanche de depravação que "ninguém segura mais". A sociedade é introduzida no imaginário do cristão como algo do qual todo crente piedoso saberá manter distância, o "mundo" perdido e moralmente falido.

Gargântua dirá: "a maior piração do mundo é se governar ao som de um sino [compasso da religião], e não ditado pelo bom senso

321 Michel Foucault, *Segurança, Território, População*. São Paulo: Martins Fontes, 2008, p. 218.
322 Idem, p. 225.
323 Ver https://youtu.be/rS5M-LpsNoQ

e pela inteligência".[324] O *pari passu* marcial que vem dos sinos das catedrais, por um lado, e o *jazz* de gravata folgada e criativo do bom senso e do entendimento, de outro.

Basta olhar a atual cena política brasileira para compreender melhor o que significa essa piração de um mundo governado ao som de sinos de igreja: cristãos com revólveres na cintura, imbuídos de zelo religioso, certos de que foram convocados por Deus a lutar uma guerra santa do bem contra o mal, de mãos dadas com um governante cujo ídolo, o torturador Carlos Brilhante Ustra, pegou pelas mãos duas crianças, de 4 e 5 anos, numa manhã da década de 1970 e as levou à sala onde seu pai e sua mãe estavam sendo torturados, nus, sujos de sangue, vômito e urina. A mãe estava toda roxa e a criança mais velha perguntou: "mamãe, por que você tá azul?".

Dizem que alguns sinos de catedral, assim que seu som toca o mais fundo do coração, tem o poder de, em certas situações, transformar pessoas de boa aparência em monstros tenebrosos e cruéis, sem alterar, contudo, suas feições de bom marido, de pai exemplar e cristão devoto.

Como disse o personagem Bill do romance *O Americano Tranquilo,* de Graham Greene, "a inocência é como um leproso mudo que perdeu o guizo [pequeno sino] e vagueia pelo mundo sem querer fazer mal"[325]. O evangélico conservador médio no Brasil é o incauto descrito na Bíblia, aquele que "acredita em toda informação que recebe", contrário do prudente que "observa bem onde pisa".[326]

---

324 François Rabelais, *Pantagruel e Gargântua*. São Paulo: Editora 34, 2021, p. 414.

325 A frase de Bill remete ao tempo de Jesus, quando a lepra era uma doença incurável e o leproso era considerado impuro e não podia viver no convívio com as demais pessoas para não as contaminar. A palavra "lepra" era usada para designar muitas doenças de pele, não só a hanseníase. Os portadores da lepra viviam isolados fora da cidade e quando precisassem andar em público, tinham de tocar um sino que avisava aos demais que ali ia passando um impuro para que ninguém se aproximasse dele.

326 Livro de Provérbios, capítulo 14 verso 15.

Em Telema seriam recebidas somente mulheres bonitas, pitéus [formosas] e jeitosas, bem como homens bonitos, pitéus e jeitosos, "já que naquele tempo não se metia mulheres numa ordem, a não ser que fossem caolhas, cambetas, corcundas, barangas [feias], bruacas, surtadas, tapadas, malfeitas e taradas, nem os homens, a não ser que catarrentos, estropiados, patetas e fardos do lar". Obviamente que as feiuras e as bonitezas citadas por Rabelais têm mais a dizer sobre realidades interiores ou espirituais do que com aspectos corporais. Ademais, se a beleza na tradição religiosa está ligada à tentação, àquilo que desvia os homens e as mulheres do caminho de Deus, em Telema ela seria muito bem-vinda e celebrada sem culpa.

Rabelais, então, mostra todo seu estilo jocoso e debochado:

– Por falar nisso (disse o monge), se uma mulher não é bonita nem gostosa, dá pano pra manga?

– Só se for para botar numa ordem, disse Gargântua.

– Certo, disse o monge, e para fazer camisas?"[327]

E "já que nos conventos de mulheres não entravam homens a não ser na surdina e na maracutaia, decretaram que aí não teria mulher se não tivesse homem, nem homem se não tivesse mulher"[328]. Crítica ao celibato. Afirmação da interdependência entre homem e mulher. Afirmação também da centralidade do desejo e do corpo.

E "já que tanto os homens quanto as mulheres acolhidos na ordem, após o ano de provação, eram forçados e constrangidos a lá permanecerem perpetuamente o resto de suas vidas, ficou estabelecido que tanto os homens quanto as mulheres ali acolhidas sairiam quando lhes desse na telha, de jeito franco e pleno"[329]. Enquanto a religião constrange, prende e amordaça, na antiabadia de Telema as

327 Idem, ibidem.
328 Idem, ibidem.
329 Idem, ibidem.

portas estariam sempre abertas e não se pediriam explicações para quem quisesse ir embora. Já que as demais ordens religiosas exigem plena fidelidade e comprometimento de seus devotos, em Telema nada seria exigido dos telemitas. Não haveria logomarcas, brasões, distintivos, crachás ou qualquer outro sinal de pertencimento ou exclusividade.

Na contramão da liberdade de ir e vir que deveria nortear a vida na abadia de Telema, está o controle cerrado de pastores sobre a vida das ovelhas. Em 2020, um pastor batista, como ação preventiva contra a evasão de membros, vincula a redução ou a interrupção da participação de alguns membros nas atividades da igreja com *esfriamento da fé*:

> Mas mesmo assim, nós perdemos alguns [na pandemia]. Alguns se distanciaram de nós. Percebemos que houve algum prejuízo daqueles cuja fé durante este ano de grande provação, esfriou. Alguns estão desanimados, não estão encorajados a seguirem firme, a trilharem firme o caminho da fé em Cristo Jesus. Não estão encorajados a participarem dos cultos, nem na internet e muito menos os presenciais. Perderam a vibração, perderam o ânimo, perderam a coragem.[330]

Para o pastor, a pandemia teria funcionado como um grande teste para a fé e aqueles que deixaram de frequentar a igreja falharam no teste, abandonando não a igreja, mesmo que provisoriamente, mas a própria fé.

> É claro, meus irmãos, que nós perdemos algumas pessoas. É claro que a provação que veio sobre a vida da igreja [a pandemia] veio também para testar a fé de muitos. Eu digo isso com muito temor e muita tristeza no coração. Eu me lembro muito bem ter dito no

330 Ver https://youtu.be/H8aGyi54Kac

começo de abril em um dos podcasts que nós gravamos, que nós iríamos perder pessoas.[331]

Não apenas um teste para a fé, a pandemia teria funcionado também como um processo de filtragem e purificação, excluindo os falsos cristãos (os que "não eram dos nossos") do meio da comunidade:

> A situação que nós vivemos este ano foi absolutamente propícia a uma filtragem do meio da igreja. Quando João escreve a sua epístola, primeira carta de João capítulo 2 verso 19, João diz: eles estavam entre nós, mas não eram dos nossos, porque se fossem dos nossos permaneceriam entre nós, mas eles se foram para que ficasse claro que não eram dos nossos.
>
> Mas eu também sou obrigado a admitir que do ponto de vista teológico nós temos uma igreja aberta a todas as pessoas, e é um ambiente onde as pessoas vêm, onde as famílias querem criar seus filhos, mas nem todas as pessoas que estão dentro da igreja tem, de verdade, um compromisso com a fé cristã. Nem todos são salvos de verdade, (...) há determinadas coisas que nós pregamos aqui que só aqueles que são de Deus de verdade vão entender. Outros não vão entender. Então quando chega um momento de provação, de luta, de dor, alguns abandonam a fé. Outros não abandonam a fé. São cristãos de fato.[332]

Discurso do falso e do verdadeiro. Discurso da culpabilização e do medo: quem se mostra relapso no seu compromisso com a Igreja, demonstrado baixa na frequência às atividades, está revelando com isso que não pertence à comunidade dos verdadeiros cristãos. Culpa por não atender ao padrão dos verdadeiros cristãos. Medo da danação.

331 Idem.
332 Idem.

Na esteira do pastor batista, um dos principais teólogos do ramo do presbiterianismo brasileiro que esteve muito próximo do governo bolsonarista (de onde vem o ex-ministro Milton Ribeiro, denunciado de ter participado de um esquema de corrupção no MEC), também descreveria a pandemia do novo coronavírus como um grande teste para a fé do cristão e um processo de renovação e purificação para a igreja, com a exclusão dos apóstatas:

> Podemos agradecer a Deus, essa renovação que vem acontecendo na igreja. Agradecemos a Deus pelo aprofundamento da fé de muitos. Muita gente foi testada duramente esse ano, por todas essas questões que falei, e permaneceram crentes no Senhor Jesus. Houve outros que desistiram. Se desigrejaram... não suportaram... e francamente abandonaram sua confiança em Deus, abandonaram o evangelho. Mas muitos outros tiveram sua fé aprofundada e assim a igreja foi, num certo sentido, purificada.[333]

Purificação. Expurgo. O discurso de purificação age como ação preventiva de contenção contra evasões de membros. Afinal de contas, quem quer receber o rótulo de impuro, de farsante, de apóstata? Além de um forte "incentivo" para os membros que permaneceram na igreja a manterem-se apartados daqueles impuros (profilaxia) que abandonaram a fé. Martela-se o tempo todo: quem sai do nosso convívio é porque nunca foi um de nós.

O pastor batista, rompendo todos os limites de qualquer padrão ético, faz uso aberto de chantagem e ameaças como política de retenção de membros da igreja. Referindo-se a pessoas que durante a pandemia passaram a participar de forma virtual, pela internet, de outras igrejas, diz:

333 Ver https://youtu.be/YwxoD7vDDz8

> Mas... lembre-se de uma coisa: a igreja virtual não vai durar muito tempo. Não alcançará a consistência da igreja local. Ela é como aquela semente que cai entre pedregulhos, que cresce rápido, mas não tem raiz, não tem profundidade. Então quando você precisar de alguém que literalmente coloque a mão sobre você, que abençoe você, que ore por você, o pastor virtual não fará isso. Não estará do seu lado. Aliás ele sequer saberá que você existe e praticamente nunca irá orar por você.
> A igreja virtual é muito boa, mas ela não substitui a igreja local. Ela não substitui o seu pequeno grupo. Ela não substitui os irmãos, que semana a semana, estão do seu lado, ouvem você, oram por você, cuidam de você. O dia em que você perder um ente querido, um familiar, e você estiver ali no meio de sua dor, da saudade, o pastor virtual não virá abraçar você, não virá consolar você. Os membros da equipe de louvor dele não virão cantar pra você.
> [...] Se você um dia estiver num hospital precisando de suporte, de apoio, o pastor virtual não vai saber disso. E se ele souber, ele não terá como dar atenção pra você porquanto você não representa para ele o que ele representa pra você.[334]

O que dizer de um pastor que chantageia de maneira tão vil seus irmãos e irmãs na fé, ameaçando que ficarão desassistidos e desamparados no dia do luto, quando perderem seus entes queridos, caso negligenciem seu compromisso com a igreja local, flertando com pastores "virtuais" na internet? A fala do pastor está recheada da linguagem concorrencial. Ele claramente disputa com a "concorrência" a atenção e a dedicação dos membros da igreja, assediados pelos pastores virtuais.

Retornemos à abadia de Telema. É notável como os princípios que deveriam nortear a vida na abadia representam uma elevação do

334 Ver https://youtu.be/H8aGyi54Kac

status da mulher, num tempo em que ela sofria todo tipo de rebaixamento, quer na vida pública, na família ou nas ordens religiosas. Ainda hoje muitos espaços, públicos e privados, são verdadeiras reservas de mercado para homens. Embora sejam 52,5% dos eleitores, as mulheres ocupam apenas 15% das vagas do parlamento brasileiro. Em espaços religiosos, as funções mais periféricas são reservadas para as mulheres. Em muitas igrejas a função pastoral permanece exclusiva para homens.

Outro princípio antitético de Telema: "já que em geral os religiosos faziam três votos, a saber, de castidade, pobreza e obediência, ali com toda honra poderiam se casar, ficar ricos e viver em liberdade".[335] Joga-se ao mar o ideal puritano e calvinista de vida ascética. Em Telema, a pobreza não seria um valor, nem o celibato e muito menos a obediência.

Depois de enunciados esses princípios extremamente vanguardistas para um texto escrito no século XVI, entra-se na descrição pormenorizada de como deveria ser construída a abadia, com toda sua grandiosidade, suas grandes galerias de arte e bibliotecas, bosques e seus superlativos 9.332 aposentos.

Na porta principal da abadia deveria ser escrito com grandes letras antigas: FAY CE QUE VOULDRAS, isto é, FAZE O QUE QUERES. Talvez uma referência ao que disse séculos antes Santo Agostinho, resumindo o mandamento de Cristo: "Ama e faze o que quiseres".[336]

Em cima da grande porta de Telema, essa magnífica inscrição:

Cá não entreis, hipócritas, carolas,
Velhos grotescos, mendicantes sonsos,

335 François Rabelais, *Pantagruel e Gargântua*. São Paulo: Editora 34, 2021, p. 414.
336 Santo Agostinho, *Exposições da Epístola de S. João aos Partos* (Exp. VII, 8).

Piores do que os godos e ostrogodos,
Precursores de monos [bisonho] e raposas!
Malandros embuçados [dissimulados], libertinos,
Canalhas, forjadores de discórdias,
Ide vender lá fora seus abusos!
(...)

Cá não entreis, gulosos praticantes,
Clérigos, cabotinos [presunçoso] da Basoche [corpo de advogados parisienses],
Funcionários, escribas, fariseus,
Decanos e juízes que enforcais,
Como cães, inocentes paroquianos!
Vosso salário está no cadafalso:
Zurrai lá, pois aqui não há motivo
Para em vossos currais haver processo!
(...)

Cá não entreis, sedentos usurários,
Glutões, lambazes [lambuzo], que viveis juntando,
Unhas-de-fome, comilões de neve.
Narizes-chatos e corcundas ávidos
Que encheis vossas panelas de mil marcos!
Nunca estais tristes, cúpidos patifes,
Quando podeis poupar e acumular.
Um desenlace atroz, vos desfigure!
(...)

Cá não entreis, ó vós, mastins danados,
Em hora alguma, ó velhos invejosos;
Nem vós, ó desordeiros, turbulentos,

Larvas, fantasmas, vis alcoviteiros [cafetões],
Ou gregos ou latinos, mais temíveis
Do que os lobos; nem vós, ó galicados;
Ide com vossos lobos para fora,
Ó perebentos cheios de desonra!
(...)

Entrai, ó vós, e sede aqui bem-vindos,
Ó nobres cavaleiros que chegais!
Neste lugar, dinheiro que se ganha
É todo gasto para o vosso bem,
Sem distinção de grandes ou pequenos.
Ficareis todos meus amigos íntimos,
Alegres, prazenteiros, engraçados,
Bons, gentis, e agradáveis companheiros.
(...)

Entrai, ó vós, que os santos Evangelhos
Pregais no bom sentido, sem temor!
Aqui tereis refúgio bem seguro
Contra os hostis abusos que se espalham
Por todo o mundo, para envenená-lo.
Aqui fundamos verdadeira Fé,
Com nosso exemplo e estudo confundindo
Os inimigos da Palavra Santa.
(...)

Entrai, ó vós, mulheres de alta estirpe!
Com decisão, entrai, sem vacilar,
Ó lindas flores, de celeste face,

Cintura fina e porte tão discreto!
Nesta mansão, tereis morada honrosa:
O bom senhor, que este lugar nos deu,
Para vós ordenou que fosse feito
E para receber todo ouro dado.[337]

A antiabadia de Telema é esse eloquente contraponto ao modo de existência sob a égide do sagrado e do consagrado. O modo de existência dos telemitas se expressaria em constantes atos de profanação, que vão eliminando cada distância interposta pelos consagradores, entre Deus e o povo (não teremos muralhas), entre o homem e a mulher (não haverá um sem o outro), entre revelação e razão (nos guiaremos pelo bom senso e pela inteligência) e entre corpo e espírito (comida, bebida, desejo, beleza). Nada em Telema existe fora da encarnação, fora da imanência. Não fariam nenhum sentido para um telemita o amor platônico, a beleza incorporal, a teologia sistemática, o Deus desencarnado, a vida acética e o regime disciplinar.

Outros personagens da história, em contextos religiosos como o de Rabelais, viriam a contribuir com a insurreição contra as separações, as subtrações e as artificialidades. Um desses personagens foi o teólogo Dietrich Bonhoeffer (1906-1945), que começara a pensar um cristianismo arreligioso. Seu esforço seria interrompido prematuramente pelos nazistas, que o enforcaram em 1945.

CRISTIANISMO NÃO-RELIGIOSO

Bonhoeffer foi um pastor e teólogo luterano alemão, antinazista e membro fundador da Igreja Confessante. Além de seus escritos

337 François Rabelais, *Gargântua*. Rio de Janeiro: Ediouro, 2010, p. 200-203.

teológicos, era conhecido por sua firme resistência à ditadura do Terceiro Reich. Preso em abril de 1943 pela Gestapo, permaneceu por um tempo na prisão de Tegel. Mais tarde, foi transferido para o campo de concentração de Flossenbürg, onde seria enforcado em 9 de abril de 1945.

Durante os dias de cárcere, trocava cartas com amigos e parentes. Em algumas dessas cartas, ainda na prisão de Tegel, começou a esboçar sua ideia de um cristianismo arreligioso. Numa carta a seu amigo Eberhard Bethge, antes de entrar propriamente no tema central, escreve: "Você ficaria surpreso, e talvez até preocupado, com meus pensamentos teológicos e as conclusões a que eles levam" [tradução livre][338], como que preparando o amigo para o que viria a seguir. Primeiro, um incômodo e uma constatação:

> O que está me incomodando incessantemente é a questão do que o cristianismo realmente é, ou quem Cristo realmente é, para nós hoje. O tempo em que as pessoas podiam saber tudo por meio de palavras, sejam teológicas ou piedosas, acabou, assim como o tempo da interioridade e da consciência – e isso significa o tempo da religião em geral. Estamos caminhando para um tempo completamente sem religião; as pessoas como são agora simplesmente não podem mais ser religiosas.[339]

Uma das evidências de que o homem se tornara radicalmente não religioso era o fato daquela guerra [Segunda Guerra Mundial], "ao contrário de todas as anteriores", não estar "provocando nenhuma reação '*religiosa*'".

Bonhoeffer, então, começa a colocar questões que lhe pareciam decisivas naquele momento:

338 Dietrich Bonhoeffer, *Letters & papers from prison*. New York: Touchstone, 1997, p. 279.
339 Idem, ibidem.

> Devemos cair sobre algumas pessoas infelizes em sua hora de necessidade e exercer uma espécie de compulsão religiosa sobre elas? Se não queremos fazer tudo isso, se nosso julgamento final deve ser que a forma ocidental de cristianismo também foi apenas um estágio preliminar a uma completa ausência de religião, que tipo de situação emerge para nós, para a igreja? Como Cristo pode se tornar o Senhor dos sem religião também? Existem cristãos não religiosos? Se a religião é apenas um traje do cristianismo – e mesmo esse traje pareceu muito diferente em épocas distintas – então o que é um cristianismo não religioso?

Se é verdade que a humanidade havia deixado para trás sua infância e entrara na maturidade, não em qualquer sentido de evolução moral ou ética, mas em termos de um estágio civilizatório no qual o desenvolvimento tecnológico e acumulação de conhecimento lhe permite agora endereçar e resolver muitos dos problemas, sem a necessidade de recorrer a Deus, ao *deus ex machina*, como no passado, então "que tipo de situação emerge para nós, para a igreja"? Como Cristo poderia se tornar o Senhor de homens e mulheres "emancipados" pelos saberes científico e tecnológico?

> O que significa uma igreja, uma comunidade, um sermão, uma liturgia, uma vida cristã em um mundo não religioso? Como falamos de Deus – sem religião, ou seja, sem os pressupostos temporalmente condicionados da metafísica, interioridade e assim por diante? Como falamos (ou talvez não possamos nem mesmo "falar" como costumávamos) de uma maneira "secular" sobre "Deus"? De que maneira somos cristãos "não religiosos-seculares", de que maneira somos (...) aqueles que são chamados, não nos considerando de um ponto de vista religioso como especialmente favorecidos, mas como pertencentes

> totalmente ao mundo? Nesse caso, Cristo não é mais um objeto de religião, mas algo bem diferente, realmente o Senhor do mundo. Mas o que isso significa?[340]

Como pensar as categorias da fé cristã se nos assumirmos, como faziam os telemitas, "pertencentes totalmente ao mundo"? Se nos livrarmos do cristianismo que nos destaca do mundo e nos faz canalizar nossa atenção e nossa energia quase que exclusivamente para o *post mortem*? Essas perguntas indicam a busca de Bonhoeffer por uma fé profana, se bem entendido, por uma espiritualidade que devolva ao mundo, ao uso comum, ao plano da imanência tudo aquilo que o cristianismo em trajes ocidentais houvera subtraído.

Daí toda uma questão de encontrar noções arreligiosas para *igreja*, *comunidade*, *liturgia* e *vida cristã*. Esses significantes, quando em trajes tracionais da religião cristã ocidental, se tornaram vazios num tempo em que a humanidade atingiu sua *maioridade*.

Deus havia sido, pela instrumentalidade de sistemas de pensamento e teologias dualistas, progressivamente empurrado para a periferia da vida humana. Todos os signos e conteúdos religiosos tiveram o mesmo destino: forçados a abandonar o plano do uso comum, onde vivem as pessoas de carne e osso, para alojarem-se no plano transcendente das coisas consagradas.

Bonhoeffer acreditava que o crescente afastamento de Deus do centro da vida humana era resultado direto da projeção de Deus como *deus ex machina*. O termo tem sua origem no teatro da Grécia Antiga, quando muitas peças terminavam com uma divindade surgindo no palco e resolvendo impasses da trama encenada. O método adotado consistia em fazer descer o ator (Deus) no meio da cena,

340 Idem, p. 280.

utilizando um guindaste (a máquina). Daí a expressão: "Deus surgido da máquina".

Um *deus ex machina*, portanto, é aquele que só existe nos limites. No limite das forças e dos recursos das pessoas. Apenas ali. Não é um Deus presente o tempo todo, mas um *band-aid*, um tapa-buracos. Por isso Bonhoeffer vai questionar, não sem uma dose de indignação: "Devemos cair sobre algumas pessoas infelizes em sua hora de necessidade e exercer uma espécie de compulsão religiosa sobre elas?".

Bonhoeffer, então, desfere seus ataques mais diretos e contundente ao *deus ex maquina*:

> Os religiosos falam de Deus quando o conhecimento humano (talvez simplesmente porque têm preguiça de pensar) chega ao fim, ou quando os recursos humanos falham – na verdade, é sempre o deus ex machina que trazem à cena, seja para aparente solução de problemas insolúveis, ou como força no fracasso humano – sempre, deve-se dizer, explorando a fraqueza humana ou os limites humanos.

Todo *deus ex machina* está fadado à inutilidade, à obsolescência, quando a humanidade entra na maturidade. O *deus ex machina* é a idealização de Deus como o "homem forte", como o Deus-guerreiro. Precisamente por isso, ele só "funciona" explorando a fraqueza humana; seus domínios estão nos limites. Se os limites são deslocados, o *deus ex machina* faz água e gira no vazio. Vira peça de museu.

> Por necessidade, isso só pode continuar até que as pessoas possam, por sua própria força, empurrar esses limites um pouco mais para frente, de modo que Deus se torne supérfluo como um deus ex machina. Cheguei hesitar em falar sobre quaisquer limites humanos (mesmo a morte, que as pessoas agora dificilmente temem, e o peca-

> do, que eles agora mal entendem, ainda é um limite genuíno hoje?). Sempre me parece que estamos tentando com ansiedade reservar algum espaço para Deus.[341]

Bonhoeffer desejava "falar de Deus não nas fronteiras, mas no centro, não nas fraquezas, mas na força". Ou seja, "não na morte e na culpa, mas na vida e na bondade do homem". Quanto aos limites, lhe parecia melhor "calar-se e deixar o insolúvel sem solução".

> A igreja fica, não nos limites onde os poderes humanos se esgotam, mas no meio da aldeia. É assim no Antigo Testamento, e nesse sentido ainda lemos muito pouco o Novo Testamento à luz do Antigo.[342]

Na boca de alguém que sabia viver seus últimos dias sobre a terra e assistia, com horror e pesar, o amálgama da igreja com o regime nazista, suas palavras ganham o sentido de súplica e de manifesto: "Gostaria de falar de Deus não nas fronteiras, mas no centro, não nas fraquezas, mas na força; e, portanto, não na morte e na culpa, mas na vida e na bondade do homem"!

O *deus ex maquina*, periférico e supérfluo, havia levado milhões de cristãos à não-reação, a cruzarem os braços e lavarem as mãos diante das atrocidades do Terceiro Reich. Diante da escalada autoritária e das notícias que chegavam a cada dia, sobre campos de concentração, o deus que reina na periferia da vida realizava seu trabalho de cooptação e alienação: "Meu reino não é deste mundo". O cristianismo em trajes religiosos havia levado milhões na Alemanha dos anos 1930 e 1940 a incorporar a *barbárie-como-indiferença*.

341 Idem, pp. 281-282.
342 Idem, ibidem.

Quais seriam esses trajes religiosos? Responde Bonhoeffer: "Acho que significa, por um lado, falar *metafisicamente* e, por outro lado, *individualisticamente*".[343] Ler a realidade tendo como ponto de partida e de chegada o indivíduo atomizado, habitante de um duoverso – a cidade de Deus e a Cidade dos homens – ou de um multiverso, como propunha o neocalvinista Abraham Kuyper, composto por *esferas soberanas*, cada uma com linguagem, personagens, regras do jogo e ética próprias.

Telema e Tegel. A primeira, desejo dos que estão cansados e enfadados da vida de abadia e inclinam-se aos devires. A segunda, como realidade dramática de onde surgem estranhamentos com o *deus ex machina*. Telema e Tegel, energias desbarbarizantes.

343 Idem, p. 285.

CAPÍTULO VIII

DESBARBARIZAR

La Iglesia no puede dejar de ser reaccionaria; la Iglesia no puede dejar de estar de parte del Poder; la Iglesia no puede más que aceptar las reglas autoritarias y formales de la convivencia; la Iglesia no puede dejar de aprobar la sociedad jerárquica en la cual las clases dominantes garantizan el orden; la Iglesia no puede más que detestar toda forma de pensamiento aunque sea tímidamente liberal; la Iglesia no puede más que ser contraria a cualquier innovación antirepresiva[344]

Durante o período em que esteve preso, especialmente nos seus últimos dias, uma pergunta não parava de povoar o pensamento do teólogo Dietrich Bonhoeffer: o que seria um cristianismo arreligioso? Buscava ele pensar como ressignificar antigas categorias da religião cristã – igreja, culto, liturgia, oração – em termos mundanos. Uma espécie de guinada epistemológica, a criação de uma nova linguagem.

Ao identificar a religião com uma maneira metafísica de interpretar a realidade e com a tendência à interioridade, suas reflexões se aproximavam de um gesto anarquista. Pensar um cristianismo completamente outro, imanente e *de*fundamental.

Vimos em capítulos anteriores como o *poder pastoral*, expressão cunhada pelo filósofo Michel Foucault, representou um ponto

344 Pier Paolo Pasolini, *Escritos Corsários*. Madri: Ediciones del Oriente y del Mediterráneo, 2009, p. 231.

de inflexão na história do cristianismo quando, entre os séculos II e XVIII, a figura do pastor vai ganhando centralidade e se autonomiza em relação aos demais aspectos e temas da vida cristã. O pastorado cristão como matriz de procedimentos de governo dos homens e da Igreja, essa instituição que aspira ao governo dos homens em sua vida cotidiana, a pretexto de levá-los à vida eterna no outro mundo.

Abandonando o modelo inicial de vida comunitária organizada a partir de uma horizontalidade das relações, herança das primeiras comunidades cristãs, inicia-se um processo em que serão elaboradas estruturas cada vez mais hierarquizadas para o governo na Igreja e o desenvolvimento de teologias que produzam as justificações necessárias para legitimar essas estruturas. Chega-se na Idade Média à rígida separação entre clero e leigos, com o poder religioso e político centralizado nas mãos dos bispos da Igreja romana. A Reforma protestante do século XVI, embora tenha promovido uma ruptura com a hierarquia e o sistema de mediações embutidos na teologia romana medieval – o crente não precisaria mais de mediadores para ter acesso a Deus e a salvação viria exclusivamente pelo exercício individual da fé –, manteve intocado o poder pastoral e as estruturas de governo dentro das comunidades cristãs, que permanecem fundamentadas em arranjos hierárquicos e em relações de comando e obediência. Do ponto de vista doutrinário, existiria um canal direto com Deus. No que diz respeito ao governo no interior das igrejas, mediação dos sacerdotes, estratificação dos membros e hierarquia.

Vimos como Lutero e o calvinismo kuyperiano, cada um a seu tempo e a seu modo, conceberam teologicamente a realidade como sendo constituída por domínios ou esferas distintas, cada uma supostamente regida por leis e ética próprias e fundamentadas em fontes específicas e intermediárias de autoridade, todas sujeitas à autoridade máxima, Deus.

Muito tempo depois, Abraham Kuyper, pastor e político holandês que viveu entre o final do século XIX e início do século XX, um dos grandes nomes da versão do protestantismo que ficou conhecida como *neocalvinismo*, desenvolveria a noção de Esferas Soberanas. Nesse modelo, a realidade seria formada por várias esferas: a "esfera mecânica da autoridade do Estado", a esfera da Igreja e um conjunto de outras esferas, que ele denomina de "esfera orgânica da autoridade dos círculos sociais": as ciências, as artes, a família, etc. Em cada uma dessas esferas, um soberano reina e deve reinar: no Estado, o governante; na família, o pai; nas ciências, o gênio cientista; nas artes, o artista virtuoso; na corporação, o chefe. No esquema kuyperiano, cada um desses soberanos teria o poder exclusivo – nato ou concedido por Deus, não importa – de julgamento e de ação autoritária.

Kuyper também concebe para a Igreja uma forma de governo baseada na hierarquia. Batizada de "sacerdócio hierárquico", a estrutura era composta por uma cadeia descendente de autoridade e de comando de quatro níveis: no topo da cadeia, Cristo; depois, a congregação, seguida dos ministros até chegar aos irmãos.

Se considerarmos plausíveis as proposições de Foucault, o Estado moderno teria raízes históricas no pastorado cristão enquanto tecnologia de governo de um certo contingente de pessoas. As sociedades ocidentais teriam se estruturado a partir da religião e suas figuras de soberania e de autoridade. As categorias religiosas teriam passado por um tipo de processo de transmutação, tradução e adaptação para o mundo "secular", preservando, contudo, sua "aura" ou sacralidade. A base conceitual das sociedades ocidentais teria, então, uma ancoragem na metafísica. As sociedades ocidentais se organizam a partir da ideia de *arché*, de um fundamento, de um princípio que serve para justificar estratificações sociais e formas de dominação.

Sendo assim historicamente concebidas, a Igreja cristã e as sociedades modernas no Ocidente padeceriam do mesmo problema ou vício de origem: formas de vida com *arché*. Formas de vida com *arché* remetem a organizações sociais, relações interpessoais, imaginários coletivos, estruturas de personalidade e economias libidinais constituídas e justificadas a partir de pressupostos de autoridade e de fundamento. Em outras palavras, os três tipos de relação – com o Outro, consigo mesmo e com o não-humano – seriam constituídas com base no *a priori* de que alguns devem comandar – porque são mais fortes, mais capazes e talentosos, ou porque foram comissionados por Deus – e outros devem obedecer. Nas formas de vida com *arché* a estrutura fundamental de comando e obediência é vista como um dado da natureza ou exprimiria a vontade divina para a vida em sociedade.

Todas as democracias constitucionais modernas baseiam-se nesse tipo de pressuposto fundamental. Assim também as ideias de representação política e de democracia eleitoral: alguns poucos, supostamente mais ilustres, mais capazes, devem governar em nome das maiorias anônimas e desempoderadas.

Transcendência, representação, hierarquia e autoridade. Todas essas categorias pressupõem algum ato de separação, de consagração que subtrai do plano do vivido partes do mundo, ou melhor, subtrai e evita que surjam mundos outros, formas de vida outras. Como disse certa vez o filósofo Gilles Deleuze: "nós perdemos completamente o mundo, nos desapossaram dele".[345] Por isso a necessidade de gestos insurrecionais que sejam ações de reintegração de posse daquilo que nos foi roubado pela consagração religiosa ou pela consagração "secular" em regimes de verdade e de poder baseados em *arché* e na ideia de comunidades totais e com fundamento.

345 Gilles Deleuze, *Conversações*. São Paulo: Editora 34, 1992, p. 218.

POVOS DA FLORESTA

Se o experimento Ocidental não cessa de produzir formações sociais, instituições e relações baseadas em hierarquia e em comando e obediência, existem coletividades não ocidentais, povos originários não colonizados, que experimentam outros modos de existência. Exemplo disso são alguns povos da Floresta Tropical na América do Sul, como os Yanomami e os Tupi-Guarani.

Pierre Clastres, antropólogo francês, reconta a história de Fousiwe, um chefe guerreiro yanomami da região amazônica. Reconhecido como chefe por sua tribo em virtude do "prestígio que adquiriu como organizador e condutor de ataques vitoriosos contra os grupos inimigos", a partir de determinado momento ele deseja e está determinado a continuar guerreando, à revelia do que deseja sua tribo. Em outras palavras, Fousiwe quer ganhar autonomia em relação à vontade da sociedade tribal. Como os chefes primitivos são chefes sem poder, "se seu desejo de guerra coincide com o desejo de guerra da sociedade, esta continua a segui-lo", mas se, ao contrário, "o desejo de guerra do chefe tenta se estabelecer sobre uma sociedade animada pelo desejo de paz, (...) então a relação entre o chefe e a tribo se modifica" e o chefe "tenta utilizar a sociedade como instrumento de seu objetivo individual, como meio de sua meta pessoal". Foi o que aconteceu com o guerreiro Fousiwe: "Por ter querido impor aos seus uma guerra que eles não desejavam, foi abandonado por sua tribo. Só lhe restava lutar sozinho nessa guerra, e ele morreu crivado de flechas".[346]

Outro exemplo citado por Clastres, certamente mais conhecido graças a Hollywood, é o de Gerônimo, famoso chefe apache. Num

346 Pierre Clastres, *A sociedade contra o Estado*. São Paulo: Ubu, 217, p. 183.

ataque de soldados mexicanos ao acampamento de sua tribo, a família de Gerônimo e outros apaches são exterminados. As várias tribos apache, então, se juntam para se vingar dos assassinos, tendo sido Gerônimo encarregado da condução da guerra, a qual foi bem-sucedida, com a eliminação da guarnição mexicana. Depois dessa exitosa empreitada, o prestígio guerreiro de Gerônimo se espalha. Não satisfeito, contudo, com a vitória sobre a guarnição mexicana, ele quer continuar a vingança, mas a sociedade Apache, diferentemente, "uma vez realizado o objetivo coletivo – a vingança – aspira ao repouso". O objetivo de Gerônimo, como o do chefe yanomami Fousiwe, passa a ser um "objetivo individual para cuja realização ele pretende arrastar a tribo"; quer "fazer da tribo o instrumento de seu desejo, ao passo que antes ele foi, em função de sua competência como guerreiro, o instrumento da tribo". Resultado: "os Apache, que, em função das circunstâncias, aceitavam a liderança de Gerônimo em virtude da sua habilidade de combatente, sistematicamente lhe davam as costas quando ele queria fazer sua guerra pessoal".[347]

Fousiwe e Gerônimo são exemplos de como algumas sociedades "primitivas" estão organizadas de tal maneira que se torna impossível o poder político separado e concentrado e, portanto, a formação do Estado no seu interior, razão pela qual Clastres vai chamar essas formações sociais de *sociedades contra o Estado.*

A recusa do Estado nas sociedades primitivas tem a ver com outra recusa, anterior e mais fundamental: a recusa do trabalho, que significa também a rejeição da economia. A *economia de subsistência* das tribos indígenas "não implicava de forma alguma a angustiosa busca, em tempo integral, de alimento", diz Clastres, mas em uma atividade laboral compatível com suas necessidades.

347 Idem, p. 184.

> O bom senso questiona: por que razão os homens dessas sociedades quereriam trabalhar e produzir mais, quando três ou quatro horas diárias de atividade são suficientes para garantir as necessidades do grupo? De que lhes serviria isso? Qual seria a utilidade dos excedentes assim acumulados? Qual seria o destino desses excedentes? É sempre pela força que os homens trabalham além das suas necessidades. E exatamente essa força está ausente do mundo primitivo: a ausência dessa força externa define inclusive a natureza das sociedades primitivas.[348]

A economia de subsistência das sociedades primitivas, longe de representar algum tipo de *defeito*, de incapacidade inerente a esse tipo de formação social, significava uma "recusa de um excesso inútil" e a "vontade de restringir a atividade produtiva à satisfação das necessidades".

As sociedades primitivas seriam, portanto, aquelas que recusam o trabalho, preferindo o gosto do *lazer* ao gosto da acumulação. Somente quando surge no corpo social uma força externa que os leva a renunciar ao lazer é que a sociedade primitiva enquanto tal pode desaparecer. Essa força externa "é a potência de sujeitar, é a capacidade de coerção, é o poder político".

A derrocada de uma sociedade primitiva começa quando "o econômico se deixa identificar como campo autônomo e definido, quando a atividade de produção se transforma em trabalho alienado, contabilizado e imposto por aqueles que vão tirar proveito dos frutos desse trabalho". Isso significaria que a sociedade deixa de ser primitiva para tornar-se "uma sociedade dividida em dominantes e dominados, em senhores e súditos, e que parou de exorcizar aquilo que está destinado a matá-la: o poder e o respeito ao poder".[349]

348 Idem, p. 171.
349 Idem, p. 174.

Nas sociedades primitivas "a tribo não possui um rei, mas um chefe que não é chefe de Estado":

> O chefe não dispõe de nenhuma autoridade, de nenhum poder de coerção, de nenhum meio de dar uma ordem. O chefe não é um comandante, as pessoas da tribo não têm nenhum dever de obediência. O espaço da chefia não é o lugar do poder, e a figura (mal denominada) do "chefe" selvagem não prefigura em nada aquela de um futuro déspota.[350]

Se entendermos Igreja como aquela que organizou o poder pastoral, poder específico e autônomo, que coagulou e traduziu temas desse poder em mecanismos precisos e em instituições bem definidas, então tem-se que a Igreja é a antítese da *sociedade contra o Estado*. A primeira opera por força centrípeta enquanto a segunda evita a todo tempo a formação de um centro e o surgimento de dispositivos de poder no seu interior. Se na Igreja o pastorado, como matriz de procedimentos de governo dos homens, é o ponto onde se combina e se confunde função, autoridade e poder, nas sociedades primitivas a figura do chefe é estritamente funcional e provisória, estranha a toda noção de autoridade, comando e hierarquia.

O chefe nas comunidades indígenas o é somente em função de um conjunto de competências técnicas: "dons oratórios, habilidade como caçador, capacidade de coordenar as atividades guerreiras, ofensivas ou defensivas". De forma alguma "a sociedade deixa o chefe ir além desse limite técnico, ela jamais deixa uma superioridade técnica se transformar em autoridade política".[351]

Cada membro da tribo deveria estar a serviço do interesse coletivo e não o contrário: "o chefe está a serviço da sociedade, é

350 Idem, p. 180.
351 Idem, p. 181.

a sociedade em si mesma – verdadeiro lugar do poder – que exerce como tal sua autoridade sobre o chefe". Por isso que nas sociedades primitivas "é impossível para o chefe alterar essa relação em seu proveito, colocar a sociedade a seu próprio serviço, exercer sobre a tribo o que denominamos poder: a sociedade primitiva nunca tolerará que seu chefe se transforme em déspota".[352] O igualitarismo radical da lei "primitiva" dos indígenas reafirmava a todo instante: "tu não és mais que os outros".

Em pelo menos um caso, contudo, o dos Tupi-Guarani, ocorreu um processo de distanciamento crescente em relação ao modelo dos povos da Floresta Tropical. Com o aumento da densidade demográfica, os agrupamentos locais de tupi-guarani transformaram-se em contingentes de grande porte, reunindo milhares de habitantes. Esse processo de expansão demográfica e de concentração da população possibilitou aos chefes obter um poder até então desconhecido: "Os chefes tupi-guarani não eram certamente déspotas, mas não eram mais de modo algum chefes sem poder". Começava a surgir entre os Tupi-Guarani condições para aquilo que poderia se tornar, no futuro, o Estado; foi-se desenvolvendo ao longo do tempo "um processo (...) de constituição de uma chefia cujo poder político não era negligenciável".

Como uma espécie de reação a essa tendência de centralização do poder nas comunidades Tupi-Guarani, surge um fenômeno interessantíssimo: "a predicação inflamada de alguns homens [desde os últimos decênios do século XV] que, de grupo em grupo, concitavam os índios a tudo abandonar para se lançarem na procura da Terra sem Mal, do paraíso terrestre". Esses homens eram chamados de *Karai* (profetas). Desenvolve-se, portanto, um tipo de *profetismo*. Esses ho-

352 Idem, ibidem.

mens "arrastavam atrás de si milhares de índios em loucas migrações em busca da pátria dos deuses: é o discurso dos karai, é a palavra profética, palavra virulenta, eminentemente subversiva que chama os índios a empreender o que se deve reconhecer como a destruição da sociedade".[353]

> O apelo dos profetas para o abandono da terra má, isto é, da sociedade tal como ela era, para alcançar a Terra sem Mal, a sociedade da felicidade divina, implicava a condenação à morte da estrutura da sociedade e do seu sistema de normas. Ora, a essa sociedade se impunha cada vez mais fortemente a marca da autoridade dos chefes, o peso de seu poder político nascente. (...) Habitados pelo sentimento de que o antigo mundo selvagem tremia em seu fundamento, perseguidos pelo pressentimento de uma catástrofe socio-cósmica, os profetas decidiram que era preciso mudar o mundo, que era preciso mudar de mundo, abandonar o dos homens e ganhar o dos deuses.[354]

Para os *Karai* (ou *Caraíbas*) "o lugar de nascimento do Mal, da fonte da infelicidade, é o Um". Tem-se, assim, entre os Tupi-Guarani "de um lado uma prática – a migração religiosa – inexplicável se não vemos nela a recusa da via em que a chefia engajava a sociedade, a recusa do poder político isolado, a recusa do Estado; do outro, um discurso profético que identifica o Um como a raiz do Mal e afirma a possibilidade de escapar-lhe".[355]

Clastres via no movimento profético entre os tupi-guarani uma "tentativa heroica de uma sociedade primitiva para abolir a infelicidade na recusa radical do Um como essência universal do Estado",

353 Idem, p. 187.
354 Idem, ibidem.
355 Idem, p. 188.

um caso em que uma sociedade primitiva, ameaçada pela ascensão dos chefes com poder, "suscita em si mesma e libera forças capazes, mesmo ao preço de um quase-suicídio coletivo, de fazer fracassar a dinâmica da chefia, de impedir o movimento que poderia levar à transformação dos chefes em reis portadores de leis".[356]

É inevitável estabelecer paralelos entre os profetismos bíblico e tupi-guarani. Nos dois casos, o movimento profético é sempre uma resposta a algum tipo de degeneração social, uma reação contra derivas em direção à concentração de poder e à formação de hierarquias e estruturas despóticas. No profetismo bíblico, os profetas, falando em nome de Deus, se contrapunham ao rei e ao sacerdote, denunciando e condenando suas práticas injustas: "Ai daqueles que fazem leis injustas, que escrevem decretos opressores, para privar os pobres dos seus direitos e da justiça os oprimidos do meu povo, fazendo das viúvas sua presa e roubando dos órfãos!"[357], anunciava o profeta Isaías.

"Ouvi esta palavra vós, vacas de Basã[358], que estais no monte de Samaria, que oprimis aos pobres, que esmagais os necessitados, que dizeis a vossos senhores: Dai cá, e bebamos"[359], gritava Amós, o vaqueiro profeta, pelas ruas da Jerusalém do século 8 a.C.

Pode-se tomar o exemplo dos Karai tupi-guarani para pôr em questão toda uma "metafísica do Um" ocidental: "Que acontece ao Um como Bem, como objeto preferencial, que, desde sua aurora, a metafísica ocidental impõe ao desejo do homem?", pergunta Clastres diante de uma "perturbadora evidência": "o pensamento dos profetas selvagens e aquele dos gregos antigos pensam a mesma coisa, o Um;

356 Idem, p. 189.
357 Livro de Isaías, capítulo 10, versos 1 e 2.
358 "vacas de Basã": referência às mulheres ricas de Samaria, mulheres de personalidades importantes, que ocupam o tempo em luxuosos banquetes.
359 Livro de Amós, capítulo 4, verso 1.

mas o índio guarani diz que o Um é o Mal, ao passo que Heráclito diz que ele é o Bem".[360]

PARA ACABAR COM O JUÍZO DE DEUS

Do ponto de vista de uma história das ideias, vimos como a tradição cristã é marcada, de forma decisiva, pelo desenvolvimento de sistemas de pensamento como o luteranismo e o calvinismo, que descrevem e interpretam a realidade a partir de hierarquias, cadeias de autoridade e relações de comando e obediência. Com base nesses sistemas de pensamento, produzir-se-ão um sem-número de práticas, regras de conduta e instituições, mas também processos de subjetivação e sujeitos preparados para enxergar a realidade desde a perspectiva da ordem, dos estratos, do gosto e respeito pela autoridade e da legitimação das relações de poder. De sorte que para o "cristão médio" nada mais natural que um déspota. Na escola, no trabalho, na Igreja e no governo, por vontade divina ou por capacidades naturais, alguns se destacam e estariam destinados a comandar, enquanto outros, também por desígnio divino ou por serem menos capazes e menos talentosos, devem sujeitar-se à autoridade e liderança dos primeiros.

Aqui se encontra uma das explicações para a forte identificação do imenso contingente de cristãos com o discurso e posições autoritárias da extrema direita política no Brasil e com seu principal representante, Bolsonaro, aquele que teve "coragem" para ir na contramão do politicamente correto, dirão seus simpatizantes e apoiadores; aquele que veio para "pôr ordem" na bagunça de uma sociedade liberal nos costumes, isto é, "libertina"; aquele que defende e dá voz

360 Pierre Clastres, *A sociedade contra o Estado*. São Paulo: Ubu, 2017, p. 189.

aos "valores cristãos": os papéis do homem (de chefe) e da mulher (de auxiliadora do homem) na família e na sociedade; a consagração e proteção da propriedade privada; o direito natural e divino que as maiorias têm de dominar sobre as minorias: "Deus acima de tudo. Não tem essa historinha de Estado laico não. O Estado é cristão e a minoria que for contra, que se mude. As minorias têm que se curvar para as maiorias"[361], dizia Bolsonaro.

Poderíamos mencionar, a título de exemplo de atuação do governo de extrema direita, a ostensiva militarização das escolas públicas no Brasil: é imperioso estabelecer a ordem! E para manter a ordem, os aparatos de vigilância, a coerção e a intimidação da farda. "Professor manda e aluno obedece, como nos velhos tempos", bradam os saudosistas da *Educação Moral e Cívica* do tempo da ditadura militar.

Em fevereiro de 2019, um comandante do Colégio Militar de Porto Alegre reúne cerca de 200 funcionários em um auditório da escola para um anúncio: a partir daquele momento, alguns temas estavam proibidos em sala de aula. Entre os assuntos vedados, estavam a homofobia e o racismo. E, em tom ameaçador, conclui seu comunicado dizendo que "se alguém tentasse contrariar essas normas poderia sofrer consequências", relatou um dos professores que decidiu denunciar, sob anonimato, o ocorrido.[362]

No contexto das igrejas evangélicas, a Igreja Presbiteriana do Brasil (IPB) – igreja do ex-ministro "terrivelmente evangélico" indicado por Bolsonaro ao STF e do "pastor pistola" Milton Ribeiro, ex-ministro da Educação – reuniu sua cúpula em julho de 2022 para deliberar sobre alguns assuntos, entre eles um pedido de um grupo

361 Jair Messias Bolsonaro, em discurso na Paraíba em fevereiro de 2017.

362 Ver https://apublica.org/2020/10/professores-relatam-censura-em-colegios-militares/?utm_source=twitter&utm_medium=post&utm_campaign=colegiomilitar

de presbiterianos exigindo que a IPB declarasse formalmente que o pensamento de esquerda e o comunismo eram incompatíveis com a fé cristã e que membros da igreja que defendessem ideias esquerdistas fossem punidos. O relatório final da cúpula da IPB reafirma "a incompatibilidade entre o comunismo ateu e materialista e a doutrina bíblica bem como os símbolos de fé da IPB"[363]. Outro resultado da cúpula da IPB foi reafirmar que mulheres não podem assumir funções pastorais, reservadas aos homens. Para justificar sua decisão, a cúpula da igreja observa que "há que fazer uma distinção entre o culto solene e as demais reuniões da igreja. No culto solene, portanto, a pregação e o ensino da palavra constituem-se, por sua natureza, *exercício de autoridade*" e que "nem o ensino nem o exercício de autoridade masculina são permitidos à mulher. Trata-se aqui do ensino público e *do exercício de governo*, ambos prerrogativas dos presbíteros"[364]. A questão aqui é sobre *autoridade* e *governo*. O machismo e o autoritarismo escancarados nessas decisões da cúpula da IPB são expressões de um poder pastoral que não admite que o governo e a autoridade sejam exercidos por mulheres, as quais devem se contentar com o papel de "auxiliadoras" dos homens.

O relatório emitido pela cúpula da IPB termina com um alerta para a liderança da igreja:

> Alertar Ministros, Igrejas e Concílios para o avanço das novas mentalidades identitárias seculares e de sua respectiva agenda, na qual o tema do lugar da mulher se torna cada vez mais recorrente e que não há previsão de que tal assunto seja ofuscado nas pautas futuras do mundo evangélico brasileiro. Sendo assim, é mister que como profeta de Deus,

363 Igreja Presbiteriana do Brasil, *Relatório da Comissão: Comissão XI Consultas e Outros Papéis II*. Cuiabá: Supremo Concílio, 2022, p. 2.

364 Igreja Presbiteriana do Brasil, *Relatório da Comissão: Comissão IV Legislação e Justiça IV*. Cuiabá: Supremo Concílio, 2022, p. 4.

"coluna e baluarte da verdade" (1 Tm 3.15), a Igreja de Deus reafirme o propósito divino para homens e mulheres em sua igualdade essencial, mas em seus distintos papéis.[365]

Fórmula por demais conhecida do pensamento liberal: afirmar a igualdade "essencial" entre seres humanos, para logo em seguida, na prática, negar-lhe a existência pela divisão de papéis.

Aqui está um eloquente exemplo de como a igreja cristã, sob a égide do poder pastoral, se engessa, se fecha. Fazendo letra morta do princípio da Reforma Protestante, "Igreja reformada, sempre se reformando", diante de reivindicações históricas das mulheres sobre seu papel na sociedade e nas instituições, a liderança das igrejas, constituída quase que exclusivamente por homens, sentindo-se ameaçada pelo movimento feminista, se fossiliza e se lança na empreitada fundamentalista de calar vozes e interditar o desejo, transformando a posição de pastor em dispositivo de poder.

Considerando essas declarações da Igreja Presbiteriana do Brasil em relação às mulheres, não é de admirar que parte expressiva dos membros dessa Igreja tenha se identificado com um certo "político autêntico" que disse o seguinte em relação a uma deputada federal: "Ela não merece (ser estuprada) porque ela é muito ruim, porque ela é muito feia, não faz meu gênero, jamais a estupraria. Eu não sou estuprador, mas, se fosse, não iria estuprar porque não merece".[366] Esse mesmo político, que tentou a reeleição para Presidente da República em 2022 e fracassou nas urnas, preferido dos evangélicos nas pesquisas de intenção de voto, também diria em 2017 que ter tido uma filha foi "uma fraquejada".

365 Idem, p. 12.

366 Ver https://g1.globo.com/politica/noticia/2016/06/bolsonaro-vira-reu-por-falar-que-maria-do-rosario-nao-merece-ser-estuprada.html

Por essas e outras é que Pasolini vai dizer que "a Igreja não pode deixar de ser reacionária; a Igreja não pode deixar de estar do lado do Poder; (...) a Igreja não pode deixar de detestar qualquer forma de pensamento livre, por mais tímido que seja; a Igreja não pode deixar de se opor a qualquer inovação antirrepressiva". O momento em que o pastorado cristão ganhou centralidade e se autonomizou em relação a tudo mais que constitui o que se costuma chamar de vida cristã, transformando-se, portanto, em *poder pastoral*, esse momento é decisivo para entender a tendência reacionária da Igreja.

É importante ressalvar que aqueles cristãos e tradicionalistas em geral que se identificam com personalidades e discursos antidemocráticos, racistas e misóginos, assim o fazem não porque sejam pessoas más, como se houvesse nelas uma espécie de "perversão inata", mas como resultado de "forças de personalidade que são primeiramente necessidades (pulsões, desejos, impulsos emocionais)". Que necessidades seriam essas? "necessidades emocionais primitivas, (...) necessidades de se evitar a punição e conservar a boa vontade do grupo social, (...) necessidades de se manter a harmonia e a integração dentro de si [*self*]". Considerando que opiniões, atitudes e valores dependem de necessidades humanas e uma vez que a personalidade "é essencialmente uma organização de necessidades", então "a personalidade pode ser encarada como um determinante de preferências ideológicas". Portanto, é uma estrutura de personalidade, entendida não como "coisa dada desde o começo, e que permanece fixa e age sobre o mundo circundante", mas como algo que "se desenvolve sob o impacto do ambiente social e nunca pode ser isolada da totalidade social dentro da qual ela existe"[367], que determina as preferências de indivíduos e de grupos sociais.

367 Theodor Adorno, *Estudos sobre a personalidade autoritária*. São Paulo: Editora Unesp, 2019, p. 79.

Não faz muito tempo que um parente muito chegado e querido, uma pessoa amável e por quem tenho grande apreço, me procurou para mostrar um vídeo de uma palestra de um professor. Esse parente é cristão de uma igreja protestante. À medida que o vídeo avançava eu ia me afundando no sofá, estarrecido com as barbaridades ditas pelo tal professor, enquanto meu parente ria e se empolgava com as "tiradas" e "piadinhas" dele.

O professor começava pela comunicação violenta, pela ideia de antagonismo entre professor e aluno e pelo menosprezo de uma legislação que visa combater a violência contra crianças e adolescentes, o Estatuto da Criança e do Adolescente, que para ele não é mais que um entrave ao livre exercício de seu "direito" de golpear os alunos, mais uma expressão do vitimismo de esquerda:

> Quando completei sessenta [anos] eu fiquei muito feliz. Eu descobri que o Estatuto do Idoso prevalece sobre o da Criança e do Adolescente. Agora eu posso bater nos alunos que não me acontece nada. É o sonho que acalentei durante toda a minha carreira.

Sem abrir mão da comunicação violenta e do seu "direito" de humilhar e golpear seus alunos, refere-se a eles como animais que precisam de "veterinário".

> No meio de uma aula, eu tava dando uma aula de física. Viro e estava todo mundo prestando atenção. Falei: Deus existe. E de repente olho lá no fundo e tem uma menina assim... [o professor faz uma cara de uma pessoa aérea e distraída]. Eu falei: filha, presta atenção, vai, você também. "ai professor, hoje não dá, tô na fossa". Você tá o quê? "ah professor, eu tô na fossa porque meu namorado me largou". Eu disse: fez bem. [risos da plateia]. Porque se seu namorado não tivesse larga-

> do, você corria o risco de casar com ele, ter filhos e propagar o gene da estupidez gerações afora. Porque alguém que assiste a aula assim não pode se reproduzir. Você vai poluir o pool genético da humanidade. [risos da plateia]. Alguém que assiste a aula assim, tem que chamar o veterinário e mandar castrar.

Linguagem da eugenia – "gene", "pool genético" – que se alinha com a cosmovisão kuyperiana na qual o mundo é dividido em "superiores" e "inferiores"; onde a linhagem dos mais fracos, dos menos capazes deve ser interrompida por castrações. Depois o professor apela para o discurso de autoridade:

> Queridas e queridos, restabelecer a autoridade e o prestígio do professor, isso é fundamental (...) ou o professor volta a ter autoridade, ou o professor volta a ter prestígio ou o sistema educacional vai continuar sendo a porcaria que é. Levanta a mão quem se lembra, de quando criança, ficar de pé quando o professor entrava na sala. [vários levantam a mão na plateia] (...) qual foi a genia da educação que chegou à conclusão que não tá mais na moda levantar? Porque é um sinal de respeito. Vocês sabem por que eu dou aula... (...) mas eu só dou aula de avental. Por quê? Você já viu padre rezar a missa de bermuda? Não, né. Tem que haver aquele mínimo de cerimonial na aula. Tem que dizer quem é que é o professor, quem é que é o aluno.

Mais um pouco de comunicação violenta e do rebaixamento do aluno em relação ao professor:

> Eu sempre digo, exagerando um pouco, obviamente, que a escola só vai voltar a ser uma boa escola quando o professor puder voltar a chamar o aluno de idiota sem ser processado.

> Por isso que eu falo para os meus alunos: se eu te chamo de idiota isso não é um insulto, é um diagnóstico. [risos da plateia]. Que é o primeiro passo para a cura.

E o desejo de restaurar um passado no qual o professor tinha fé pública, para melhor punir seus alunos sem "ser processado".

> E outra coisa: restaurar fé pública. Professor tem que ter fé pública. Porque se um guarda me multa e eu digo, não estava fazendo e ele diz "você estava fazendo", a palavra dele vale mais que a minha porque ele tem fé pública (...) a palavra do professor tem que voltar a ser uma coisa importante. Vocês sabiam que numa faculdade, se pegar um aluno com mais de 18 anos colando teoricamente o professor teria que ir na delegacia fazer um BO [Boletim de Ocorrência]? Então vou dar um conselho pra todos vocês: pegou um aluno teu colando... tirar a prova e dar zero não é castigo. É obrigar o ladrão a devolver o fruto do roubo. Pegou um aluno teu colando, chama a família: teu filho tentou roubar. Segunda vez, suspende. E terceira vez expulsa. É maçã podre. Porque se deixar alguém nessa idade colar, quando crescer vira o quê? Senador. [risos da plateia]. Nós temos que cortar o mal pela raiz.[368]

O professor deseja um passado pré-jurídico, pré-civilização, um estado de exceção permanente onde o soberano professor possa reduzir os alunos à "vida nua" (Agamben), quando a vida política é reduzida à nua existência biológica. Vida nua que não é a simples vida natural (*zoé*), mas a vida exposta à morte, vida *matável*. Vida que o soberano professor pode dispor a seu bel-prazer. A vida nua do aluno já não é portadora de direitos: o aluno já não é um cidadão. Não por

368 Ver https://youtu.be/RlSCoYwnxr4

acaso o ódio manifesto de tradicionalistas e grupos da extrema direita à Constituição Federal de 1988, batizada de "Constituição Cidadã".

Em uma hora e meia de palestra o professor conseguiu produzir um show de horrores: linguagem violenta e intimidatória, despotismo, discurso da ordem e da autoridade, assédio moral. O que levara meu parente a gostar e se identificar com aquela fala extremamente agressiva e regressiva? Como lhe pareceu normal, natural e bom o que é absolutamente inaceitável para padrões mínimos de civilidade? Certamente uma das explicações tem a ver com processos de formação e socialização no contexto de igrejas, quando entra em ação aquilo que disse Marx sobre "a tradição de todas as gerações passadas" que age como "um pesadelo que comprime o cérebro dos vivos", desenvolvendo estruturas de personalidade que vão determinar afinidades e preferências ideológicas.

Então, de um lado, forte identificação com práticas autoritárias e com o discurso da ordem por parte de uma maioria de evangélicos e de tradicionalistas em geral. De outro, resta a questão da *efetividade* da manipulação da opinião pela disseminação de *fake news* e de pânico moral.

O que faz com que uma massa de cristãos acredite nas mais bizarras e inverossímeis teorias da conspiração, como "o comunismo de esquerda vai tomar sua casa e fechar as igrejas"? Na distribuição de mamadeira com o bico em formato de pênis em creches para combater a homofobia como parte do "kit gay"? O que leva pessoas adultas, com elevado grau de educação formal, a dar crédito e disseminar uma mentira tosca como o "Decálogo de Lenin", suposto texto com dez mandamentos do comunismo que incentivaria, dentre outras doidices, a prática do incesto? Lembro-me de ter recebido em 2018, em pleno período de campanha eleitoral, uma ligação da minha cunhada relatando que uma amiga em comum, cristã, visivelmente alarmada, a havia procurado para alertá-la sobre o perigo de votar no candidato de esquerda para Presidente da República, pois ele teria divulgado em um de seus livros o tal Decálogo comunista. Dois dos mandamentos do suposto decálogo: (1) corrompa a juventude e dê-lhe liberdade sexual e (2) Infiltre e depois controle todos os veículos de comunicação de massa.

O que faz um cristão mobilizar-se contra direitos reprodutivos da mulher, defendendo a criminalização irrestrita do aborto, mesmo para casos de estupro, e ao mesmo tempo adotar uma postura de total complacência com a aniquilação de milhares de vidas humanas pela pobreza, pela violência policial e por péssimas condições sanitárias em áreas de periferia nas grandes metrópoles brasileiras? O que leva um cristão a "coar mosquitos e engolir camelos" desse jeito?

Uma resposta possível pode estar naquilo que Antonin Artaud – o poeta, ator, escritor e dramaturgo francês – chamou de "o ato humano mais pernicioso", "a descida do chamado jesus-cristo sobre os altares". A qual cristo se referia Artaud em sua peça de 1947, *Para acabar com o juízo de Deus?* Àquele que "diante do percevejo deus *aceitou viver sem corpo*", isto é, ao deus desencarnado, ao deus da moral, totalmente transcendente, que nega e despreza tudo que é vital, tudo que pertence ao mundo sensível, da matéria e da corporeidade. O deus da moral não tem narinas para cheirar o mau cheiro do esgoto a céu aberto nas favelas; não tem pés para pisar no chão empoeirado das ruas sem pavimento dos bairros de periferia; não tem ouvidos para escutar o choro da mãe ou do pai que não tem o que dar de comer para seu filho, que chora de fome; ou o silêncio doído da mulher abusada pelo companheiro violento. Do rosto do deus da moral não escorrem lágrimas, nem de tristeza nem de alegria. O deus desencarnado da moral pertence à categoria dos ídolos, que "têm boca, mas não podem falar, olhos, mas não podem ver; têm ouvidos, mas não podem ouvir; nariz, mas não podem sentir cheiro; têm mãos, mas nada podem apalpar; pés, mas não podem andar; nem emitem som algum com a garganta".[369] O ídolo como fechamento total e impossibilidade do sensível é a barbárie em estado puro.

No processo de fabricação do deus da moral,

> Eles [os homens] encontraram uma nova maneira de trazer deus e capturá-lo em sua nocividade microbiana. Para pregá-lo no coração, no lugar onde os homens mais o amam, sob o disfarce de uma sexualidade doentia, naquela aparência sinistra de crueldade mórbida que ele adota sempre que quer tetanizar e enlouquecer a humanidade como está fazendo agora.
> Ele utiliza o espírito de pureza e de uma consciência que permaneceu sincera como a minha para asfixiá-lo com todas as falsas aparências que ele espalha universalmente pelo espaço.[370]

O deus da moral é aquele que sobrevive no e do jogo do puro e do impuro, que vive como sanguessuga a vampirizar toda energia libidinal dos humanos para canalizá-la em guerras santas, que "utiliza o espírito de pureza (...) para asfixiá-lo [o ser humano] com todas as falsas aparências".

Certa feita alguns homens carcomidos da religião quiseram enredar o Nazareno no jogo do puro e do impuro. Convidado por um fariseu para comer em sua casa, sentou-se à mesa. Não levou muito tempo para que o anfitrião notasse, surpreso, um comportamento desviante no filho de Maria: não se lavara cerimonialmente, como era costume dos judeus antes de cada refeição. O Nazareno notou a surpresa estampada no rosto de seu anfitrião. O jogo estava sendo jogado. "Vocês, fariseus, limpam o exterior do copo e do prato, mas

369 Livro de Salmos, capítulo 115, versos 4 a 7.
370 Antonin Artaud, *Para acabar com o juízo de Deus*, 1947.

interiormente estão cheios de ganância e da maldade. Insensatos! Quem fez o exterior não fez também o interior?", interpelou o filho de Maria. Daquele momento em diante o clima azedou, como sempre acontece quando a sensibilidade religiosa se sente ofendida.

Ato contínuo, o Nazareno embaralha as cartas e subverte as regras do jogo: "seja generoso para com o pobre, e tudo será limpo para vocês".[371] Propunha o filho de Maria que a pureza abandonasse o domínio transcendente dos códigos morais para habitar no plano imanente da vida sensível e material, palco dos dramas humanos e sociais. Nesse plano, mais limpos se está quanto mais sensível e responsivos nos mostramos ao Outro. Vitalismo. Encarnação. *Logos* se fazendo carne.

Lançando um olhar sobre a atual sociedade brasileira, chafurdada em fascismos e autoritarismos, atolada em negacionismos, armada até os dentes, exalando um ódio visceral ao pobre, ao indígena e ao imigrante; sociedade que usa da violência do Estado para criar um estado de exceção permanente para certos grupos sociais, como a juventude negra e periférica, exterminada sistematicamente; que ataca adeptos de religiões de matriz africana; que persegue professores e censura a cultura; que devasta o meio ambiente enquanto protege madeireiros e o garimpo ilegal; que bate recordes após recordes em número de feminicídios e assassinatos de homossexuais. Pelo conjunto da obra, não é possível outro diagnóstico senão o de que essa humanidade enlouqueceu e está sendo comida pelo tétano da moralidade fundamentalista.

O deus de *Para acabar com o juízo de Deus* é também o deus domesticado, e que domestica. Deus sem Dínamo, sem a explosão criadora do Vinho Novo. Deus desencantado e meticulosamente mapeado, destrinchado da cabeça aos pés pela Teologia Sistemática;

371 Evangelho de Lucas, capítulo 11, versos 37 a 41.

um espaço completamente estriado onde não há um fora, nem devires, mas a nauseante repetição e reprodução *ad infinitum* de preceitos religiosos e códigos morais. Como nos lembra Renold Blank: "Dois mil anos de harmonização transformaram o subversivo Deus do deserto, Javé, num Deus caseiro domesticado. Bom para casamentos e feriados nacionais. Os poderosos respiram aliviados e a geração jovem afasta-se".[372]

Artaud declara: "encontrei a maneira de acabar com esse macaco de uma vez por todas e que, embora ninguém mais acredite em deus, todos acreditam cada vez mais no homem. Portanto, é o homem que devemos agora decidir emascular"!

Por que Artaud fala da necessidade de emascular o homem? Porque, tomando de empréstimo o que disse o politólogo britânico Saul Newman a respeito do pensamento de Max Stirner,

> O projeto racionalista humanista, associado à Feuerbach, de substituir Deus pelo Homem meramente reafirmou a categoria do Divino ao tornar o próprio Homem em um ser sagrado e as categorias supostamente seculares de verdade racional, moralidade, e assim por diante, em preceitos teológicos. Stirner expõe o humanismo, e seus discursos políticos de liberalismo e socialismo, como simplesmente parte de uma cadeia de substituições através da qual a categoria abstrata e alienante do sagrado é rearticulada em trajes seculares.[373]

É esse homem entronizado "em trajes seculares" que seria necessário emascular. Mas como? Pergunta seu entrevistador imaginário. Responde Artaud:

372 Renold Blank, A rebelião do Deus domesticado. São Paulo: Edições Paulinas, 1988, p. 11.
373 Saul Newman, *Do anarquismo ao pós-anarquismo*. São Paulo: Sobinfluência Edições, 2022, p. 70.

> Colocando-o novamente, pela última vez, na mesa de autópsia para refazer sua anatomia (...) O homem está doente porque é mal construído. Devemos nos decidir a desnudá-lo para raspar aquele animálculo que o corroí mortalmente: deus, e com deus seus órgãos. (...) Quando você tiver feito dele um corpo sem órgãos, então você o livrará de todas as suas reações automáticas e o restaurará à sua verdadeira liberdade. Então poderão ensiná-lo a dançar às avessas, como no frenesi dos salões de dança e este avesso será o seu verdadeiro lugar.[374]

Corpo sem órgãos? Do que estaria a falar o "delirante" Artaud? Deleuze e Guattari irão propor que um Corpo sem Órgãos "não é uma noção, um conceito, mas antes uma prática, um conjunto de práticas" que envolve primeiramente a fabricação de um Corpo sem Órgãos e posteriormente um "fazer ai circular, passar algo", fazer com que esse corpo seja preenchido por intensidades. O Corpo sem Órgãos não se contrapõe aos órgãos, mas ao organicismo, à organização, isto é, a esse padrão que é dado de fora e que determina os valores que o corpo deve seguir.

O *juízo de deus* é uma espécie de sistema apriorístico que organiza nossas experiências nos planos do sensível e do intelectível (plano dos universais), uma capacidade de julgamento que se dá *a priori* e que determina como devem acontecer os processos de sensibilização e os processos de intelecção. Portanto é precisamente no juízo, na "*Ratio* como tribunal", que deve haver essa raspagem para retirar o animálculo, o deus da moral que corrói mortalmente o homem.

Construir para si um Corpo sem Órgãos é algo da ordem da experimentação. Tem a ver com uma ética como construção do próprio desejo, que problematiza a moral ao tentar produzir uma vida livre e

374 Antonin Artaud, *Para acabar com o juízo de Deus*, 1947.

autônoma. "Acabar com o juízo de Deus" seria, portanto, acabar com a moral, acabar com o sistema de julgamento que interdita certas formas do desejar.

Nas palavras do psicanalista Márcio Costa, "a vida do Corpo sem Órgãos é um combate permanente contra a organização, contra a moral, contra todos esses ideais transcendentes que atraem [e capturam] o desejo". Organização como tentar dar um lugar para cada coisa, sendo sempre extrínseca, sempre transcendente, e como intervenção que busca dar uma função a cada coisa: uma função para os homens, uma para as mulheres, uma para as crianças, uma para os velhos, uma para os jovens, cada coisa no seu lugar, cada lugar em cada coisa.[375]

A ética, enquanto problematização da moral que tenta produzir uma vida livre, atua no plano do Corpo sem Órgãos. O plano da moral, por sua vez, é o plano da organização. Esses dois planos estão em constante tensionamento.

A experimentação de construir corpos sem órgãos e de fazer circular sobre eles intensidades se dá por agenciamentos, acoplamento entre elementos para que uma intensidade circule, e através de máquinas abstratas, ou seja, linhas de pensamento e possibilidades. Em outras palavras, é necessário juntar corpos (em sentido amplo) e ideias, formas de pensar.

Gilles Deleuze e Félix Guattari propuseram na obra *Mil Platôs* uma espécie de programa antipsicanalítico que consiste em, primeiro, substituir a anamnese, a lembrança que gera o dever, pelo esquecimento, pois nós temos que lembrar para obedecer. A obrigação social é feita de lembranças. E, segundo, substituir a interpretação pela experimentação, pois se nos interpretamos pelas leis da cidade, sempre voltamos ao mesmo lugar, ao plano de organização, à moral.

375 Ver https://youtu.be/plrFlGLYsxw

Foucault colocou da seguinte forma o que seria para ele a principal tarefa política de nosso tempo: "hoje o principal objetivo não é descobrir quem somos, mas recusar o que somos"[376], ou seja, substituir a anamnese, que nos mantém fixados a identidades preestabelecidas, pelo esquecimento que nos abre à experimentação. Trocar deveres por devires.

Nesse sentido, no contexto da fé cristã seria preciso chegar a esquecer tudo que nos legou o cristianismo da moral: o que é um cristão, o que é uma igreja, a oração, a salvação, e Cristo, para pensar um cristianismo arreligioso, como pretendia Bonhoeffer.

GESTOS E RECUSAS

Transformações sociais como movimentos insurrecionais, caracterizados não pela luta pelo poder, mas pela luta por vida autônoma, estão relacionadas a um conjunto de gestos que são ao mesmo tempo recusas.

Seria preciso um *gesto de desidentificação*, um *desfundamentar* que é também uma recusa do sujeito, das identidades fixas e representáveis, da representação em si; recusa da autoridade e das hierarquias.

Seria necessário também o gesto de construção de um Corpo sem Órgãos, que implica a recusa da organização, do *juízo de Deus* artaudiano.

Esses gestos e recusas caminham em direção às singularidades. Ser singular, de acordo com Saul Newman, "é ser indefinível, e (...) ser indefinível, ou irrepresentável, é ser ingovernável"[377].

Acredito que a vida do cineasta baiano Glauber Rocha poderia ser tomada como exemplo disso. No documentário *Glauber, o filme – Labirinto do Brasil* existe um trecho belíssimo e muito significativo

376 Michel Foucault, *Dits et écrits (Vol. 4)*. Paris: Gallimard, 1994, p. 232.
377 Saul Newman, *Do anarquismo ao pós-anarquismo*. São Paulo: Sobinfluência Edições, 2022, p. 74.

em que o entrevistador pergunta ao ator, cantor, músico e compositor Jards Macalé: "Como é que você definiria o Glauber?" Macalé, então, baixa a cabeça, visivelmente aturdido com a pergunta, parecendo revisitar memórias do passado. Testa franzida, coça a cabeça depois de um tempo. Após trinta segundos, permanece calado sem conseguir dizer uma só palavra. A singularidade parece ter a ver com essas formas de vida que escapam às identidades fixas e aos processos de captura; que resistem a *sobrecodificações*.

Quanto mais um modo de existência se assemelha ao que Newman chama de singularidades, mais escapa aos estratos e mais confusos ficam os gestores das identidades fixas.

Os registros acerca da vida Jesus também sugerem essa singularidade indefinível e ingovernável. O Nazareno frequentemente confundia as polícias identitárias de seu tempo, que não conseguiam chegar a um consenso quanto a sua identidade. Provocava Jesus: "Quem as multidões dizem que eu sou?". Respondiam: "alguns dizem que és João Batista; outros, Elias; e, ainda outros, que és um dos profetas do passado que ressuscitou"[378]. Todos batiam cabeça e queimavam pestanas tentando colocá-lo em alguma caixinha identitária, situá-lo em alguma das tradições judaicas. Em outra ocasião os judeus o criticavam por haver dito: "Eu sou o pão que desceu do céu". Confusos, se perguntavam: "este não é Jesus, o filho de José? Não conhecemos seu pai e sua mãe? Como ele pode dizer: 'Desci do céu'"?[379]

HIPOESTESIA SOCIAL E ESPIRITUAL

Iniciamos o livro nos referindo à barbárie como *passividade* que é capaz de "contemplar o horror e se omitir no momento decisivo",

378 Evangelho de Lucas, capítulo 9, versos 18 e 19.
379 Evangelho de João, capítulo 6, versos 41 e 42.

como propôs Theodor Adorno. Para o sociólogo Gabriel Cohn, leitor de Adorno, "a *indiferença* é a forma contemporânea da barbárie"[380].

A *hipoestesia*, no contexto médico, é a perda ou diminuição de sensibilidade em determinada região do organismo. É um problema de *percepção*, onde ocorre uma distorção sensorial que acarreta uma redução parcial ou total da sensibilidade da pele. Um paciente com hipoestesia pode ter menor sensibilidade à dor, a mudanças na temperatura ou ainda em capturar estímulos táteis de maneira atenuada. Diferentemente dos problemas de pele, como a necrose, a hipoestesia é uma condição derivada de lesões que envolvem o sistema nervoso central e periférico (danos aos nervos). A hipoestesia é, portanto, uma consequência de outro distúrbio ou lesão.

Uma *hipoestesia social* seria a condição de redução da sensibilidade de partes do organismo social em razão de distorções na percepção da realidade individual e coletiva, provocadas por assimilação de conteúdos ideológicos, de certas cosmovisões e por efeito de imagens do pensamento que orientam o pensar e a produção do conhecimento.

Se a barbárie se manifesta hoje principalmente como indiferença, *desbarbarizar* teria o sentido de uma clínica que nos ajudasse a identificar e raspar todo tipo de "animálculo" que, como diz Artaud, se aloja no ser humano, corroendo-o mortalmente: o animálculo dos dualismos, das hierarquias, do poder pastoral, etc. Desbarbarizar envolveria, portanto, a prática da elaboração do passado como eliminação das causas do que passou, para quebrar o encantamento desse passado e suas tradições, que "comprimem o cérebro dos vivos".

Se o animálculo que parasita o ser humano é daqueles que tem no ambiente religioso seu *habitat*, tem-se a *hipoestesia espiritual*, a condição de redução da sensibilidade de um corpo social por razões de fé. Vimos

380 Gabriel Cohn. *Indiferença, nova forma de barbárie*. In: Adauto Novaes (Org.). *Civilização e barbárie*. São Paulo: Companhia das Letras, 2004, p. 84.

como as cosmovisões luteranas e calvinistas podem funcionar como esse animálculo que danifica nossa percepção da realidade, produzindo regiões de insensibilidade no cristão individual e na expressão coletiva de uma comunidade de fé. Não é incomum nos casos de hipoestesia espiritual que a insensibilidade se manifeste como hipersensibilidade a certos temas "quentes", como o aborto e a sexualidade. Foi o que ocorreu em 2020, quando grupos de evangélicos e católicos se mobilizaram pelas redes sociais e foram até um hospital da cidade do Recife para protestar e tentar impedir a realização de um aborto autorizado pela Justiça para uma menina de 10 anos que fora vítima de estupros por parte do tio, durante quatro anos. No local, os enfurecidos cristãos apontavam para o médico e gritavam "assassino, assassino!".[381]

Bem diferente é a proposta que se encontra na própria Bíblia dos cristãos: "Quando um membro sofre, todos os outros sofrem com ele; quando um membro é honrado, todos os outros se alegram com ele".[382] Proposição de um modo de existência marcado por muita sensibilidade, compaixão, solidariedade, afetividade e relações de cumplicidade e abertura para com o Outro.

O CORPO E A ÁRVORE

Qual a importância das *imagens do pensamento* na formação de vínculos identitários e na conformação de atitudes? Um pensamento possui certas coordenadas ou eixos de orientação que permitem vinculá-lo a um determinado modo de funcionamento, assim pensava o filósofo Gilles Deleuze. Isso significa que essas coordenadas originam imagens – imagens do pensamento – do que seria o pensamento, sua natureza e finalidade. Essas imagens forneceriam uma concepção *a*

381 Ver https://piaui.folha.uol.com.br/menina-o-poder-e-o-direito/

382 Carta de 1 Coríntios capítulo 12, verso 26.

priori e específica do pensamento, orientando o pensar e a produção do conhecimento, delimitando, assim, as possibilidades de criação.

As imagens do pensamento não seriam propriamente ideologias, mas teriam o sentido de uma organização abrangente que "adestra" o pensamento para que seja exercido "segundo normas de um poder ou de uma ordem estabelecida", transformando-o em aparelho de poder, uma "Ratio como tribunal".[383]

Entre as imagens do pensamento estariam a *imagem do erro*, que faz com que o pensamento "não tivesse que desconfiar senão de influências exteriores capazes de fazer com que tome o 'falso' pelo verdadeiro" e a *imagem do saber*, "lugar de verdade e a verdade como sancionando respostas ou soluções para questões e problemas supostamente 'dados'".[384]

Em sentido reverso, como o pensamento poderia ser um contraponto a essas imagens adestradoras, relativizando ou atenuando seus efeitos? Para a jornalista e escritora francesa Claire Parnet, com relação à *imagem do erro*, precisaríamos de pensamentos que "não tivessem que lutar contra o erro, mas tivessem que se livrar de um inimigo mais interior e mais poderoso, a tolice"; em contraposição à *imagem do saber*, pensamentos que "se definissem no movimento de aprender e não no resultado de saber, e que não deixassem a ninguém, a poder algum, o cuidado de 'colocar' questões ou de 'criar' problemas".[385] Portanto, autonomia do pensamento e um pensar que estivesse atento aos inimigos internos, às falsificações da consciência, aos preconceitos do pensador.

Uma terceira imagem do pensamento proposta por Deleuze e Félix Guattari: as árvores, em oposição ao rizoma. Árvores não como

383 Idem, p. 33.
384 Idem, p. 34.
385 Idem, ibidem.

metáforas, mas "um funcionamento (...), um aparelho que se planta no pensamento para fazê-lo andar direito", levando-o a produzir "ideias justas".[386]

Quais seriam as características da Árvore enquanto imagem do pensamento? Em primeiro lugar, ela "é *máquina binária ou princípio de dicotomia*, com suas ramificações que repartem e se reproduzem perpetuamente, seus pontos de arborescência". Depois, ela seria "estrutura, sistema de pontos e de posições que enquadram todo o possível". Também é "sistema hierárquico ou transmissão de comandos, com instância central e memória recapituladora", tendo "um futuro e um passado, raízes e um cume".

Deleuze e Guattari sugerem o Rizoma em oposição à Árvore. O Rizoma seria composto por "linhas que escapam da estrutura, linhas de fugas, devires, sem futuro nem passado, sem memória, que resistem à máquina binária". Devir "é jamais imitar, nem fazer como, nem ajustar-se a um modelo, seja ele de justiça ou de verdade".[387]

O rizoma se opõe a uma estrutura na medida em que não se define "por um conjunto de pontos e posições, por correlações binárias entre estes pontos e relações biunívocas entre estas posições", mas é feito "somente de (...) linhas de segmentaridade, de estratificação, como dimensões, mas também linha de fuga ou de desterritorialização". O rizoma também se opõe à árvore pois "não é objeto de reprodução: nem reprodução externa como árvore-imagem, nem reprodução interna como estrutura-árvore. (...) É uma memória curta ou uma antimemória". Um rizoma "procede por variação, expansão, conquista, captura, picada".

E principalmente, o rizoma seria "contra os sistemas centrados (e mesmo policentrados), de comunicação hierárquica e ligações pre-

386 Idem, p. 35.
387 Gilles Deleuze e Claire Parnet, *Diálogos*. São Paulo: Editora Escuta, 1998, p. 10.

estabelecidas", sendo um "sistema acentrado não hierárquico e não significante, sem General, sem memória organizadora ou autômato central, unicamente definido por uma circulação de estados".

Sobre o que, afinal de contas, estavam tratando Gilles Deleuze e Félix Guattari ao propor essas imagens e noções, muitas vezes estranhas e um tanto abstratas, de Rizoma, de linhas de fuga, devires e arborescência? Estavam propondo novos modos de se relacionar – relação com a sexualidade, com o animal, com o vegetal, com o mundo, com a política, com a espiritualidade –, distintos da relação arborescente.

A cultura e a educação ocidentais têm sido dominadas pela arborescência, por essa imagem do pensamento que orienta o pensar e a produção do conhecimento em termos de hierarquias, de memória organizadora e dualismos. Essa imagem do pensamento que tem predominado na cultura ocidental é a imagem moral que guarda relação com o que Antonin Artaud chamou de "juízo de Deus". Nesse sentido é que, para Claire Parnet "o Poder é sempre arborescente"[388].

O cristianismo ocidental também não deixou de ser constituído a partir dessa imagem moral do pensamento. Pode-se dizer que o cristianismo ocidental substituiu o Corpo pela Árvore durante seu longo processo de ocidentalização. No cristianismo primitivo e oriental dos primeiros séculos, a comunidade dos cristãos estava associada à imagem do Corpo humano. Paulo, judeu convertido à fé cristã, foi quem propôs essa imagem do pensamento para a comunidade dos seguidores de Cristo. Em uma de suas cartas, destinada aos cristãos que viviam na cidade da Grécia Antiga chamada Corinto, dizia: "Ora, assim como o corpo é uma unidade, embora tenha muitos membros, e todos os membros, mesmo sendo muitos, formam um só corpo, assim também com respeito a Cristo".[389] A comunidade dos cristãos

388 Idem, p. 35.
389 Carta de 1 Coríntios capítulo 12, verso 12.

deveria ser a expressão de uma unidade na diversidade, como no corpo humano.

A multiplicidade, a diversidade e a variação seriam marcas distintivas desse novo corpo social:

> Há diferentes tipos de dons, mas o Espírito é o mesmo.
>
> Há diferentes tipos de ministérios [serviços], mas o Senhor é o mesmo.
>
> Há diferentes formas de atuação [realizações], mas é o mesmo Deus quem efetua tudo em todos.
>
> A cada um, porém, é dada a manifestação do Espírito, visando ao bem comum.
>
> Pelo Espírito, a um é dada a palavra de sabedoria; a outro, a palavra de conhecimento, pelo mesmo Espírito; a outro, fé, pelo mesmo Espírito; a outro, dons de cura, pelo único Espírito; a outro, poder para operar milagres; a outro, profecia; a outro, discernimento de espíritos; a outro, variedade de línguas; e ainda a outro, interpretação de línguas.[390]

Esse corpo coletivo seria, portanto, o oposto da árvore enquanto imagem do pensamento. Na árvore não há multiplicidade nem diversidade, mas uniformidade e perpétua reprodução. O abacateiro só produz abacates. A mangueira só produz manga. E produzem seus frutos sempre do mesmo jeito, por um processo fixado dentro de um ciclo temporal que se repete sem parar. A árvore é a eterna mesmice do livro do Eclesiastes.

390 Carta de 1 Coríntios capítulo 12, versos 4 a 10.

Jesus, aquele que inaugura e encarna o novo modo de existência e a nova comunidade humana, continuamente produzia rupturas com diversas tradições, recusando-se a reproduzir o passado atualizando as memórias recapituladoras que interditam os devires. Contrariou o costume de seu povo, o povo judeu, ao andar e fazer refeições na companhia de gente de má fama (gente do mal), como os detestáveis publicanos, coletores de impostos nas províncias e colônias romanas, considerados traidores de Israel. Se aproximou e conversou com uma mulher samaritana, numa época em que os judeus odiavam os moradores da região de Samaria por questões históricas: nos anos 720 a.C., quando o rei da Assíria derrotou Samaria, deportou os israelitas para a Assíria e trouxe pessoas da Babilônia e de outros países pagãos, estabelecendo-os nas cidades da Samaria, para desalojar os israelitas. O casamento entre esses estrangeiros e os israelitas que haviam escapado do exílio, contribuiu para as tensões entre samaritanos e israelitas. Jesus rejeitou o "juízo de deus", o deus da moral, quando recusa-se a se juntar à turba de religiosos para condenar e apedrejar uma mulher pega em flagrante adultério, como exigia a lei mosaica; frequentemente desrespeitava a tradição de guardar o Sábado: curava enfermos, colhia espigas e trabalhava aos sábados. Não dava a mínima para o costume dos antigos de lavar as mãos antes das refeições: comia com as mãos sujas mesmo. Foi morar na região da Galileia, que recebia dos judeus da região da Judeia o título pejorativo de Galileia dos Gentios por se tratar de uma região de mistura de povos, Judeus e não-judeus. Foi lá que Jesus viveu em uma pequena aldeia chamada "Nazaré da Galileia". Por isso era chamado também de "Galileu". A Galileia era o lugar dos vencidos, dos excluídos, ao passo que em Jerusalém concentrava-se a classe dominante sob a liderança dos fariseus e do sumo sacerdote. A Galileia era o lugar onde situavam-se as periferias da Judeia. Foi precisamente lá que Jesus iniciou seu movimento libertário entre os pobres.

No corpo coletivo da comunidade cristã a máquina binária emperraria e o princípio de dicotomia da árvore não encontraria as condições para sua atualização, pois doravante, na nova era inaugurada pela descida do Espírito Santo sobre homens e mulheres, todas as dicotomias e distinções sociais, representadas no texto paulino pelos pares judeus/gregos, escravos/livres, deixariam de fazer sentido e perderiam sua força, já que agora "todos nós fomos batizados em um único Espírito: quer judeus, quer gregos, quer escravos, quer livres. E a todos nós foi dado beber de um único Espírito"[391].

Os gregos da época do apóstolo Paulo eram vistos pelos judeus como pertencendo à categoria dos "gentios", povos infiéis e pagãos que não adoravam a Javé, o Deus verdadeiro. Havia, portanto, certa hostilidade entre judeus e gregos. A escravidão era legalizada e bastante comum nas sociedades gregas e judaicas daquela época. Todas essas dicotomias sociais teriam um fim na nova comunidade dos cristãos.

Mas as igrejas cristãs, após o desenvolvimento e consolidação do poder pastoral, tomariam um outro rumo: o das arborescências. Influenciadas inicialmente por Platão e, mais adiante, pelo pensamento liberal, recodificou a mensagem das Boas Novas em linguagem arborescente: o bem contra o mal, a igreja apartada do "mundo", o pio e o ímpio, o puro separado do impuro, fiéis e infiéis, eleitos e deixados para trás; a organização e o governo nas igrejas passaram a ser pivotadas em torno da figura do pastor: criam-se o clero e os leigos, com autoridade e funções bem definidas; estratificações e verticalização passam a marcar as relações entre membros da comunidade.

A teologia viria a ser refeita à imagem e semelhança dessa vida arborescente, fornecendo as justificações para a sustentação discursiva

391 Carta de 1 Coríntios capítulo 12, verso 13.

do novo edifício, que eles continuaram a chamar de igreja. Mantém-se os significantes – igreja, deus, culto, salvação –, trocam-se as significações. Da abertura e liberdade do *movimento* de Jesus, passa-se ao fechamento e aprisionamento de uma fé institucionalizada e sobrecodificada. O medo, afeto fundamental de toda religião, faz com que se abandone as incertezas dos devires do movimento para se refugiar na segurança do mundo bem-ordenado e estável da instituição. Nasce o "Evangelho da Reta Doutrina", e com ele a prática inquisitorial e as disciplinas. A imagem do *erro*, como imagem do pensamento, passa a orientar a forma de pensar dentro das igrejas, recorrendo-se a uma incessante vigilância contra inimigos externos – o mundo, o Estado, o libertino – e à caça às bruxas internamente: os hereges, os heterodoxos, os pós-modernos. Logo se formam as polícias doutrinárias e os tribunais eclesiásticos. Quase todos agora se dedicam a farejar o "falso" para o denunciar aos tribunais. O vitalismo do movimento de Jesus, a festa regada a vinho novo, ficou para trás.

Em suma, desbarbarizar implica experimentar novas maneiras de existir, inaugurar formas de vida outras: vida profana, vida anárquica, vida arreligiosa. Experimentar aqui é da ordem da ação, do enfrentamento e da resistência. Quando se trata de processos de transformação, individual e coletivos, nada vem de forma automática, nada é natural. É preciso começar dando ouvidos ao estranhamento que sentimos em relação ao mundo social que habitamos, em relação ao estado de coisas. Depois temos um longo e desconfortável trabalho de escavação, com um vai e vem entre idas e vindas, do presente ao passado, e de volta ao presente; da superfície dos comportamentos e até zonas pouco exploradas do inconsciente, essa usina que recebe matéria-prima do meio social, processa-a e retorna com produtos semiacabados.

Como a barbárie-como-indiferença é o resultado de camadas e camadas de incrustações históricas, que se cristalizam na forma de ideologias, culturas, tradições, costumes, é preciso também todo um trabalho de esquecimento para raspar os animálculos que parasitam o ser. Razão pela qual as chances de uma sociedade e de um cristianismo desbarbarizados dependem também de operações e operadores do esquecimento: esquecer os códigos e os axiomas que nos legaram a religião institucional e o modo de vida ocidental capitalista. Mas também evitar o vazio, o nada, a aniquilação do ser que um exercício de esquecimento dissociado da prudência produziria. Experimentar, sim, mas sem abrir mão da prudência, de uma ética do cuidado e promoção da vida, escapando dos encontros tristes e de processos de desintegração do ser. Projeto nada trivial.

POST SCRIPTUM

PINCELADAS DE *VITALISMO CRISTÃO*

> O protestantismo, como ideologia, se coloca ao lado das forças que desejam perpetuar as estruturas dominantes. (...) Como utopia, ao contrário, ele se abre para o futuro e exige uma ética de transformações sociais.[392]

Até aqui tenho me empenhado por realizar uma crítica à tendência geral, observada entre evangélicos e tradicionalistas de um modo geral, de recepcionar discursos, práticas e propostas antidemocráticas; crítica da *prontidão* para abraçar conteúdos antidemocráticos. Tal prontidão, seguindo sugestão de Theodor Adorno, constitui-se num tipo de barbárie. A imagem do cristianismo que deriva de uma tal crítica é necessariamente negativa.

Por isso, por esse quadro desalentador e sombrio do cristianismo que emerge da crítica de seu alinhamento a forças regressivas ao longo de sua história, podemos ser induzidos, ainda que de forma não intencional, a concluir, equivocadamente, que não há nada que se possa aproveitar da tradição cristã ocidental quando o assunto é a emancipação e libertação do ser humano, o combate a dominações e patologias sociais e a resistência a regimes de opressão.

Quero, então, dar algumas pinceladas sobre certo legado progressista, democrático, humanizador e até mesmo vanguar-

392 Rubem Alves, *Dogmatismo & tolerância*. São Paulo: Edições Loyola, 2004, p. 134.

dista do cristianismo ocidental; legado de uma corrente minoritária, é certo, mas que nunca deixou de existir, no Brasil e fora dele, com maior ou menor evidência, maior ou menor protagonismo em certos momentos da história. Chamarei esse legado de *vitalismo cristão*.

O vitalismo é uma teoria filosófica que afirma que a *vida* é a única realidade radical que devemos tomar como base para comparar, para medir ou valorar qualquer circunstância ou fato. A vida e não qualquer outro parâmetro – como a razão, a fé ou a moral –, se converte para um vitalista no critério de valoração das ações humanas. Em inspiração nietzschiana, vitalismo significa "um pensamento afirmativo, *um pensamento que afirma a vida e a vontade na vida*"[393], um modo de pensamento que "considera a vida como possuindo valor em si mesma, não podendo ser reduzida a qualquer condição que lhe seja alheia"[394].

Nesse sentido é que se pode dizer que é possível notar manifestações de um vitalismo cristão em certas formas de leitura e interpretação da Bíblia, como na leitura popular da Bíblia, tão presente nas Comunidades Eclesiais de Base (CEBs) e no movimento da Teologia da Libertação na América Latina. A versão cristã de um pensamento que afirma a vida, que a toma como critério de valoração das ações humanas e fundamento ético, encontrou em algumas instituições, a exemplo do Conselho Mundial de Igrejas (CMI), no âmbito internacional, e a Confederação Evangélica do Brasil (CEB), em âmbito nacional, um abrigo seguro e as condições favoráveis à sua emergência e seu desenvolvimento.

393 Gilles Deleuze, *Nietzsche e a filosofia*. Porto: Rés-editora, 2001.

394 Cintya Regina Ribeiro, *Uma abordagem deleuzo-guattariana sobre a escola e o vitalismo de seus problemas*. Educar em Revista, vol. 36, e62743, 2020, p. 12.

O VITALISMO EM JESUS DE NAZARÉ

São inúmeros os registros bíblicos que expressam vitalismo. Não seria o caso aqui de fazer um inventário dessas referências; limito-me a mencionar alguns exemplos. Podemos começar com a síntese que o próprio Cristo faz do propósito de sua encarnação: "eu vim para que tenham vida, e a tenham com abundância"[395]. A vida e sua promoção constituíam o cerne de sua missão.

A Parábola do Bom Samaritano[396] com a qual abrimos este livro, retrata uma situação que dramatiza o princípio vitalista: um judeu é surpreendido por assaltantes enquanto viajava de Jerusalém para Jericó, sendo espancado e tendo seus pertences roubados, foi deixado quase morto ao longo da estrada. Depois que dois religiosos passaram por ele sem o socorrer, um transeunte samaritano se compadece dele, prestando-lhe os primeiros socorros e levando-o até uma estalagem para que ali pudesse recuperar sua saúde. O código moral do judaísmo daquela época proibia que judeus se relacionassem com os samaritanos, povo considerado impuro pela miscigenação com "pagãos". Os judeus, especialmente os mais religiosos, sequer dirigiam a palavra a um samaritano. O povo da região de Samaria era desprezado e hostilizado pelos judeus. O samaritano da parábola, portanto, tinha todas as razões do mundo para deixar aquele judeu moribundo perecer naquela estrada. No entanto, contrariando códigos e costumes religiosos, e superando os ressentimentos de quem tantas vezes havia sido menosprezado pelos judeus, move-se por um sentimento de compaixão, muda seu rumo e socorre o judeu. O ferido pelos judeus socorre o judeu ferido. Tudo o mais fica pequeno e é relativizado – a moral, os costumes, a memória, as justificações,

395 Evangelho de João capítulo 10, verso 10.
396 Evangelho de Lucas capítulo 10, versos 30 a 34.

as inimizades históricas, o valor do tempo e do dinheiro – diante do imperativo ético de defesa e promoção da vida.

Outro exemplo se encontra num trecho da bíblia, mencionado anteriormente, no qual Jesus responde aos que o acusavam de desrespeitar o preceito religioso da guarda do sábado: "Nunca ouviram que, quando o rei David e seus companheiros estavam com fome, ele entrou na casa de Deus (...) e todos comeram o pão consagrado, que só os sacerdotes podiam comer?"[397]. Diante da fome que ameaça interromper a vida, a moral religiosa é relativizada por David e seus companheiros, que se fartam dos pães consagrados que nenhum mortal deveria comer, exceto os sacerdotes. A vida e sua afirmação em primeiro lugar. Sempre que o pensamento vitalista se manifesta na realidade social, deve-se esperar algum fenômeno de inversão: o que costumeiramente é servido passa a servir; o senhor vira servo, e vice-versa. |Nas manifestações do vitalismo a instituição e a lei deixam de ser um fim em si mesmas e passam a funcionar como meios para a defesa e sustentação da vida; o sábado é estabelecido por causa do homem, e não o homem por causa do sábado.

A injunção "pois a vida é mais do que..." é uma espécie de abre-alas do vitalismo de Jesus de Nazaré. Na hierarquia dos valores, a vida é sempre mais; sempre maior do que isso ou aquilo outro. A vida "é mais do que o alimento"[398] e também a vida de uma pessoa "não consiste na abundância dos bens que ela tem"[399]. A vida de acumulador e consumidor, proposta do capitalismo, está muito aquém da vida.

397 Evangelho de Marcos capítulo 2, verso 25.
398 Evangelho de Lucas capítulo 12 verso 23.
399 Evangelho de Lucas capítulo 12 verso 15.

INTELECTUAIS, POETAS, ATIVISTAS E LITERATOS

A história está povoada de nomes de pessoas cujas biografias carregam marcas de um certo vitalismo. Entre os cristãos, um dos nomes mais conhecidos é o de Martin Luther King (1929-1968), ativista norte-americano que lutou contra a discriminação racial, vindo a ser um dos mais importantes líderes dos movimentos pelos direitos civis dos negros nos Estados Unidos. Luther King foi o ganhador do Prêmio Nobel da Paz em 1964.

No contexto brasileiro, dois nomes se destacaram na resistência contra a ditadura militar dos anos 1960: Dom Paulo Evaristo Arns, católico, e Jaime Wright, pastor presbiteriano. Depois do desaparecimento de seu irmão Paulo Wright, deputado estadual cassado por Santa Catarina e morto pelo regime, Jaime se lança numa luta para reunir documentação sobre a tortura e assassinatos praticados pelo Estado. Ele e Evaristo Arns, junto com o Rabino Henry Sobel, publicam em 1985 o livro *Brasil: Nunca Mais*, um marco na história dos direitos humanos no Brasil; uma exposição, baseada em farto material reunido, das torturas e dos torturadores do regime de exceção.

Entre tantos nomes que pertencem à tradição progressista cristã, como José Comblin (1923-2011) e João Dias de Araújo (1930-2014), Waldo A. César (1923-2007), Zwinglio Mota Dias (1941-2021), Anivaldo Pereira Padilha (1941-) e outros, vou me limitar a dar algumas pinceladas sobre Rubem Alves (1933-2014) e Richard Shaull (1919-2002).

Rubem Alves foi pastor presbiteriano, professor de piano e professor de filosofia da Universidade Estadual de Campinas (UNICAMP). O vitalismo no pensamento de Alves se manifesta principalmente na sua crítica das instituições, em especial das instituições religiosas. Sem negar sua filiação à tradição protestante, dizia que o que mais amava nessa tradição era "a ousadia de pensar diferente, de andar na direção contrária"[400]. Lamentava, porém, que os protestantes tivessem esquecido desse aspecto de sua tradição, tornando-se "animais domésticos: mansos, ruminantes, amigos dos mesmos caminhos, como vacas que, às mesmas horas, andam pelas mesmas trilhas rumo aos mesmos destinos"[401].

Atribuía ao Espírito de Deus um vitalismo que, a exemplo da vida biológica que produz "girassóis, musgos, cactus, caquis, bananas, jacas, algas, buchas, erva-doce, losna, abóboras e cerejas", também poderia produzir "as mais variadas formas de vida, sejam as culturas indígenas, as dançantes comunidades pentecostais africanas, as ordens monásticas, as experiências de contracultura, as religiões populares e até mesmo os estilos de vida em que nos sentimos em casa"[402]. Vitalismo que produz diversidade de formas de vida.

Para Alves, a afirmação protestante de que todos somos sacerdotes (o sacerdócio universal) teria o efeito de "colocar um enorme ponto de interrogação sobre a cabeça das pessoas que se dizem autoridades religiosas, políticas, militares, não importa". Alves tomava, portanto, mais um elemento da tradição protestante como ponto de partida para realizar sua crítica da autoridade, para fundamentar uma espécie de anarquismo de base cristã. Pois estava certo de que a autoridade é algo estranho ao espírito do Novo Testamento, o qual afirmava: "quem quiser ser o maior, que seja o servo". E propunha "substituir a espada pelo lava-pés".

É possível perceber o vitalismo no pensamento de Rubem Alves em sua discussão sobre a tensão entre instituição e comu-

400 Rubem Alves, *Dogmatismo & tolerância*. São Paulo: Edições Loyola, 2004, p. 11.
401 Idem, p. 17.
402 Idem, pp. 26-27.

nidade. Enquanto uma instituição é "um mecanismo social que programa o comportamento humano de forma especializada, de sorte que ele produz os objetos predeterminados pela instituição", a comunidade é uma realidade social "dentro da própria instituição, que sente a instituição como repressiva". A comunidade, embora compartilhe dos mesmos símbolos com a instituição, se recusa a ler tais símbolos "em harmonia com as significações cristalizadas pela instituição". Ao contrário, "deriva a significação dos símbolos do seu poder para iluminar a sua situação presente". A comunidade "busca significações emergentes na sua vivência, o que significa que ela se vê como criadora de significações, e se recusa ao papel de recipiente das significações verticalmente dadas pela instituição"[403].

Em que ponto a instituição se torna inimiga da vida? Para Alves, "uma vez que todas as instituições tendem a perpetuar-se sem modificações, (...) mais cedo ou mais tarde, todas elas acabam por colidir com a vida", pois "a vida é fluida, e apresenta-nos sempre problemas novos e surpreendentes, não pensados com antecedência". Já as instituições, enquanto "cristalizações de soluções passadas, contêm, implícita nelas mesmas, a afirmação de que problemas futuros se resolvem com soluções passadas"[404].

Por isso é que para Alves há sempre um *equilíbrio precário entre instituições e suas bases humanas*. A instituição "faz uso de seus mecanismos para impor sua interpretação da realidade e os comportamentos correspondentes". De outro lado, "as pessoas, sentindo um mundo diferente e os problemas novos que resistem às programações institucionais, são obrigadas a se desviar das instituições[405]". O pecado

403 Idem, pp. 53-54.
404 Idem, p. 51.
405 Ibidem.

original das instituições seria "a sua recusa em passar pela morte"[406] a fim de experimentar uma ressurreição.

Richard Shaull foi um teólogo presbiteriano ecumênico estadunidense, que ficou conhecido por suas contribuições ao desenvolvimento da teologia da libertação na América Latina. Shaull pensava que "a formação de Cristo num homem e num povo é coisa vital e dinâmica", mas lamentava que a Igreja havia esquecido dessa realidade, razão pela qual ela tenta "impor, sobre um homem e um povo, estrutura de espiritualidade, teologia e ética, (...) que são produto da formação de Cristo em outra situação ou época anterior". Quando isso acontece, a Igreja "tende a perder a sua faculdade criativa e se torna *estéril e irrelevante*"[407].

Assim como Rubem Alves, Shaull também acreditava que a estrutura geral da Igreja e seu estilo de vida deveriam passar por uma radical transformação, por um processo de morte e ressurreição, para que as comunidades de fé preservassem sua vitalidade. Por isso mesmo heranças como o pietismo não seriam mais capazes, como no passado, de "reestruturar a vida de nosso tempo". De igual modo "o puritanismo e o legalismo que tendem a dominar a vida moral do protestantismo estão longe de oferecer estrutura adequada para vida abundante"[408].

Para isso, para a renovação da vida e das estruturas da Igreja, seria necessário, entre outras coisas, repensar o papel do pastorado e dos "leigos" no interior das comunidades de fé. Para Shaull,

> Os futuros pastores procurarão estudar a história do Brasil, a sua sociologia e psicologia, a sua literatura e folclore, para se poderem

406 Idem, p. 57.
407 José Bittencourt, *Caminhos do Protestantismo Militante: ISAL e Conferência do Nordeste*. Vitória: Editora Unida, 2014, p. 265.
408 Idem, p. 266.

> conhecer melhor como brasileiros, e orientarem todo seu curso teológico em redor do objetivo de ser o significado do Evangelho para o homem brasileiro na totalidade da sua vida.[409]

Considerando a quase completa ignorância da maioria dos pastores evangélicos no Brasil em relação à história, cultura e literatura brasileiras, os futuros pastores, imaginados e desejados por Shaull, pertencem a um horizonte utópico.

A busca pela construção do novo na vida comunitária nos obrigaria a "procurar nova definição do papel do pastor e do leigo na Igreja". À semelhança de Foucault quando apresenta a noção de poder pastoral, Shaull critica a centralização de poder nas mãos de um punhado de pastores, e utiliza as Escrituras como forma de contraconduta ao *status quo* na Igreja: "No Novo Testamento não temos alguns poucos cargos que precisam ser preenchidos mas homens que receberam grande variedade de dons do Espírito para a edificação do Corpo de Cristo". Por isso a tarefa da Igreja, dizia Shaull, é "reconhecer cada dom na comunidade e permitir a sua expressão"[410].

Dada a intensidade das forças de transformação que seria necessária para a renovação radical da vida e das estruturas da Igreja, todo o processo não poderia ser caracterizado de outra maneira, senão como morte e ressurreição.

A CONFERÊNCIA DO NORDESTE, MARCO DO PROGRESSISMO CRISTÃO BRASILEIRO

O ano é 1962, às vésperas do golpe militar de 1964. Ano de Copa do Mundo no Chile e da Crise dos Mísseis, quando a URSS

409 Idem, p. 268.
410 Idem, p. 269.

decide enviar a Cuba mísseis de longo alcance capazes de carregar ogivas nucleares, acendendo o alerta para uma possível e iminente guerra nuclear.

No mês de julho desse mesmo ano, em Recife, um evento iria se tornar um marco para movimentos de engajamento social para lideranças progressistas cristãs na América Latina: a Conferência do Nordeste.

Organizado pelo Setor de Responsabilidade Social da Igreja, um grupo interdenominacional ou ecumênico, estruturado nos anos 1950, que desde a sua formação procurava organizar estudos e conferências para debater a relação Igreja e sociedade, e propor soluções para questões sociais, vinculou-se posteriormente à Confederação Evangélica do Brasil (CEB). A CEB reunia as principais denominações protestantes do Brasil, como presbiterianos, metodistas, congregacionais, entre outros.

Intitulada *Cristo e o Processo Revolucionário Brasileiro*, a Conferência do Nordeste foi a IV conferência organizada por este Setor, contando com 167 delegados de 17 Estados, representando 14 denominações protestantes, e delegados de 5 igrejas dos Estados Unidos, México e Uruguai.

Dentre as autoridades presentes na Conferência, destacam-se o então presidente da Assembleia Legislativa de Pernambuco, Paulo Guerra, o governador do Estado de Pernambuco, Cid Sampaio e o Luiz Portella, prefeito da cidade de Palmares, representando o prefeito Miguel Arraes. Entre os intelectuais, estiveram presentes os economistas Celso Furtado e Paul Singer, e os sociólogos Gilberto Freyre e Juarez Rubens Brandão Lopes.

Os temas das conferências proferidas dão uma ideia do vanguardismo do evento e do compromisso dos conferencistas com o seu tempo e com as realidades brasileira e latino-americana: *Os profetas em épocas de transformações políticas e sociais* (Joaquim Beato),

A revolução do Reino de Deus: conteúdo revolucionário do ensino de Jesus sobre o Reino de Deus (João Dias de Araújo), *O artista: servo dos que sofrem* (Gilberto Freyre), *O Nordeste no processo revolucionário brasileiro* (Celso Furtado), *Mudanças sociais da história contemporânea* (Paul Singer) e *Resistências à mudança social no Brasil* (Juarez Rubens Brandão Lopes).

A Conferência aproveitou o momento de intenso debate político no Brasil e no mundo para tratar de um tema que já vinha sendo discutido nos bastidores por estudantes e lideranças mais progressistas do protestantismo: a responsabilidade da Igreja diante das mudanças políticas e sociais que vinham ocorrendo no Brasil.

A Conferência despertou o interesse da sociedade da época e deu aos protestantes brasileiros uma visibilidade que eles haviam experimentado poucas vezes no passado. O presidente João Goulart enviou um telegrama e um representante a Recife. Jornais do Nordeste e Sudeste noticiaram o evento, alguns com manchetes na primeira página.

Durante os anos da ditadura militar, alguns dos líderes de movimentos progressistas cristãos foram expulsos de suas igrejas e denunciados como subversivos ao governo militar. Vários tiveram que se exilar, a exemplo de Rubem Alves e Zwinglio Mota Dias. Em 1970, Zwinglio foi preso para averiguações acerca do paradeiro de seu irmão mais novo, Ivan Mota Dias. No ano seguinte, 1971, Ivan, liderança estudantil recém-formado historiador pela Universidade Federal Fluminense (UFF), foi preso e continua desaparecido até hoje. Depois de resistir, Zwinglio foi solto e deixou o país em 1971, exilando-se por dois anos em Montevidéu (Uruguai).

Sobre o clima social e político envolvendo a Conferência, o pastor e sociólogo Waldo César, então secretário-executivo do Setor de Responsabilidade Social da Igreja, relata como o evento foi recebido pela sociedade e pelas próprias igrejas: "Foi uma luta enorme dentro da Confederação (CEB) para organizar a conferência, porque o tema era bravo né?"[411], disse. "O presidente era João Goulart, e o Brasil estava uma efervescência com nacionalistas, reformas de base... estava pegando fogo". "O sermão de abertura, feito pelo presidente da CEB da época, Amir dos Santos, foi de tremer o teatro, e a gente soube depois que as autoridades locais ficaram profundamente chocadas", complementa Waldo. Segundo o sociólogo, os dias que se seguiram foram de discussões sobre temas relevantes à época, como movimentos sociais e estudantis, reformas de base e até Reforma Agrária: "Fizemos um movimento que incluía também arte, filmes, peças de teatro, exposição de material folclórico – tudo dentro de uma perspectiva social"[412].

Para a jornalista Julia Braun, "ao mesmo tempo em que a Conferência do Nordeste representou o ponto alto das discussões sobre classe, justiça social e desenvolvimento na igreja protestante, também marcou o início do fim dessa mobilização". Braun lembra que em 1960, portanto antes do início da ditadura, Waldo receberia sua primeira visita de um agente do Departamento de Ordem Política e Social (DOPS). Em 1963, um coronel do Exército visitou a sede da CEB, fazendo perguntas sobre a Conferência do Nordeste. Pouco tempo após a Conferência, a CEB suspenderia as atividades do Setor de Responsabilidade Social da Igreja e demitiria quatro de seus secretários, incluindo Waldo César. César foi preso pelo regime militar por uma semana em 1966, acusado de dirigir um protesto da Associação de Estudantes Secundários e algum tempo depois se exilou fora do país.

Anivaldo Padilha, pastor e teólogo metodista, acusado de "infiltração subversiva na Igreja Metodista", ficou nove meses encarcerado

411 Ver https://www.bbc.com/portuguese/brasil-62273483
412 Ibidem.

e foi brutalmente torturado. Em maio de 1971, Anivaldo partiu para um exílio que duraria 13 anos, passando pelo Uruguai, Argentina, Chile, Estados Unidos e Suíça. Na época do exílio, teve que deixar sua esposa grávida em São Paulo. Dessa gravidez nasceu seu filho: Alexandre Padilha, que viria a ser Ministro da Saúde e Deputado Federal. Dois pastores de sua própria denominação religiosa haviam denunciado Anivaldo aos órgãos de repressão da ditadura. "Durante uma das sessões de torturas a que fui submetido, os torturadores queriam me forçar a confessar que eu pertencia a uma organização comunista clandestina. Diante da minha negativa, um torturador me disse: 'você quer que eu acredite em você ou no pastor que diz que você é comunista?'"[413], lembrava Anivaldo.

PROTESTANTISMO MILITANTE HOJE

Escrevi esse *post scriptum* com dois objetivos: primeiro, tornar a narrativa geral do livro mais condizente com a grande diversidade de tradições de pensamento e práticas dentro do universo cristão, evitando soluções fáceis como os maniqueísmos do tipo "nós contra eles", "o bem contra o mal" ou a tentação "de jogar fora o bebê com a água do banho". Ao longo da longa história do cristianismo, sempre foi possível distinguir grupos majoritários vinculados ao pensamento de conservação e reação, e grupos minoritários identificados e comprometidos com as lutas por emancipação, com a mudança, com a transformação das estruturas gerais da Igreja e da sociedade, com as experimentações sem as quais não há possibilidade de renovação, de devires.

413 Wanderley Pereira da Rosa; José Adriano Filho (org.), *Cristo e o Processo Revolucionário Brasileiro: a Conferência do Nordeste 50 anos depois (1962-2012)*. Rio de Janeiro: Mauad X, 2012, p. 83.

O segundo objetivo foi o de apresentar, *en passant*, um pouco do pensamento vitalista contido na tradição progressista dentro do cristianismo, a fim de despertar o interesse no leitor em conhecer mais a fundo a história dessa tradição.

Alguns autores preferem chamar essa tradição progressista de "protestantismo militante" em razão do engajamento político de seus representantes nas lutas contra as formas de dominação, na Igreja e fora dela.

Essa tradição progressista não desapareceu com o fim da Conferência do Nordeste em 1962 nem com a eclosão da ditadura civil-militar de 1964; mantém-se viva ainda hoje, como movimento marginal dentro do conjunto das comunidades cristãs, disputando narrativas, realizando intervenções políticas e educativas, e fazendo o trabalho de base em comunidades locais, escolas, universidades e locais de trabalho. No Brasil de hoje, alguns nomes ligados ao protestantismo militante podem ser elencados: *Magali Cunha*, jornalista e doutora em Ciências da Comunicação, pesquisadora do Instituto de Estudos da Religião (ISER) e colaboradora do Conselho Mundial de Igrejas; *Ronilso Pacheco*, teólogo pela PUC-Rio, ativista, pastor auxiliar na Comunidade Batista em São Gonçalo, autor de *Ocupar, resistir, subverter: Igreja e Teologia em tempos de violência, racismo e opressão* (2016) e *Teologia Negra: o sopro antirracista do Espírito* (2019), mestrando em teologia no Union Theological Seminary (Columbia University) em NY; *Ariovaldo Ramos*, pastor, fundador e coordenador nacional da Frente de Evangélicos pelo Estado de Direito; Henrique Vieira, pastor, ator, escritor e professor de história, eleito deputado federal pelo Rio de Janeiro nas eleições de 2022; *Ricardo Gondim Rodrigues*, teólogo, escritor e pastor da Igreja Betesda na Zona Sul de São Paulo; *Jackson Augusto*, ativista da teologia negra no Brasil, integrando a coordenação nacional do Movimento Negro Evangélico e membro do colegiado nacional do Miqueias, uma rede global de evangélicos comprometidos com a justiça social. Não se trata de fazer uma lista exaustiva, é claro, mas apenas mencionar alguns nomes, talvez aqueles com maior evidência em mídias alternativas e nas redes sociais em anos recentes.

Enfim, pinceladas de um pensamento vitalista que sempre existiu, com maior ou menor evidência, maior ou menor protagonismo, dentro de uma tradição progressista no cristianismo ocidental.

BARBÁRIE

CRISTIANISMO CONSERVADOR E A CONSTRUÇÃO DO BOLSONARISMO

Papel Pólen Bold 90g/m²

Fontes Caslon 8, 10, 12 e Umbrage 14 e 18

Impresso no inverno/2023